Prüfe dein Wissen
Rechtsfälle in Frage und Antwort

Dr. Hans-Peter Schwintowski
Bank- und Kapitalmarktrecht

D1668125

Bank- und Kapitalmarktrecht

von

Dr. Hans-Peter Schwintowski

o. Professor an der Humboldt-Universität zu Berlin

3., neu bearbeitete Auflage

Verlag C. H. Beck München 2011

Verlag C. H. Beck im Internet:
beck.de

ISBN 978 3 406 61647 1

© 2011 Verlag C. H. Beck oHG
Wilhelmstraße 9, 80801 München
Druck und Bindung: Nomos Verlagsgesellschaft
In den Lissen 12, 76547 Sinzheim

Satz: Druckerei C. H. Beck, Nördlingen
(Adresse wie Verlag)

Gedruckt auf säurefreiem, alterungsbeständigem Papier
(hergestellt aus chlorfrei gebleichtem Zellstoff)

Vorwort

Das Bank- und Kapitalmarktrecht hat sich seit Umsetzung der MiFID-Richtlinie (1. 11. 2007) grundlegend gewandelt. Die Wandlungen betreffen nicht nur das Kapitalmarktrecht, sondern auch das klassische Bankgeschäftsrecht, insbesondere das Zahlungsdiensterecht und das Verbraucherdarlehen. Das Zahlungsdiensterecht ist – ausgelöst durch eine europäische Richtlinie im BGB – völlig neu gefasst worden. Es beruht auf einer Vollharmonisierung in Europa. Im Lastschriftrecht ist die SEPA-Lastschrift hinzugekommen, die es bisher in Deutschland nicht gab. Auch das Verbraucherdarlehensrecht ist in wesentlichen Teilen neu gefasst worden.

Berlin, im Juli 2011   *Hans-Peter Schwintowski*

Inhaltsverzeichnis

Abkürzungsverzeichnis

a. a. O.	am angegebenen Ort
AAV	Abbuchungsauftragsverfahren
Abl.	Amtsblatt
a. F.	alte Fassung
BaFin	Bundesanstalt für Finanzdienstleistungsaufsicht
BB	Der Betriebsberater
Begr.	Begründung
BKartA	Bundeskartellamt
BKR	Zeitschrift für Bank- und Kapitalmarktrecht Scheckgesetz und zu den Allgemeinen Geschäftsbedingungen, 4. Aufl (2004)
BVerfG	Bundesverfassungsgericht
BVerwG	Bundesverwaltungsgericht
DB	Der Betrieb
EEV	Einziehungsermächtigungsverfahren
EG	Vertrag der Europäischen Gemeinschaft
EuGH	Europäischer Gerichtshof
EuGH Slg	Sammlung der Rechtssprechung des Europäischen Gerichtshofs
EuG	Gericht erster Instanz
EWiR	Entscheidungssammlung Wirtschaftsrecht
GATT	General Agreement on Tariffs and Trade
GRUR	Zeitschrift für gewerblichen Rechtsschutz und Urheberrecht
i. d. F.	in der Fassung
i. d. R.	in der Regel
IPR	Internationales Privatrecht
i. S. v.	im Sinne von
JA	Juristische Arbeitsblätter
JuS	Juristische Schulung
JW	Juristische Wochenschrift
KEV	Krediteröffnungsvertrag
KG	Kammergericht
MDR	Monatsschrift für Deutsches Recht
NJW	Neue Juristische Wochenschrift
Rn.	Randnummer
Rspr.	Rechtsprechung
SchB	Bedingungen für den Scheckurheber
Tz	Textzahl

WM .... Wertpapiermitteilung
WpdL .... Wertpapierdienstleistung
WpdU .... Wertpapierdienstleistungsunternehmen
WpÜG .... Wertpapiererwerbs- und Übernahmegesetz
WRP .... Wettbewerb in Recht und Praxis
WuB .... Entscheidungssammlung zum Wirtschafts- und Bankrecht
WuW .... Zeitschrift für Wirtschaft und Wettbewerb

ZBB .... Zeitschrift für Bankrecht und Bankwirtschaft
ZDL .... Zahlungsdienstleister
ZDN .... Zahlungsdienstnutzer
ZfK .... Zeitschrift für das gesamte Kreditwesen
ZHR .... Zeitschrift für das gesamte Handelsrecht und Wirtschafts-
recht

Literaturverzeichnis

Assmann/Schütze, Handbuch des Kapitalanlagerechts, 3. Aufl., 2007

Assmann/Schneider, Wertpapierhandelsgesetz, Kommentar, 5. Aufl., 2009

Brauer, Übungen im Kapitalgesellschaftsrecht mit Bezügen zum Kapitalmarktrecht, 2005

Buck-Heeb, Kapitalmarktrecht, 4. Aufl., 2010

Bunte, AGB-Banken und Sonderbedingungen – Kommentar, 3. Aufl., 2011

Claussen, Bank- und Börsenrecht, für Studium und Praxis, 4. Aufl., 2008

Derleder/Knops/Bamberger, Handbuch zum deutschen und europäischen Bankrecht, 2. Aufl., 2008

Fuchs, Wertpapierhandelsgesetz-Kommentar, 2009

Groß, Kapitalmarktrecht, Kommentar, 4. Aufl., 2009

Grunewald/Schlitt, Einführung in das Kapitalmarktrecht, 2. Aufl., 2009

Hirte, Kölner Kommentar zum WpÜG, 2. Aufl., 2010

Kümpel, Bank- und Kapitalmarktrecht, 4. Aufl., 2011

Kümpel/Hammen/Ekkenga, Kapitalmarktrecht, Ergänzbares Rechtshandbuch, mit Kurzerläuterungen, 2 Ordner, Stand Mai 2011

Langenbucher, Aktien- und Kapitalmarktrecht, 2. Aufl., 2011

Rotter/Arndts/Querfurth, Anwaltsstrategie im Bankrecht, 2009

Schimansky/Bunte/Lwowski, Bankrechts-Handbuch, 2 Bände, 3. Aufl., 2007

Schwark/Zimmer, Kapitalmarktrechts–Kommentar, 4. Aufl., 2010

Schwintowski, Bankrecht, 3. Aufl., 2010

Siller, Kapitalmarktrecht, 2006

Spindler, Bank- und Kapitalmarktrecht case by case, 2005

Steinmeyer/Häger, WpÜG-Kommentar, 2. Aufl., 2007

Erster Teil. Bankprivatrecht

A. Grundlagen

I. Begriff des Bankrechts

1.

Bankrecht ist Teil jenen objektiven Rechts, das die Rechtsverhältnisse der Kreditinstitute regelt. Das ist der institutionelle Begriff des Bankrechts. Können Sie das Bankrecht auch materiell definieren?

Materiell ist Bankrecht das Recht der Geldschöpfung, der Geldvernichtung, des Geldumlaufs und der Geldaufbewahrung.

2.

Lässt sich mit diesem Bankrechtsbegriff auch das Wertpapiergeschäft und das Börsenrecht erfassen?

Ja. Wertpapiere sind Geld im weiteren Sinne. Wertpapier- und Börsenrecht beschäftigen sich also mit Geldschöpfung, Geldumlauf und Geldaufbewahrung.

3.

Ist Währungsrecht ebenfalls Teil des Bankrechts?

Ja. Denn währungsrechtlich wird Geldschöpfung und Geldvernichtung ebenso wie Geldumlauf gesteuert.

4.

Erfasst der materielle Bankrechtsbegriff auch das Bankaufsichtsrecht?

Ja. Denn das Aufsichtsrecht beschäftigt sich im Wesentlichen mit Fragen des Geldumlaufs.

5.

Gehört auch das Recht der Zentralbanken zum Bankrecht im materiellen Sinne?

Ja. Denn die Zentralbanken wirken über das Währungsrecht unmittelbar und mittelbar auf Geldschöpfung und Geldvernichtung sowie Geldumlauf und Geldaufbewahrung ein.

1

II. Rechtsquellen

6.

Das Bankrecht finden Sie nicht in einer einzigen Kodifikation, sondern verstreut über viele Einzelgesetze. Welche wichtigen Regeln finden Sie im BGB?

– den Darlehensvertrag (§ 488 BGB),
– den Verbraucherdarlehensvertrag (§§ 491–511 BGB),
– das Zahlungsdiensterecht (§§ 675 c–676 c BGB).

7.

Daneben spielen die AGB-Banken/Sparkassen in der Praxis eine große Rolle und das Wechsel- und Scheckgesetz. Welche Gesetze sind für den Kapitalmarkt von besonderer Bedeutung?

– Wertpapierhandelsgesetz (WpHG),
– Wertpapiererwerbs- und Übernahmegesetz (WpÜG),
– Investmentgesetz (InvG),
– Depotgesetz (DepG),
– Wertpapierprospektgesetz (WpPG),
– Wertpapier-Verkaufsprospektgesetz (VerkProspG),
– Börsengesetz (BörsG).

8.

Daneben gibt es aufsichtsrechtliche Regelungen, die von großer Bedeutung für Banken sind. Ganz im Vordergrund steht das Kreditwesengesetz (KWG). Können Sie noch einige weitere Beispiele aufsichtsrechtlicher Art nennen?

– Bundesbankgesetz (BBankG),
– Europäische Zentralbank, Satzung,
– Geldwäschegesetz (GwG).

III. Geschichtliche Entwicklungslinien

1. Entstehung und Entwicklung des Bankwesens

9.

Seit wann gibt es ein Bankwesen im heutigen modernen Sinne?

Erst seit Beginn des 13. Jahrhunderts, als Folge der beträchtlichen Bevölkerungszunahme sowie der Erweiterung der Handelsbeziehungen und des Aufschwungs der Schifffahrt. Banken mit einer auf Stetigkeit ausgerichteten Organisation, einer hinreichenden Buchführung, einem sich daraus entwickelnden umfassenden Einlagen-, Giro- und Wechselgeschäft zum Zwecke der Finanzierung von Handelsgeschäften, verbunden mit einem entsprechenden Kreditschöpfungspotenzial, dürften Wegbereiter der im 13. Jahrhundert ihre Schatten vorauswerfenden Neuzeit gewesen sein; für die Jahrtausende davor trifft das jedoch nicht zu.

10.

Bedeutet das nicht, dass es vor dem 13. Jh. n. Chr. keine Bankgeschäfte gegeben hat?

Bereits für die frühen Hochkulturen, etwa der Sumerer und Ägypter, sind etwa seit dem 3. Jahrtausend v. Chr. Bankgeschäfte nachgewiesen. Es gab nicht nur Geldwechsler, sondern auch Tempelbanken, die das Einlagen- und Girogeschäft betrieben sowie Darlehen vergaben. In den frühen Hochkulturen, ebenso wie später im römischen Recht, finden wir also durchaus die entwicklungsgeschichtlichen Wurzeln unseres heutigen Bankwesens. Wichtig ist nur zu begreifen, dass es ein Bank- und Kreditwesen mit modernen Finanzierungsfunktionen in dieser Zeit noch nicht gab.

11.

Woher stammt der Begriff Bank?

Er beruht auf dem italienischen Wort für den großen Wechseltisch „banca", auf dem verschiedene Münzsorten ausgebreitet und gewechselt wurden. Auch der griechische Bankbegriff beruht auf dem gleichen Anknüpfungsobjekt. Die griechischen Bankiers und Geldwechsler saßen hinter ihren Tischen (trapeza) auf denen sie wechselten und wurden darum Trapezitai genannt, die Bankunternehmen Trapezai.

12.

Bankgeschäfte sind heute möglich, weil allgemein akzeptiert wird, dass man für Finanzdienstleistungen ein Entgelt nehmen darf. Dieses ist keinesfalls selbstverständlich. Über Jahrtausende hinweg galt es als sittenwidrig, Zins zu nehmen. Im Alten Testament, im Buch Leviticus (25, 35–36) heißt es beispielsweise: „Wenn dein Bruder verarmt und er sich neben dir nicht halten kann, so sollst du ihm helfen als wäre er Fremdling oder Beisasse, dass er neben dir leben kann. Du darfst von ihm keinen Zins und Aufschlag nehmen . . ."; oder bei Lukas im Neuen Testament" (Lukas 6, 35) heißt es: „Leihet, ohne etwas zurückzuerwarten, und euer Lohn wird groß sein . . ." Auch Aristoteles hat im ersten Buch der „Politik" den Zinswucher zu einer verabscheuungswürdigen, weil widernatürlichen Erwerbsart erklärt, die „aus dem Geld selbst den Erwerb zieht und nicht aus dem, wofür das Geld da ist", wobei man sich klarmachen muss, dass – ganz anders als heute – bereits das Zinsnehmen als solches als wucherisch galt. Auf dem Boden dieser Ethikvorstellungen der Antike ist, erweitert um das Äquivalenzprinzip bei der Suche nach dem gerechten Preis (iustum pretium), die mittelalterliche Wirtschaftsethik entstanden. Insbesondere Thomas von Aquin hat die biblisch-patristische Tradition und die Philosophie des Aristoteles zusammengefasst und das auch im Mittelalter immer wieder diskutierte Problem des kanonischen Zinsverbotes bekräftigt (vertiefend *E. Waibl*, Ökonomie und Ethik I, 1988, S. 54 ff.). Können Sie erklären, auf welchem Ökonomieverständnis dieses kanonische Zinsverbot beruht und zeigen, warum wir dieses Verbot nicht mehr aufrechterhalten müssen?

Das kanonische Zinsverbot (abgeschafft erst 1741) ist nur begreifbar, wenn man sich vor Augen führt, dass die Antike und das Frühe Mittelalter von einer eher stationären Naturalwirtschaft geprägt waren, in der ökonomische Aktivität oft auf einfache Reproduktion eines statischen Niveaus gerichtet war. In einer solchen Wirtschaftsverfassung ist Geld kein Faktor, mit dem man Reichtum erzeugen kann und will. Man braucht Kredit nur dann, wenn die natürlichen Lebensressourcen durch äußere Eingriffe vernichtet werden, z. B. durch Naturkatastrophen oder Kriege oder Erhöhung der Abgabenquote an den jeweiligen Herrn. In diesen – ohnehin schon schwerwiegenden Lebenskrisen – wirkt es sich besonders schlimm aus, wenn ein Zins erhoben wird. Denn da Geld nicht zur Reichtumsvermehrung führt, kann ein Zins nur zur weiteren Verknappung dessen beitragen, was man dringend zum Leben braucht. Zinsen vermindern also ohnehin knappe Ressourcen in Notzeiten und sind deshalb – in diesem System zu Recht – ethisch verwerflich. Entscheidend anders sieht die Lage aus, wenn Geld als Kapitalfaktor begriffen und eingesetzt wird. Dann bedeutet Kreditgewährung zugleich die Möglichkeit, „Reichtum" zu erzeugen. Zugleich kann es dann nicht mehr verwerflich sein, für das gewährte Darlehen einen Zins zu verlangen, weil der Darlehensnehmer mit dem Kredit seinerseits Geld verdient und es unbillig wäre, wenn er für diese ihm eröffnete Möglichkeit keine Gegenleistung zu erbringen hätte. Anders als in einer statischen Wirtschaftsform wirkt Kreditvergabe nun nicht mehr wie ein „Nullsummenspiel", sondern wachstumsfördernd.

Es zeigt sich, dass das ehemals legitimierbare kanonische Zinsverbot heute keine Basis mehr hat. Das gilt jedenfalls dann, wenn Kredite an Personen gegeben werden, deren Einkommensentwicklung dynamisch verläuft. Das ist bei Unternehmen regelmäßig der Fall, bei natürlichen Personen dann, wenn sie über ein tendenziell steigendes Einkommen verfügen oder an einem solchen partizipieren. Schutz brauchen allerdings auch heute noch jene Personen, deren Einkommen mittelfristig statisch ist, die z. B. über keinen Arbeitsplatz oder nur über sehr geringe Einkünfte aus gelegentlichen Tätigkeiten verfügen. Es wäre aber falsch, für diese Personen ein allgemeines Zinsverbot zu fordern. Die zeitgemäße Antwort ist das Sozialrecht und ein vor Missbrauch und Ausbeutung schützendes Privat- und Kartellrecht.

13.

Die Finanzierung der Industrialisierung im 19. Jahrhundert wäre ohne die Banknote, die für uns heute wie selbstverständlich gesetzliches Zahlungsmittel ist (§ 14 BBankG), nicht möglich gewesen. Seit wann gibt es Banknoten und wie sind sie entstanden?

Historisch ist die Banknote im 17. Jahrhundert entstanden, als reiche Privatleute wegen unsicherer politischer Verhältnisse begannen, ihr Geld und ihre Gold- und Silbervorräte bei Goldschmieden oder Geldwechslern gegen eine Bescheinigung für die deponierten Wertsachen zu hinterlegen. Diese Bescheinigungen, sog. „goldsmith's notes" oder „banker's notes", stellten eine schnell realisierbare Forderung dar und wurden deshalb relativ rasch als bequemes Zahlungsmittel benutzt. Da nie alle Noten gleichzeitig zur Einlösung präsentiert wurden, begannen die Aussteller mehr Noten auszugeben, als es dem Gegenwert der bei ihnen hinterlegten Edelmetalle entsprach, es wurde also durch Vergabe von Kundenkrediten Geldschöpfung betrieben.

14.

Welches war die erste Notenbank?

Die 1694 in der Rechtsform einer AG gegründete Bank of England. Sie betrieb Bankgeschäfte, handelte mit Geld und Wechseln und gab Noten aus. 1883 erhielten die Noten der Bank of England den Rang eines gesetzlichen Zahlungsmittels, allerdings verknüpft mit der Verpflichtung der Bank, die Noten in Gold einlösen zu können. Die Abkopplung von der Goldeinlösungspflicht und die damit verbundene Akzeptanz der Banknote als echtem Zahlungsmittel fand – nicht nur in England, sondern in den Zentralnotenbanken Europas und den USA – de facto erst 1914 unter dem Druck der sich abzeichnenden Finanznöte durch den ersten Weltkrieg statt.

15.

Anders als in England und Frankreich hat sich die Zentralbankentwicklung in Deutschland nicht als kontinuierlicher Prozess vollzogen. In Preußen wurde die im Jahre 1765 gegründete Königliche Giro- und Lehnbanco Berlin aufgrund des Bankgesetzes vom 5. 10. 1846 in die Preußische Bank umgewandelt. Sie war eine Mischung zwischen Staats- und Privatbank und wurde im Jahre 1875 in die Deutsche Reichsbank umgewandelt. Aber auch zu dieser Zeit gab es noch 33 weitere Notenbanken, die ebenfalls berechtigt waren, Banknoten auszugeben. Wie verlief die Entwicklung nach 1945?

Nach dem Zweiten Weltkrieg dezentralisierten die Alliierten die Reichsbank. Vorbild war das amerikanische „Federal Reserve System". Zunächst wurden elf Landeszentralbanken gebildet, sodass jedes Bundesland eine eigene Notenbank besaß. Im März 1848 wurde die Bank Deutscher Länder als Tochterinstitut der Landeszentralbanken gegründet; durch das Gesetz über die Deutsche Bundesbank vom 26. 7. 1957 wurde die Bank Deutscher Länder mit den Landeszentralbanken zur Deutschen Bundesbank in Frankfurt/M. verschmolzen. Die Landeszentralbanken waren von nun an rechtlich unselbstständige regionale Hauptverwaltungen.

2. Ursprung und Funktionen des Geldes

16.

Geld hat seinen Ursprung aller Wahrscheinlichkeit nach im Toten- und Gottkult der frühen Hochkulturen, etwa der Sumerer, Chinesen und Ägypter. Die Gottkönige, wenn auch physisch verstorben, „lebten" (in den Köpfen der Menschen) weiter, brauchten also ein Haus, Gerätschaften, Nahrung, Schmuck und Unterhaltung. Können Sie erklären, was das mit der Idee des Geldes zu tun hat?

In dieser Zeit, so hat es *Bernhard Laum* (Heiliges Geld – eine historische Untersuchung über den sakralen Ursprung des Geldes, 1924) entwickelt, entsteht die Idee des Geldes als Idee eines Wertmessers für kultische Zwecke, nämlich zur Bestimmung der angemessenen Höhe und Relation von Opfergaben. Auf diesen kultischen Ursprung deutet übrigens der Begriff „Geld" auch ethymologisch hin. Das Opfer an die Götter heißt im Althochdeutschen „geld"; im Angelsächsischen „gild", was soviel wie Vergeltung, Ersatz, Opfer bedeutet. Der Begriff „Gilde", der im deutschen Mittelalter die Zünfte bezeichnete, stammt aus derselben Wurzel und bedeutete zunächst die „Opfergemeinschaft". Auch die Grundbedeutung des germanischen Wortes „gelten", das später im Sinne von zurückzahlen, vergelten, entschädigen benutzt wurde, ist ursprünglich „besonders auf religiöse Opfer bezogen" (*Laum*, a. a. O., 39).

17.

Geld in Form eines objektiven Wertmessers, der den Tausch ganz verschiedener Waren und Dienstleistungen gegeneinander ermöglicht, ist also eine recht alte Idee, deren Ursprung mit der beginnenden Arbeitsteilung als Folge der Sesshaftwerdung von Menschen eng zusammenhängt. Muss man sich Geld von Beginn an in Form von Münzen vorstellen?

Nein. Als Geld fungierten in den frühen Hochkulturen Dinge, die sich als Wertmesser eigneten, z. B. Muscheln, Perlen oder Ringe, Speerspitzen, Äxte oder Vieh. Das „Kleidergeld" und das „Gerätegeld" lässt sich für die altindogermanischen, altfinnisch-ugrischen und altchinesischen Völker nachweisen. Auch die Bezeichnung der bekanntesten griechischen Münze (**Obolos**) bedeutete ursprünglich Lanzenspitze und Metallstab; und das lateinische Wort für Geld „**pecunia**" dokumentiert noch das ursprüngliche Viehgeld (**pecus**).

18.

Seit wann gibt es Geld in Münzform?

In Münzform trat Geld erstmals im 7. Jahrhundert v. Chr. auf. Eine eindeutige Antwort darauf, wer die erste Münze schuf, haben wir nicht. Die ältesten Münzstätten lagen vermutlich an der Küste Lydiens und entsprangen vielleicht der Kooperation des lydischen Königs mit den griechischen Kolonien. Hierneben stehen Auffassungen, wonach König Pheidon von Argos in Ägina das erste Geld prägte. Jedenfalls gibt es äginetische Münzen, die zu den ältesten gehören, die man bis jetzt gefunden hat. Sie zeigen auf der einen Seite eine Schildkröte, auf der anderen Seite den Eindruck des Stempeleisens. Aber auch Milet kommt als Ort der Erfindung in Betracht. Die milesische Elektronmünze sieht im Vergleich zur äginetischen Schildkrötenmünze allerdings weit roher und unfertiger aus und mutet wie eine Übergangsform zwischen den umlaufenden Metallbarren und der ersten Münze an.

19.

Wissen Sie, warum König Krösus so berühmt geworden ist?

Weil er (605-562 v. Chr.) als erster eine Münzordnung schuf, die damals etwas völlig Neues war, und damit den sprichwörtlichen Reichtum der Lyder begründete.

20.

Wie heißt die bekannteste griechische Münze?

Obolos, ein Wort das in der ursprünglichen Form auf den Begriff „Spieß" zurückgeht, wobei man meint, dass es sich bei diesem Spieß um den Bratspieß für den Opferkuchen gehandelt hat, sodass angenommen wird, dass auch die Münze selbst kultischen, sakralen Ursprungs ist. (*Laum*, Heiliges Geld, 1924)

21.

Wissen Sie, worauf das Wort „cash" zurückgeht?

So hieß die älteste chinesische Kupfermünze, die etwa seit 700 v. Chr. nachweisbar ist. Die Münzen hatten eine runde Gestalt und ein rundes Loch in der Mitte, um auf einer Schnur aufgereiht werden zu können. Erst später im Jahre 221 v. Chr. ist das Loch viereckig geworden.

22.

Welche Funktionen erfüllt Geld in einer Marktwirtschaft?

Nach allgemeiner Meinung erfüllt Geld drei volkswirtschaftliche Grundfunktionen:
(1) die Wertaufbewahrungsfunktion
(2) die Tauschmittelfunktion
(3) die Wertmesserfunktion (abstrakte Funktion der Recheneinheit)

Diese drei Funktionen kann man zusammenfassend **statische Funktionen** nennen.

23.

Gibt es neben diesen drei statischen Funktionen des Geldes weitere, dynamische Funktionen?

Ja, die:
(1) Freiheitsfunktion
(2) Antriebsfunktion
(3) Verteilungsfunktion
(4) Arbeitsteilungsfunktion
(5) Vertrauensfunktion.

24.

Was meint man mit der Freiheitsfunktion des Geldes?

Geld eröffnet die Loslösung von autarker Lebenssicherung, sodass Tätigkeiten, wie z. B. Handel oder Dienstleistungen jeder Art oder Wissenschaft und Kunst, möglich werden.

25.

Worin liegt die Antriebsfunktion des Geldes?

Wer sich vom autarken Lebenssicherungsmodell abgekoppelt hat, wer also die Idee der Arbeitsteilung und des Geldes akzeptiert hat, muss, sich selbst disziplinierend, diese Abkopplung auch durchhalten. Das heißt, von nun an „muss man Geld verdienen". In diesem Sinne hat Geld eine Antriebsfunktion. Diese Funktion wird verstärkt, wenn jemand Kredit aufnimmt, weil nun eine Rückzahlungsverpflichtung die „Abkopplung vom Geldmodell" noch schwerer macht.

26.

Wieso hat Geld eine Verteilungsfunktion?

Indem Geld als abstrakter Wertmaßstab fungiert, tritt zugleich eine Abkopplung von Gütern und Dienstleistungen ein. Wer viel Geld hat, besitzt dadurch automatisch den Gegenwert vieler Waren/Dienstleistungen, auch wenn er selbst nicht in der Lage gewesen wäre, sie zu produzieren. Geld macht also von den eigenen Fähigkeiten weitgehend unabhängig und führt einen völlig neuen Verteilungsmaßstab ein. Es ist nicht mehr entscheidend, was jemand mit seiner Hände Arbeit leisten kann, sondern aufgrund welcher Bedingungen, z. B. durch Erbschaft/Handel/Kunst/Krieg, jemand es geschafft hat, zu Geld zu kommen. Verteilungswirkungen dieser Art machen die Grundkategorien Mein/Dein erst wirklich problematisch und legitimieren gleichzeitig Systeme „gerechter Verteilung".

27.

In welcher Hinsicht verkörpert Geld eine Arbeitsteilungsfunktion?

Geld ist nicht nur Folge von Arbeitsteilung, sondern auch ihre Ursache. Denn der Preis wird zum Indikator dafür, ob die gewählte Arbeit zur Existenzsicherung hinreichend ist, d.h., es entstehen Anpassungsstrategien an solche Tätigkeiten, die besonders viel einbringen.

28.

Was meint man, wenn man sagt, dass Geld eine Vertrauensfunktion erfüllt?

Das heißt, Geld begründet das Vertrauen dauerhaft wertvoll zu sein, sodass den Menschen eine Lebensplanung auf der Basis von Geld möglich und sinnvoll erscheint. Es kann beispielsweise gespart werden, man kann Rentenfonds auflegen oder die Idee der Lebensversicherung kreieren.

29.

Wenn Geld seine statischen und dynamischen Funktionen für Volkswirtschaft und Einzelhaushalt optimal erfüllen soll, dann muss eine Politik des **stabilen Geldwerts** betrieben werden. Warum?

Hauptsächlich deshalb, weil sonst das Vertrauen in den Geldwert zusammenbricht, was zunächst zu permanenten Verteilungsungerechtigkeiten führt und – im schlimmsten Falle – bewirkt, dass Geld seine Tauschmittelfunktion verliert, mit der Folge des Rückfalls in eine (stationäre) Tauschwirtschaft. Nehmen Sie z.B. eine Inflation: Wenn die Preise um 10% steigen, dann haben Arme und Reiche 10% weniger im Portmonnee. Durch diese „scheinbare" Gleichbehandlung verschärfen sich bestehende Verteilungsungerechtigkeiten zu Lasten derer, die ohnehin wenig haben. Das Gleiche gilt umgekehrt bei einer Deflation, wobei hier der soziale Zündstoff regelmäßig im Vorfeld der auf breiter Front fallenden Preise liegt, wenngleich auch hier im Ergebnis gilt, dass „gleichmäßige Geldverknappung" sich je nach zuvor bestehender Verteilungslage sehr unterschiedlich auswirkt. Geldwertstabilität ist von daher eine ganz zentrale Grundvoraussetzung für arbeitsteilige Marktwirtschaften.

B. Geschäftsübergreifende Grundsätze

I. Der allgemeine Bankvertrag

30.

Die Beziehungen zwischen der Bank und ihren Kunden erschöpfen sich normalerweise nicht in einem einzigen Geschäft, etwa der Einlösung eines Reisechecks, sondern sind meist auf längere Dauer und auf eine unbestimmte Vielzahl von

Geschäftsvorfällen angelegt. Damit entsteht eine **Geschäftsverbindung**. Über ihre Rechtsnatur sind verschiedene Theorien aufgestellt worden. Wissen Sie, welche?

Ausgangspunkt sind die allgemeinen Kategorien des Zivilrechts. Die Geschäftsverbindung wird sowohl als Allgemeiner Bankvertrag, als auch als gesetzliches Schuldverhältnis **„ohne primäre Leistungspflicht"** gedeutet. Vertreten wurden auch quasivertragliche Lösungen und die Ansicht, die Geschäftsbeziehung sei ein rein tatsächliches Verhältnis ohne spezifisch rechtlichen Charakter.

31.

Der BGH hat mit Urteil vom 24. 9. 2002 (*BGH* BKR 2002, 1089) entschieden, dass es an einem allgemeinen Bankvertrag auch dann fehle, wenn mit dem ersten Giro- oder Darlehensvertrag Allgemeine Geschäftsbedingungen – wie üblich – vereinbart werden. Die Annahme eines neben einem solchen Giro- oder Darlehensvertrag geschlossenen allgemeinen Bankvertrages werde dem allgemeinen Vertragsbegriff nicht gerecht, da es an einer eigenständigen bindenden Rechtsfolge eines solchen Bankvertrages fehle. Stimmen Sie zu?

Nicht ganz, bei den Rechtsfolgen gibt es Differenzen. Wenn es um Leistungen oder Schadensersatz außerhalb eines bestehenden Einzelvertrages mit der Bank geht, wird im Rahmen gesetzlicher Schuldverhältnisse nur das negative Interesse – im Rahmen eines Vertrages aber das positive Interesse – ersetzt. So gesehen kann es – wenngleich selten – sinnvoll sein, neben den Einzelverträgen mit der Bank eine sie zusammenfassende, überwölbende Rahmengeschäftsverbindung anzunehmen.

II. Allgemeine Geschäftsbedingungen/Banken

32.

Die Allgemeinen Geschäftsbedingungen der Banken (AGB/B) wurden im Jahre 1937 erstmals entwickelt und sind mit Wirkung 1. 1. 1993 vom Bundesverband Deutscher Banken völlig neu gefasst und in den Jahren 2000 und 2002 sowie 2009 überarbeitet worden. Sind die AGB der Sparkassen inhaltsgleich?

Ja. Die AGB des Deutschen Sparkassen- und Giroverbandes sind weitgehend inhaltsgleich, wenngleich etwas anders gegliedert. Das gilt übrigens auch für die AGB des Bundesverbandes der Deutschen Volksbanken und Raiffeisen-Banken.

33.

Wie viele AGB/B gibt es?

21 (bei Sparkassen: 28).

34.

AGB müssen in den Vertrag einbezogen werden (§ 305 BGB). Wie geschieht das?

Entweder ausdrücklich oder durch deutlich sichtbaren Aushang, verbunden mit der Möglichkeit, von den AGB in zumutbarer Weise Kenntnis zu nehmen. Außerdem muss der Bankkunde mit den AGB einverstanden sein (§ 305 Abs. 2 BGB).

35.

Die Bank muss den Kunden also ausdrücklich und klar erkennbar auf die AGB hinweisen und ihm die Möglichkeit verschaffen, in zumutbarer Weise von ihrem Inhalt Kenntnis zu nehmen (§ 305 Abs. 2 Nr. 2 BGB). Wie geschieht dies?

Früher hat es gereicht, den Kunden auf einen deutlich sichtbaren Aushang hinzuweisen. Inzwischen verlangt der BGH, dass der AGB-Text unaufgefordert vorgelegt wird (*BGH* WM 1991, 1138).

36.

Gilt das auch für den Vertragsschluss im Internet?

Ja. Voraussetzung für den Abschluss im Internet ist, dass der Kunde die Möglichkeit hat, die AGB kostenlos herunterzuladen.

37.

Gilt das auch gegenüber einem Unternehmer (§ 14 BGB)?

Nein (§ 310 BGB). Allerdings müssen auch im kaufmännischen Verkehr die AGB einbezogen werden; es genügt regelmäßig ein Hinweis des Verwenders auf die AGB durch den dem Unternehmer die Möglichkeit zumutbarer Kenntnisnahme verschafft wird. Eine unaufgeforderte Zusendung der AGB ist nicht erforderlich (*BGH* NJW 1992, 1232).

38.

Nach Nr. 1 AGB/B gelten die AGB für die gesamte Geschäftsverbindung. Für einzelne Geschäftsbeziehungen (z. B. Scheck- oder Sparverkehr) gelten daneben spezielle AGB. Die AGB können geändert werden, wenn die Bank dies dem Kunden mitteilt und dieser innerhalb von sechs Wochen nicht widerspricht. Ist das nicht ein einseitiger Änderungsvorbehalt, der unzulässig ist?

Nein. In der schriftlichen Benachrichtigung liegt das Angebot der Bank auf Abschluss eines Änderungsvertrages. Für die Annahmeerklärung gilt § 308 Nr. 5 BGB,

11

wonach dem Kunden eine angemessene Frist zur Abgabe einer ausdrücklichen Erklärung eingeräumt wird und er auf diese Frist besonders hinzuweisen ist.

39.

Das Bankgeheimnis ist in Nr. 2 AGB/B erstmals ausdrücklich geregelt. Drei Grenzen werden genannt. Welche?

Gesetz, Einwilligung des Kunden und zulässige Bankauskunft.

40.

Ist die Haftung der Bank bei der Erfüllung ihrer Verpflichtungen auf ein bestimmtes Verschulden der Mitarbeiter beschränkt?

Nein. Sie haftet für jedes Verschulden ihrer Mitarbeiter (Nr. 3 AGB/B). Ein Mitverschulden des Kunden ist anzurechnen.

41.

Gilt dies auch für Schäden durch höhere Gewalt?

Nein. Die Bank haftet nicht für Schäden, die durch höhere Gewalt, Aufruhr, Kriegs- und Naturereignisse oder durch sonstige von ihr nicht zu vertretende Vorkommnisse (z. B. Streik, Aussperrung, Verkehrsstörung, Verfügung von hoher Hand im In- oder Ausland) eintreten (Nr. 3 Abs. 3 AGB/B).

42.

Der Kunde kann gegen Forderungen der Bank nur aufrechnen, wenn seine Forderungen unbestritten oder rechtskräftig festgestellt sind (Nr. 4 AGB/B). Ist ein solches Aufrechnungsverbot zulässig?

Ja. Nach § 309 Nr. 3 BGB ist dies zulässig. Grundlose oder unsubstantiierte Einwendungen machen die Forderung aber nicht zu einer bestrittenen (BGHZ 12, 136).

43.

Nach dem Tod des Kunden darf die Bank, wenn ihr ein Testament vorgelegt wird, an denjenigen, der darin als Erbe bezeichnet ist, mit befreiender Wirkung leisten (Nr. 5 AGB/B). Was ist der Sinn dieser Klausel?

Die Bank will auf diese Weise klären, an wen sie im Todesfall des Kunden mit befreiender Wirkung leisten darf. Aus Erbrechtsstreitigkeiten will sie sich durch diese Klausel heraushalten.

44.

Welches Recht ist auf die Geschäftsverbindung mit der Bank anwendbar?

Es gilt deutsches Recht, auch für Auslandskunden (Nr. 6 AGB/B).

45.

Bei einem Kontokorrentkonto stellt die Bank zum Ende eines Kalenderquartals einen Rechnungsabschluss auf. Welches ist das wichtigste Kontokorrentkonto für Privatleute?

Das Girokonto.

46.

Angenommen, Sie bekommen den Rechnungsabschluss für Ihr Girokonto und stellen drei Monate später fest, dass eine Buchung unrichtig ist. Können Sie jetzt etwas dagegen tun?

Nein. Sie hätten Ihre Einwendungen innerhalb von sechs Wochen schriftlich geltend machen müssen (Nr. 7 Abs. 2 AGB/B). Da Sie dies nicht getan haben, haben Sie den Abschluss genehmigt.

47.

Stehen Sie nun völlig schutzlos dar?

Nein. Sie können auch nach Fristablauf eine Berichtigung verlangen, müssen nun aber beweisen, dass Ihr Konto zu Unrecht belastet oder eine Ihnen zustehende Gutschrift nicht erteilt wurde.

48.

Angenommen, Ihre Bank hat Ihnen versehentlich € 1000 gutgeschrieben. Sie haben vor lauter Glück sofort einen Urlaub gebucht, den Sie sich sonst niemals hätten leisten können und das Geld ausgegeben. Kurz nach Rückkehr aus dem Urlaub stellt die Bank den Fehler fest und macht die Gutschrift rückgängig. Sie widersprechen. Zu Recht?

Die Bank wird auf Nr. 8 AGB/B und auf ihr dort niedergelegtes Stornorecht verweisen. Sie sollten darauf hinweisen, dass es gegen § 307 BGB verstößt, wenn man Ihnen den Entreicherungseinwand (§ 818 Abs. 3 BGB) durch AGB wegnimmt (vertiefend *Kämmer*, Das Stornorecht der Banken, 1997).

49.

Angenommen, Sie reichen bei Ihrer Bank einen Scheck ein und bitten um Gutschrift. Können Sie jetzt über das Geld frei verfügen?

Nein. Denn die Gutschrift geschieht unter dem Vorbehalt Ihrer Einlösung (Nr. 9 Abs. 1 ABG/B). Sie müssen also warten, bis der Scheck wirklich eingelöst ist.

50.

Was sind Fremdwährungskonten?

Das sind Konten des Kunden, die dazu dienen, Zahlungen an den Kunden und Verfügungen des Kunden in fremder Währung bargeldlos abzuwickeln (Nr. 10 Abs. 1 ABG/B).

51.

Nr. 11 ABG/B enthält wichtige Mitwirkungspflichten des Kunden. Können Sie einige Beispiele nennen?

Mitteilung der Änderung von Namen, Anschrift oder Vertretungsmacht, besonderer Hinweis bei Eilbedürftigkeit, Prüfung von Kontoauszügen und anderen Mitteilungen der Bank, Benachrichtigung der Bank bei Ausbleiben von Mitteilungen

52.

Die Höhe der Zinsen und Entgelte ergibt sich aus dem Preisaushang (Nr. 12 Abs. 1 AGB/B). Ist das zulässig?

Ja. Es handelt sich um die Vereinbarung eines einseitigen Leistungsbestimmungsrechts nach § 315 BGB. Die Höhe der Zinsen ist folglich auf Ihre Billigkeit gerichtlich überprüfbar.

53.

Die Bank hat Ihnen einen Kleinkredit gewährt und dabei auf eine besondere Sicherheit verzichtet? Einige Monate später schreibt sie Ihnen, dass sie jetzt doch eine Sicherheit verlangt. Zu Recht?

Nein (Nr. 13 Abs. 2 AGB/B). Wenn die Bank bei der Entstehung des Anspruches von der Bestellung einer Sicherheit absieht, so kann sie später nur dann eine Besicherung fordern, wenn Umstände eintreten, die eine erhöhte Risikobewertung der Ansprüche rechtfertigen. Das wäre z. B. dann der Fall, wenn sich Ihre wirtschaftlichen Verhältnisse nachteilig verändert hätten.

54.

Sie unterhalten bei Ihrer Bank drei Konten. Auf zwei Konten haben Sie einen Debet, auf einem Konto ein Guthaben über € 2.000. Sie wollen abheben – die Bank lässt das nicht zu und verweist auf ihr Pfandrecht an dem Guthaben in Höhe des Debets. Zu Recht?

Ja. Die Bank erwirbt an allen Ansprüchen, die Sie gegen die Bank haben, ein Pfandrecht zur Sicherung der Ansprüche der Bank gegen Sie (Nr. 14 Abs. 1 AGB/B).

55.

Sie reichen bei Ihrer Bank einen Scheck zum Einzug ein. Wer ist danach Eigentümer des Schecks?

Die Bank – sie erwirbt an den ihr zum Einzug eingereichten Schecks im Zeitpunkt der Einreichung Sicherungseigentum (Nr. 15 Abs. 1 AGB/B).

56.

Bis zu welcher Grenze kann die Bank ihren Anspruch auf Bestellung oder Verstärkung von Sicherheiten geltend machen?

Bis zur Deckungsgrenze, d. h., bis der realisierbare Wert aller Sicherheiten dem Gesamtbetrag aller Ansprüche entspricht (Nr. 16 Abs. 1 AGB/B).

57.

Die Bank will Sicherheiten verwerten. Wer hat die Wahl, was verwertet wird?

Die Bank (Nr. 17 Abs. 1 AGB/B).

58.

Sie wollen Ihr Konto kündigen. Welche Kündigungsrechte haben Sie?

– Jederzeitiges Kündigungsrecht
– Kündigung aus wichtigem Grund
– Gesetzliche Kündigungsrechte (Nr. 18 AGB/B)

59.

Hat auch die Bank Kündigungsrechte?

Ja. Auch die Bank kann jederzeit unter Einhaltung einer angemessenen Kündigungsfrist kündigen (Nr. 19 Abs. 1 AGB/B). Das gilt auch für die Kündigung unbefristeter Kredite (Nr. 19 Abs. 2 AGB/B). Daneben steht die Kündigung aus wichtigem Grund. Sonderregelungen von Verbraucherdarlehensverträgen gehen vor (Nr. 19 Abs. 4 AGB/B).

60.

Angenommen, Ihre Bank gerät in Insolvenz. Was geschieht dann mit Ihren Einlagen?

In solchen Fällen tritt der Einlagensicherungsfonds an die Stelle der Bank. Er sichert alle Verbindlichkeiten, auch Ihre Einlagen auf dem Giro- oder dem Sparkonto. Die Sicherungsgrenze beträgt 30% des für die Einlagensicherung jeweils maßgeblichen haftenden Eigenkapitals. Sie kann im Internet unter http://www.bdb.de abgefragt werden.

III. Bankgeheimnis – Bankauskunft – Datenschutz

1. Begriffe

61.

Bankgeheimnis, Bankauskunft und Bundesdatenschutzgesetz (BDSG) stehen in einem Zusammenhang. Welchem?

Das Bankgeheimnis verpflichtet die Bank zur Verschwiegenheit über alle Tatsachen und Wertungen, von denen die Bank aufgrund ihrer Geschäftstätigkeit Kenntnis erlangt (Nr. 2 Abs. 1 AGB/B). Allerdings ist das Bankgeheimnis nicht unbegrenzt. Es darf unter bestimmten Voraussetzungen durchbrochen werden. Ob und inwieweit eine Auskunft zulässig ist, hängt heute nicht nur von den Grenzen des Bankgeheimnisses, sondern auch von den gesetzlichen Bestimmungen des BDSG ab. Nach den §§ 28, 39 BDSG ist Datenübermittlung im Rahmen einer Bankauskunft unter bestimmten Voraussetzungen zulässig.

2. Das Bankgeheimnis

a) Grundlagen

62.

Gibt es für das Bankgeheimnis in Deutschland eine gesetzliche Regelung?

Nein. Es wird inzwischen gewohnheitsrechtlich sowohl aus der Verfassung als auch aus der Geschäftsbeziehung zur Bank entwickelt.

63.

Oft wird das Bankgeheimnis in den Allgemeinen Geschäftsbedingungen der Banken (AGB/B) festgehalten. Wann geschah dies zum erstenmal in Deutschland?

Im Jahre 1619 wurde von Hamburger Kaufleuten die „Hamburger Bank" gegründet. In Art. 6 der „Ordnung und Artikuli der Wechsel Banco" ist die Verpflichtung festgelegt, niemandem über die Angelegenheiten eines Kunden Auskunft zu geben und niemandem zu offenbaren, was in der Bank passiert und geschrieben wird. Diese Verschwiegenheitspflicht fiel unter den Diensteid. Bei Zuwiderhandlung drohte höchste Strafe (vgl. *J. Radbruch*, Das Bankgeheimnis im Deutschen und Angloamerikanischen Recht, Diss. Mainz, 1977, 5 ff.).

64.

Berühmt sind in diesem Zusammenhang die Schweizer Nummernkonten. Was ist damit gemeint?

Bei den Nummernkonten handelt es sich um gewöhnliche Konten. Eine rechtliche Besonderheit weisen sie insofern auf, als der Name des Kontoinhabers nur einem sehr beschränkten Personenkreis in der Bank bekannt ist. Anstelle des Namens steht auf den Kontoauszügen die dem Inhaber zugewiesene Nummer. Auf diese Weise ist der Kontoinhaber sehr schwer identifizierbar.

65.

Welche zwei Pflichten meint man, wenn man in Deutschland vom Bankgeheimnis spricht?

(1) Die Pflicht der Bank, Stillschweigen über die Vermögensverhältnisse ihrer Kunden zu bewahren (**Verschwiegenheitspflicht**)
(2) Die Pflicht der Bank, Auskünfte gegenüber Dritten zu verweigern, soweit sie nicht kraft Gesetzes oder aus einem sonstigen Rechtsgrund von ihrer Verschwiegenheitspflicht entbunden ist (**Auskunftsverweigerungspflicht**)

66.

Die Versuche, den das Bankgeheimnis begründenden Rechtsgedanken zu finden, sind vielfältig. Differenziert wird zwischen privatrechtlichen und/oder verfassungsrechtlichen Ansätzen. Privatrechtlich wird entweder an die Verschwiegenheitspflicht als Folge der Anbahnung und des Abschlusses eines allgemeinen oder besonderen Bankvertrages angeknüpft (*BGH* BB 1953, 993) oder aber an einen objektiv-rechtlichen, aus dem Persönlichkeitsrecht des Bankkunden entwickelten Schutz (so z. B. *Steindorff*, ZHR 1985, 151 ff.). Verfassungsrechtlich wird auf das allgemeine Persönlichkeitsrecht des Kunden, das von der Rechtsprechung aus

Art. 1 (Menschenwürde) und Art. 2 (freie Entfaltung der Persönlichkeit) GG entwickelt wurde, abgestellt. (vertiefend *Lerche*, ZHR 1985, 165 ff.). Was halten Sie von diesen Ansätzen?

Probleme bereitet der verfassungsrechtliche Ansatz, weil das Bankgeheimnis seinem Wesen nach nicht personen-, sondern vermögensbezogen ist. Das Bankgeheimnis gehört auch nicht zum unantastbaren Kernbereich privater Lebensgestaltung und lässt sich deshalb nicht als „sonstiges Recht" i. S. v. § 823 Abs. 1 BGB verfassungsrechtlich instrumentieren. Auch das vom BVerfG im Urteil zum Volkszählungsgesetz 1983 (*BVerfG* BVerfGE 65, 1 ff. = NJW 1984, 419) als Teil des allgemeinen Persönlichkeitsrechts entwickelte Grundrecht auf „informationelle Selbstbestimmung" eignet sich nicht, das Bankgeheimnis über die Drittwirkung der Grundrechte selbst in den Rang eines Grundrechts zu erheben. Es fehlt an der prinzipiellen Über-Unterordnungssituation, die für das Verhältnis Bürger – Staat prägend ist und die Geltung der Grundrechte erfordert (vertiefend *Rehbein*, ZHR 1985, 139, 144 ff.). Meines Erachtens kann das Bankgeheimnis nur im Bankvertrag wurzeln, weil ohne rechtsgeschäftlichen Kontakt keine Bank verpflichtet wäre, Informationen, die ihr offensichtlich zugänglich sind, zurückzuhalten (Grenze: § 826 BGB). Das Bankgeheimnis wurzelt auch nicht im allgemeinen Persönlichkeitsrecht, weil es überhaupt erst entstehen kann, wenn ein Bankkunde sich entschlossen hat, Informationen aus seinem Lebensbereich einer – begrenzten – Öffentlichkeit (der Bank) zur Verfügung zu stellen. Der Einzelne ist es also, der das Geheimnis, dessen Inhaber er allein ist, preisgibt. Mit anderen Worten: Wer sich entschlossen hat, Geheimnisse preiszugeben, verlässt den Schutzbereich seiner Persönlichkeit. Wer in dieser Situation trotzdem will, dass die von ihm publik gemachten Geheimnisse nicht weitergegeben werden, muss nun **Verschwiegenheit vereinbaren**. Das kann selbstverständlich auch konkludent erfolgen. Wer aber nichts tut, verdient keinen weitergehenden Schutz, denn der Dritte braucht nicht mehr zu leisten, als der Bankkunde, der sein eigenes Geheimnis preisgibt.

b) Grenzen des Bankgeheimnisses

67.

Wie jedes Recht gilt auch das Bankgeheimnis nicht uneingeschränkt. So kann sich die Bank nicht einfach unter Berufung auf das Bankgeheimnis von der **gebotenen Aufklärung und Warnung** befreien. Die Bank muss auch Auskunftsansprüche Dritter, z. B. aus den §§ 260, 809 f. BGB; § 118 HGB; § 840 ZPO, erfüllen. Die Aufdeckung von Kreditbetrug oder von Insiderinformationen kann durch Nothilfe, in Ausnahmefällen auch Notstand (§§ 34, 35 StGB) gerechtfertigt sein. Auch aus einem überwiegenden Eigeninteresse gegenüber einem ehrenrührigen Vorwurf kann ein Offenbarungsrecht folgen (*BGH* BB 1953, 993). Gibt es neben diesen aus allgemeinen Grundsätzen folgenden Grenzen des Bankgeheimnisses auch solche, die sich aus Gesetzen ergeben?

Ja. Es gibt eine ganze Reihe von gesetzlichen Durchbrechungen, z. B. folgende:
(1) Die BaFin und die Deutsche Bundesbank haben Einsichts- und Auskunftsrechte ohne Beschränkung durch das Bankgeheimnis (§ 44 KWG).

(2) Im Strafprozess hat die Bank kein Zeugnisverweigerungsrecht nach § 53 StPO. Sie muss auch gegenüber der StA aussagen (§ 161 a StPO); nicht aber gegenüber der Polizei. Entsprechendes gilt nach § 46 Abs. 2 OWiG.

(3) Gegenüber Steuerbehörden besteht Offenbarungspflicht u. a. nach §§ 90, 92 f., 97 AO. Im Steuerstrafverfahren gelten die §§ 370, 372 ff., 385 Abs. 1 AO; im Verfahren der Steuer- und Zollfahndung § 208 AO; im Vollstreckungsverfahren § 249 AO.

68.

Die Kreditinstitute zählen nicht zu den in § 53 StPO genannten Personen, die aus beruflichen Gründen ein Zeugnisverweigerungsrecht im Strafprozess haben. Sie sind auch verpflichtet, gemäß § 95 StPO Gegenstände, die als Beweismittel für die Untersuchung von Bedeutung sein können, herauszugeben. Das soll jedoch nicht gelten, wenn die Bank als Berufshelferin tätig wird. Was versteht man unter Berufshelfern und unter welchen Umständen können die Banken als Berufshelfer von ihrem Zeugnisverweigerungsrecht Gebrauch machen? (*LG Köln* WM 1991, 589)

Das gesetzliche Zeugnisverweigerungsrecht bestimmter Berufsgruppen gemäß § 53 StPO, z. B. der Geistlichen, Ärzte, Anwälte, Steuerberater, wird unter bestimmten Voraussetzungen gemäß § 53 a StPO auf ihre Gehilfen ausgedehnt. Für das Beschlagnahmerecht wird § 53 a StPO durch § 97 Abs. 4 StPO ergänzt. Das LG Köln hat die Bank, die ein sog. Notaranderkonto führte, als Berufshelferin eingestuft. Der Notar, der zu den Personen zählt, die im Strafverfahren ein Zeugnisverweigerungsrecht haben, ist gemäß § 12 Abs. 2 Satz 1 der Dienstordnung für Notare verpflichtet, die ihm anvertrauten Geldbeträge unverzüglich einem Notaranderkonto zuzuführen. Da der Notar sich somit zur Erfüllung seiner Berufspflichten der Hilfe eines Kreditinstitutes bedienen muss, kann der Gesetzeszweck nur erreicht werden, wenn das Zeugnisverweigerungsrecht des Notars auf die Hilfsperson und damit in diesem Fall auf die kontoführende Bank ausgedehnt wird.

69.

Sie verkaufen Ihr Auto unter Eigentumsvorbehalt und akzeptieren einen Scheck. Dann bitten Sie Ihre Bank bei der Bank des Scheckausstellers nachzufragen, „ob der Scheck in Ordnung gehe". Die Bank des Scheckausstellers beruft sich auf das Bankgeheimnis, zu Recht?

Nein. Wer einen Scheck ausstellt, willigt damit konkludent in eine Scheckauskunft ein.

70.

A verkauft ein Grundstück. Er verpflichtet sich, das Eigentum lastenfrei zu übertragen. Das Grundstück ist allerdings noch mit Grundschulden belastet, die teilweise der Sicherung von Darlehensforderungen der Bank gegen den Vater des A dienen. A bittet die Bank um Auskunft über die Höhe der Forderungen, damit er diese ablösen könne. Die Bank beruft sich auf das Bankgeheimnis gegenüber V. Zu Recht?

Nein. Das *OLG Oldenburg* (WuB I B 3 1/85 *Locher*) hat den Anspruch des A gegen die Bank nach § 242 BGB bejaht. Die für die Anwendung des § 242 BGB erforderliche zumindest vertragsähnliche Sonderverbindung sah das Gericht hier in der sachenrechtlichen Beziehung zwischen A und seinem Vater.

71.

Nach Nr. 2 Abs. 1 AGB/B darf die Bank Informationen über den Kunden weitergeben, wenn gesetzliche Bestimmungen dies gebieten oder die Bank zur Erteilung einer Bankauskunft befugt ist oder aber der Kunde eingewilligt hat. Welche Form der Einwilligung ist in der Bankpraxis sehr verbreitet?

Die von der Kreditwirtschaft nach den Vorgaben der BGH-Rechtsprechung formulierte SCHUFA-Klausel. SCHUFA heißt „Schutzgemeinschaft für allgemeine Kreditsicherung". Der Kunde willigt ein, dass Daten über sein Konto an die SCHUFA übermittelt werden. Das gilt auch für nicht vertragsgemäßes Verhalten – der Kunde zahlt seinen Kredit nicht zurück.

72.

Nach § 383 Abs. 1 Nr. 6 ZPO dürfen Personen, denen kraft ihres Amtes Standes- oder Gewerbetatsachen anvertraut sind, deren Geheimhaltung durch ihre Natur oder durch gesetzliche Vorschrift verboten ist, im Zivilprozess das Zeugnis verweigern. Gehören zu diesen Personen auch die Angestellten einer Bank, die im Rahmen des Bankvertrages Tatsachen über die Vermögensverhältnisse eines Kunden erfahren?

Ja, denn „anvertraut" bedeutet jede Wahrnehmung aufgrund einer Vertrauensstellung (*OLG Stuttgart* MDR 83, 286). Zu den schweigepflichtigen Personen gehören neben Ärzten, Richtern, Rechtsanwälten, Beamten und Notaren auch **Bankangestellte,** Wirtschaftsprüfer und Steuerberater. Der **Umfang der Verschwiegenheitspflicht** richtet sich primär nach dem Gesetz, sonst nach der Natur der Sache. Was darunter fällt, hat der Richter zu beurteilen. Maßgebend sind insbesondere die Verkehrssitte und die berechtigten Erwartungen der vertrauenden Personen. Dabei entspricht es der h. M., dass „die einer Bank anvertrauten Tatsachen ihrer Natur nach geheimhaltungsbedürftig sind, weil prinzipiell ein berechtigtes Interesse des Bankkunden besteht, sie vor der Kenntnisnahme Dritter zu schützen" (*OLG Köln* MDR 68, 931).

73.

In einigen Fällen kann es zu einer Kollision zwischen der Pflicht des Kreditinstitutes, das Bankgeheimnis zu wahren, und einer Aufklärungspflicht kommen. Der BGH hatte am 27. 11. 1990 folgenden Fall zu entscheiden: A will eine Eigentumswohnung erwerben und sanieren. Für eine dafür erforderliche Zwischenfinanzierung wendet sich A an die BRZ-Bank und schließt mit ihr einen Darlehensvertrag. Die Unternehmensgruppe, die die Gegenleistungen zu erbringen hatte, ging bald darauf in Konkurs. Die Konkursreife dieser Unternehmensgruppe war der BRZ-Bank bei Abschluss des Darlehensvertrages mit A bekannt. A klagt gegen die BRZ-Bank auf Schadensersatz. Die Bank hätte A auf die drohende Konkursreife und die damit für A verbundenen Risiken bezüglich des Darlehensvertrages hinweisen müssen. Die BRZ-Bank beruft sich dagegen auf das Bankgeheimnis. Zu Recht?

Nein (*BGH* WM 1991, 85 = WuB I B 3, 1/91 *Obermüller*). Zwar ist in der Regel der Pflicht des Kreditinstitutes, das Bankgeheimnis ihrer Kunden zu wahren, der Vorrang einzuräumen. Ein Ausnahmefall ist aber dann gegeben, wenn die Bank einen konkreten Wissensvorsprung dem Kunden gegenüber hat, wenn ihr etwa die drohende Zahlungsunfähigkeit des Geschäftspartners bekannt ist, wie es hier der Fall war. In der Praxis lässt sich der Konflikt zwischen Bankgeheimnis und Kreditnehmerschutz relativ leicht lösen, indem die Bank als Kreditgeberin eine Mitwirkung an dem von ihrem Kunden geplanten Geschäft verweigert, ohne ihm dafür die Gründe im Einzelnen zu erläutern.

74.

Welche Rechtsfolgen können sich aus der Verletzung des Bankgeheimnisses durch die Bank ergeben?

(1) Schadensersatz
(2) Unterlassungsanspruch bei drohender Verletzung der Geheimhaltungspflicht (evtl. einstweilige Verfügung gemäß § 935 ZPO)
(3) Rücktritt des Kunden vom Vertrag, Kündigung, falls Vertrauensverhältnis zerstört
(4) strafrechtliche Ahndung bei Verletzung des Bankgeheimnisses durch öffentliche Kreditinstitute gemäß § 203 Abs. 2 Ziffer 2 StGB
(5) arbeits- bzw. dienstrechtliche Konsequenzen für die Angestellten bzw. die verbeamteten Mitarbeiter der Kreditinstitute.

75.

Auf welche Anspruchsgrundlagen kann man den Schadensersatzanspruch, der sich als Rechtsfolge der Verletzung des Bankgeheimnisses ergeben kann, stützen?

(1) Da es sich bei der Geheimhaltungspflicht um eine vertragliche Verpflichtung handelt, kann sich der Schadensersatzanspruch aus § 280 BGB ergeben.

21

(2) Der Anspruch kann sich auch aus § 823 Abs. 1 BGB ergeben. Die Verletzung des Bankgeheimnisses kann eine Verletzung des allgemeinen Persönlichkeitsrechts oder ein Eingriff in den eingerichteten und ausgeübten Gewerbebetrieb sein. Beide Rechte sind als sonstige Rechte i. S. v. § 823 Abs. 1 BGB zu qualifizieren.

(3) Der Schadensersatzanspruch kann sich auch aus § 823 Abs. 2 BGB i. V. m. den Vorschriften des BDSG ergeben, die als Schutzgesetze i. S. v. § 823 Abs. 2 BGB angesehen werden. Für das Verhalten ihrer Angestellten haftet die Bank über die §§ 278, 831 BGB, für das Verhalten eines ihrer Organe nach §§ 30, 89 BGB.

76.

Angenommen, aus der Verletzung des Bankgeheimnisses durch die Bank folgt, dass der Kunde Steuernachzahlungen an das Finanzamt zu leisten hat. Muss die Bank diesen „Schaden" ersetzen?

Nein. Die Verpflichtung, die Steuerschuld zu begleichen, war bereits entstanden vor und unabhängig von der Verletzung des Bankgeheimnisses.

3. Die Bankauskunft

77.

Die Bank darf Kreditauskünfte nur mit **Einwilligung** des Betroffenen erteilen (Nr. 2 Abs. 1 AGB/B). Bei **Privatkunden** muss diese Einwilligung ausdrücklich erteilt werden, d. h., die Bank ist verpflichtet **Rückfrage** bei ihrem Kunden zu nehmen, über den die Auskunft eingeholt wird. Gelten diese Grundsätze auch im kaufmännischen Verkehr?

Nicht ganz. Bei günstiger Auskunft wird in der Regel eine „mutmaßliche Einwilligung" des Geschäftskunden vorliegen (vgl. BGHZ 95, 365). Der kfm. Kunde weiß, dass typischerweise Bankauskünfte eingeholt und auch erteilt werden, und er weiß ferner, dass die Ablehnung einer Auskunft über ihn geradezu kreditschädigend wirkt. Deshalb ist erst bei eindeutig negativer Auskunft auch bei Geschäftskunden Rückfrage nötig.

4. Datenschutz (Schufa-Verfahren)

78.

Das Bundesdatenschutzgesetz in der Fassung vom 20. 12. 1990 (BDSG) will den Einzelnen davor schützen, dass er durch den Umgang mit seinen personenbezogenen Daten in seinem Persönlichkeitsrecht beeinträchtigt wird. Das Bankgeheimnis und die Grundregeln der Bankauskunft schützen den Bankkunden in ähnlicher Weise, d. h., das BDSG ergänzt und erweitert den Schutz von Bankkunden, überschneidet sich aber gleichzeitig mit den traditionellen Schutzmaterien. Sind eigentlich alle Bankkunden durch das BDSG geschützt?

Nein. Das BDSG schützt nur personenbezogene Daten von **natürlichen Personen** (§ 3 Abs. 1 BDSG 90). Das ist keineswegs selbstverständlich, denn nach Art. 19 Abs. 3 GG gelten Grundrechte auch für inländische juristische Personen, soweit sie ihrem Wesen nach auf sie anwendbar sind. So gibt es auch Länder, z. B. Österreich, die juristische Personen in den Schutzbereich mit einbezogen haben. In Deutschland jedenfalls sind juristische Personen, z. B. Kapitalgesellschaften, eingetragene Vereine und sonstige Personengemeinschaften, wie etwa Gesellschaften des BGB, Offene Handelsgesellschaften oder Kommanditgesellschaften nicht vom Gesetz geschützt. Sie können datenschutzrechtliche Ansprüche allenfalls aus einem auch für sie geltenden allgemeinen Persönlichkeitsrecht ableiten oder aber – in der Bankpraxis – aus den Grundsätzen des Bankgeheimnisses und der Bankauskunft.

79.

Können Sie einige Beispiele für personenbezogene Daten eines Bankkunden nennen?

Angaben über persönliche Verhältnisse des Betroffenen, wie z. B. der Name, die Anschrift, der Familienstand und das Geburtsdatum, Staatsangehörigkeit, Konfession, Beruf, das Erscheinungsbild, Eigenschaften, das Aussehen und der Gesundheitszustand, können beispielhaft genannt werden. Auch Werturteile, z. B. die Einschätzung der Bonität eines Kunden, sind Angaben über persönliche Verhältnisse, ebenso wie Fingerabdrücke oder Röntgenbilder. Personenbezogene Daten können auch sachliche Verhältnisse beschreiben, z. B. den Grundbesitz, der einer Person gehört. Hierher gehören vor allem auch vertragliche und sonstige Beziehungen zu Dritten, die häufig einer Hausbank bekannt sind, weil anders die Betreuung des Kunden nicht sinnvoll durchgeführt werden kann.

80.

Ist das Bankgeheimnis neben dem Schutz aus dem BDSG überhaupt noch erforderlich?

Ja, denn es gibt eine Reihe von Fällen, die vom BDSG nicht erfasst werden. Das gilt nicht nur für die Daten aller juristischen Personen, sondern auch für solche bei natürlichen Personen, die von der Zweckbestimmung der bankrechtlichen Beziehung nicht erfasst werden. So ließe sich z. B. das Recht der Bank, über einen Kreditbetrug aufzuklären, nicht aus § 28 BDSG herleiten.

81.

Von besonderer praktischer Bedeutung ist das BDSG für das Schufa-Verfahren. Worum geht es bei diesem Verfahren?

Es geht darum, dass die Banken der „Schutzgemeinschaft für allgemeine Kreditsicherung" (Schufa) **Daten über Girokonten, Kredite und Bürgschaften** melden und von der Schufa ihrerseits Auskünfte über die dort registrierten Daten erhalten. Es geht also um ein Verfahren, um die Bonität eines Kunden einschätzen und überprüfen zu können.

82.

Mit Wirkung zum 1. 7. 1986 wurde eine neue Schufa-Klausel eingeführt, die den von BGHZ 95, 362 aufgestellten Anforderungen angepasst ist. Die Klausel beinhaltet eine dreifach gestufte Regelung. Können Sie diese darstellen?

(1) Zunächst willigt der Kunde ein, dass Daten über die Beantragung, die Aufnahme und Beendigung der Kontoverbindung an die Schufa übermittelt werden.
(2) Ferner darf die Bank der Schufa auch Daten aufgrund nicht vertragsgemäßen Verhaltens (z. B. Scheckkartenmissbrauch oder Wechselprotest) melden, soweit dies zur Wahrung berechtigter Interessen erforderlich ist und die schutzwürdigen Belange des Kunden nicht beeinträchtigt. Hiernach kann die Bank also auch die so genannten **Negativmerkmale** an die Schufa melden.
(3) Soweit nach Abs. 2 der Schufa-Klausel eine Datenübermittlung zulässig ist, befreit der Kunde die Bank zugleich vom Bankgeheimnis. Auf diese Weise wird es möglich, auch solche Daten der Schufa zu melden, die nicht vom Schutzbereich des BDSG erfasst werden.

C. Kontoformen

83.

Was ist ein Konto?

Konto ist eine **zweiseitige Rechnung** über Forderungen und Verbindlichkeiten aufgrund eines Bankvertrages. Das Konto ist das bankbetriebliche Mittel zur Bewältigung des Einlagengeschäfts. Hier werden die Zahlungsbewegungen festgehalten, sodass ähnlich wie bei den kaufmännischen Handelsbüchern nach §§ 238 ff. HGB das Konto als Beweisgrundlage zwischen Bank und Kunde dient. In tatsächlicher Hinsicht verkörpert das Konto einen Inbegriff von Buchungen. In **rechtlicher Hinsicht** handelt es sich beim Konto um einen **(Geschäftsbesorgungs-)Vertrag** im Sinne von § 675 BGB, der nach den allgemeinen Regeln über das Zustandekommen von Verträgen, also auf der Grundlage privatautonomer Willensbildung, zwischen Banken und Kunde geschlossen wird.

84.

Woher kommt der Begriff „Konto"?

Der Begriff „Konto" wurzelt im lateinischen *contare* = zählen (frz.: *compte*; engl.: *account*). Konten sind übrigens bereits für das ptolemäische sowie für das römische Recht (*codex expensi*) nachgewiesen.

85.

Ein Bankkunde sann nach Wegen, einen größeren Geldbetrag dem Zugriff des Fiskus (lat. „Geldkorb") zu entziehen. Er erörterte die Angelegenheit mit dem Direktor seiner Bank. Dieser riet ihm, das Geld auf ein Sparbuch der Bank einzuzahlen, denn so „handele es sich um eine Geldanlage, welche der Steuerbehörde verborgen bleibe, über welche also auch die Bank der Behörde keine Auskunft geben werde". Als der Kunde das von ihm aufgrund dieses Ratschlags eingezahlte Geld später abheben wollte, stellte sich heraus, dass es der inzwischen durch Selbstmord verstorbene Bankdirektor für sich selbst verbraucht hatte. Der Bereicherungsklage des Kunden hielt die Bank § 817 Abs. 2 BGB entgegen, wonach die Rückforderung (hier: des eingezahlten Spargeldes) ausgeschlossen ist, wenn die Leistung ihrerseits gegen ein gesetzliches Verbot oder gegen die guten Sitten verstößt. Und genau das, so meinte die Bank, sei hier der Fall gewesen, denn die Einzahlung des Spargeldes habe allein dem (gesetzlich verbotenen und sittenwidrigen) Zweck der Steuerhinterziehung gedient. Wirklich?

Nach Auffassung des Reichsgerichtes (*RG* JW 1935, 420 f.): Ja. Wesentlich sei, dass der Hauptzweck des Geschäftes in der Schaffung erleichterter Möglichkeiten für eine Steuerhinterziehung bestanden habe, so „dass der Vertrag über die Begründung des neuen Kontos wegen Verstoßes gegen die guten Sitten nichtig gewesen sei". Unerheblich sei dabei, dass der Kunde nebenbei auch noch eine gewinnbringende Anlegung seines Geldes im Auge gehabt habe.

Diese Rechtsprechung wird in der Literatur zu Recht kritisiert. Entscheidend gegen sie spricht, dass eine **Steuerhinterziehung nicht Hauptzweck** eines Kontovertrages sein kann, und zwar deshalb, weil die Steuerschuld nicht an die Eröffnung des Kontos anknüpft, sondern ganz unabhängig davon gewöhnlich vorher bereits besteht. Der Hauptzweck eines Kontos erschöpft sich rechtlich darin, Geld eines Einlegers als Darlehen im Sinne von § 488 BGB zu verwalten. Dieser Zweck ist nicht sittenwidrig und wird es auch nicht dadurch, dass etwaige diesen Zweck leitende Motive zwielichtig sein sollten. Der BGH hat deshalb – zu Recht – bereits in BGHZ 14, 25 (31) darauf hingewiesen, dass die Besteuerung gerade nicht dadurch ausgeschlossen wird, dass ein Verhalten, das den steuerlichen Tatbestand erfüllt, gegen ein gesetzliches Verbot oder die guten Sitten verstößt. Steuerlich werde nichts gewonnen, wenn man ein Rechtsgeschäft wegen der mit ihm begangenen Steuerhinterziehung nach § 134 BGB oder nach § 138 BGB für nichtig halte.

86.

Wissen Sie, welches die Urform des Kontos ist?

Das Eigenkonto, mit seiner Hilfe verwirklicht der Kontoinhaber seine eigenen Zwecke.

87.

Wenn mehrere Personen über ein Konto verfügungsberechtigt sind, so entsteht das **Gemeinschaftskonto**. Differenziert wird in der Praxis zwischen zwei Formen: dem **Und-Konto** und dem **Oder-Konto**. Wissen Sie, was ein Oder-Konto ist?

Es handelt sich um die typische Form des Gemeinschaftskontos. Der eine **oder** der andere Kontoinhaber kann über das Guthaben auf dem Gemeinschaftskonto **allein** verfügen. Die Inhaber eines Oder-Kontos sind also Gesamtgläubiger i. S. d. §§ 428 ff. BGB, die – weil ihnen ein Recht gemeinschaftlich zusteht – zugleich eine Bruchteilsgemeinschaft i. S. d. §§ 741 ff. BGB bilden.

88.

Gemeinschaftskonten werden zwar typischerweise in der Form des Oder-Kontos geführt, müssen das aber nicht. Welche Form gibt es noch?

Das **Und-Konto**. Auch hier bilden die Inhaber gewöhnlich eine Bruchteilsgemeinschaft (§§ 741 ff. BGB). Als bloße Mitgläubiger können sie aber nicht über das gesamte Konto, sondern nur über ihren Anteil an der gemeinschaftlichen Einlageforderung selbstständig verfügen (§ 747 BGB). Mit befreiender Wirkung kann die Bank nur an alle Kontoinhaber gemeinschaftlich, nicht aber an einen einzelnen von ihnen leisten (*BGH* ZIP 1990, 1539).

89.

Es wird die Auffassung vertreten, dass jeder Kontoinhaber das Oder-Konto ohne Mitwirkung des anderen in ein **Und-Konto umwandeln** könne, da ja jeder Kontoinhaber allein verfügungsberechtigt sei. Was halten Sie von dieser Argumentation?

Dem widerspricht der Wortlaut der Kontoeröffnungsvordrucke in mehrfacher Hinsicht. Zum einen müssen die Kontoinhaber, also alle, der Bank schriftlich eine die Umwandlung beinhaltende gegenteilige Weisung erteilen. Ein Kontoinhaber allein reicht also nicht aus. Hinzu kommt, dass die Verfügungsbefugnis des Kontoinhabers auf das „Guthaben" beschränkt ist. Damit sind weitergehende Verfügungen, etwa über die Kontoabrede als solche, vom Wortlaut nicht erfasst. In diesem Sinne liegt eine Entscheidung des (*BGH* ZIP 1990, 1538) vor, wonach die „Umwandlung eines Oder-Kontos in ein Und-Konto grundsätzlich die Einigung der Sparkasse/Bank und **aller Kontoinhaber** voraussetzt, da die Rechtstellung des einzelnen Kontoinhabers sonst ohne seine Mitwirkung verschlechtert werden könne" (bestätigt von *BGH* WM 1992, 141, 143).

90.

Im Gegensatz zu Eigenkonten gibt es auch Fremdkonten. Was ist hiermit gemeint?

Bei einem Fremdkonto wird ein Dritter (Fremder) Kontoinhaber, während derjenige, der das Konto eröffnet, lediglich die Verfügungsberechtigung erhält. Bei einem Fremdkonto fallen also Kontoinhaberschaft und Verfügungsmacht auseinander. Fremdkonten werden häufig für minderjährige Kinder errichtet, oft in Form eines Vertrages zugunsten eines Dritten nach § 328 Abs. 2 BGB.

91.

Was sind Sonderkonten?

Sonderkonten, auch Separat- oder Unterkonten genannt, dienen als Eigen- oder Fremdkonten einem sachlich begrenzten Zweck des Kontoinhabers. Ein Sonderkonto kann zum Beispiel zur Verwaltung eigenen Geldes für Zwecke des Hausbaus (Baukonto) eingerichtet werden. Mietkautionen, die auf einem Sparbuch für den Mieter verzinst werden, gehören hierher. Die Grenzen zum **Treuhandkonto** sind schwimmend.

92.

Man unterscheidet zwischen **offenen Treuhandkonten** und **verdeckten Treuhandkonten.** Können sie die Unterschiede darstellen?

Über das **offene Treuhandkonto** verfügt der Treuhänder im eigenen Namen, aber – nach außen erkennbar – für fremde Rechnung. Es liegt regelmäßig vor, wenn die Treuhandnatur bei Kontoerrichtung für die Bank deutlich wird, zum Beispiel indem das Konto unter Zusatz eines fremden Namens hinter dem eigenen und mit dem Vermerk „Separatkonto" errichtet wird.

Bleibt die Treuhand verdeckt **(verdecktes Treuhandkonto),** so handelt es sich aus der Sicht der Bank um ein **Eigenkonto des Treuhänders,** das nach den allgemeinen Regeln für Eigenkonten zu behandeln ist.

93.

Eine besondere Art der Treuhandkonten bilden Anderkonten. Wissen Sie, was damit gemeint ist?

Anderkonten werden für Rechtsanwälte, Notare oder Angehörige der öffentlich bestellten wirtschafts- und steuerprüfenden Berufe eröffnet. Für sie gelten die besonderen Bedingungen für Anderkonten, die im Wesentlichen den Regeln über das offene Treuhandkonto entsprechen. Da der Inhaber des Anderkontos Vollrechtsinhaber ist, prüft die Bank nicht die Rechtmäßigkeit der Verfügungen über das Konto. Interessant ist, dass bei Tod des Kontoinhabers die Forderung aus dem Anderkonto nicht auf seine Erben übergeht. Kontoinhaber wird vielmehr (kraft Vertrages zugunsten eines Dritten) der von der Landesjustizverwaltung bestellte Abwickler oder der Präsident der zuständigen Berufskammer (Ziff. 13 der Bedingungen für Anderkonten).

94.

Können Sie etwas mit dem Begriff Sperrkonto anfangen?

Hier ist die Verfügungsberechtigung des Kontoinhabers eingeschränkt. Das kann Folge gesetzlicher Bestimmungen sein (zum Beispiel die Devisen-Sperrkonten zur Realisierung einer Devisenbewirtschaftung) oder auch rechtsgeschäftlich herbeigeführt werden, zum Beispiel durch einen Sperrvermerk bei Sparkonten für die Mietkaution. Häufig werden Sparbücher zugunsten Dritter eingerichtet und mit einem Sperrvermerk versehen. So wird zum Beispiel die Fälligkeit an die Volljährigkeit des Begünstigten geknüpft oder an das Erreichen eines bestimmten Alters.

95.

Gibt es in Deutschland das Nummernkonto?

Nein. Nummernkonten, das heißt anonyme Konten, deren Inhaber nur einem beschränkten Personenkreis in der Bank bekannt sind, sind in Deutschland, im Gegensatz zur Schweiz, nach § 154 Abgabenordnung (AO) nicht zulässig.

96.

Wissen Sie, was ein CpD-Konto ist?

Gemeint ist das Conto pro Diverse. Es ist ein bankinternes Eigenkonto. Auf ihm werden als Sammelkonto schwebende Geschäftsvorfälle verbucht, bis die wirklichen Kundenkonten ermittelt sind. Auf dem CpD-Konto spielt sich also kein Einlagengeschäft ab, es dient aber – bankintern – der Durchführung des Einlagengeschäftes, indem es bei Zweifeln über den oder die wirklichen Kontoinhaber als „Zwischenlager" fungiert.

D. Die Bestimmung des Kontoinhabers

I. Grundsätze

97.

Nach § 241 BGB ist der Gläubiger kraft des Schuldverhältnisses berechtigt, vom Schuldner eine Leistung zu fordern. Das setzt die Bestimmbarkeit von Gläubiger und Schuldner voraus. Über den Grad der Bestimmbarkeit der am Schuldverhältnis beteiligten Personen sagt das BGB nichts. Folglich ist es bürgerlich-rechtlich ohne weiteres möglich, eine Nummer oder ein bestimmtes Codewort als Kontobezeichnung zu vereinbaren, sofern gesichert ist, dass sich auf diese Weise die Schuldner-Gläubiger-Beziehung zwischen Kunde und Bank abwickeln lässt, also Verwechslungen ausgeschlossen sind. Steht diesen Überlegungen nicht der Grundsatz der formalen Kontenwahrheit entgegen?

Der Grundsatz der formalen Kontenwahrheit, wie er im § 154 AO aufgestellt wird, ist ein öffentlich-rechtlicher Grundsatz. Danach darf „niemand auf einen falschen oder erdichteten Namen für sich oder einen Dritten ein Konto errichten oder Buchungen vornehmen lassen." Ferner muss die kontoführende Bank (§ 154 Abs. 2 AO) sich Gewissheit über die Person und Anschrift des Verfügungsberechtigten verschaffen und die entsprechenden Angaben in geeigneter Form auf dem Konto festhalten. Auf diese Weise soll verhindert werden, dass Vermögenswerte verschleiert werden, der Sinn und Zweck von § 154 AO besteht also in der Durchsetzung des staatlichen Steueranspruchs.

Der öffentlich-rechtliche Grundsatz der formalen Kontenwahrheit steht neben der bürgerlich-rechtlichen Pflicht der Bank zur Prüfung der Identität ihrer Kunden. Bürgerlich-rechtlich wäre es der Bank unbenommen bei ansonsten feststehender Identität des Kunden für die Kontobezeichnung einen falschen oder erdichteten Namen, z. B. also eine Nummer oder ein Codewort, zu wählen. Legitimationsprüfung einerseits und öffentlich-rechtlicher Grundsatz der Kontenwahrheit andererseits sind also zwei ganz verschiedene Paar Schuhe.

98.

Wonach bestimmt sich, wer Kontoinhaber ist?

Grundsätzlich entscheiden die zwischen Bank und Kunde ausgetauschten Willenserklärungen darüber, wer Kontoinhaber ist.

99.

Was gilt bei Zweifeln?

Es gelten die allgemeinen Auslegungsprinzipien des Bürgerlichen Rechts. Nach § 133 BGB ist also der **wirkliche Wille** zu erforschen und nicht an dem buchstäblichen Sinne des Ausdrucks zu haften. Dabei ist der auf Errichtung des Kontos gerichtete Wille so auszulegen, wie es Treu und Glauben mit Rücksicht auf die Verkehrssitte erfordern (§ 157 BGB).

100.

Die Rechtsprechung hat ausgehend von diesen allgemeinen Grundsätzen inzwischen Auslegungskriterien entwickelt, die formelhaft herangezogen werden, wenn es um die Beseitigung von Zweifeln bei der Frage nach der Kontoinhaberschaft geht. Wissen Sie, worauf abgestellt wird?

Zu prüfen ist, wer nach dem **erkennbaren Willen des die Einzahlung Bewirkenden** Gläubiger der Bank werden sollte (BGHZ 21, 148 ff.). Entscheidend ist also, wer bei der Kontoerrichtung der Bank gegenüber als Forderungsberechtigter auftritt. Demgegenüber kommt der Frage, wer in der Kontobezeichnung aufgeführt ist oder aus wessen Mitteln die eingezahlten Gelder stammen, allenfalls Indizfunktion zu.

101.

Die Willenstheorie wird von § 133 BGB verkörpert, die Erklärungstheorie dagegen von § 157 BGB. Nach welcher dieser beiden Theorien bestimmt der BGH den Kontoinhaber?

Nach der Erklärungstheorie, weil entscheidend auf den **erkennbaren** Willen des Einzahlenden abgestellt wird. Dieser Vorrang der Erklärungstheorie gegenüber der Willenstheorie steht in Einklang mit der neueren Rechtsprechung des BGH zur Wirksamkeit von Willenserklärungen im Bankrecht (*BGH* BGHZ 91, 324).

II. Spezialfälle

102.

Beim Girokonto als Unterfall zum ZDRV kommt der Bezeichnung des Kontoinhabers mehr als bloße Indizwirkung zu. Warum?

Der Giroverkehr ist auf rasche und unkomplizierte Abwicklung angelegt. Es besteht, so der BGH, ein starkes praktisches Bedürfnis für einfache und klare Rechtsverhältnisse. Deshalb wird der formelle Kontoinhaber, der sich aus der Kontobezeichnung ergibt, auch regelmäßig als Gläubiger angesehen (*BGH* WM 1996, 249).

103.

Am 13. 3. 1962 verstarb die Erblasserin (E). Sie wurde von ihren drei Töchtern beerbt. Unter anderem hinterließ die Erblasserin ein Sparbuch, das auf den Namen einer Enkeltochter ausgestellt war. Die Enkeltochter ist der Auffassung, dass sie im Augenblick des Todes der Großmutter Inhaberin des auf sie lautenden Sparbuchs geworden sei. Eine der drei erbberechtigten Töchter, die das Sparbuch an sich genommen hat, ist dagegen der Meinung, dass das Sparbuch in die Erbmasse gehöre. In der bloßen Ausstellung des Sparbuchs auf den Namen der Enkeltochter liege keine vollzogene Schenkung auf den Todesfall i. S. v. §§ 2301 Abs. 2, 328 BGB. Wirklich?

Ja (BGHZ 46, 198). Zunächst hat das Gericht klargestellt, dass aus der Tatsache allein, dass das Sparbuch auf den Namen der Enkelin angelegt wurde, noch nicht folge, dass die Erblasserin ihrer Enkelin die Forderung aus dem Sparguthaben damit habe verschaffen wollen (§ 328 BGB). Die Bezeichnung der Enkelin im Sparbuch als Berechtigte sei nicht mehr als ein Beweiszeichen. Insoweit sei von Bedeutung, dass die Erblasserin das Sparbuch in **ihrem Besitz** behalten habe. Daraus lasse sich in der Regel der Wille entnehmen, selbst noch die Verfügungsbefugnis über das Sparguthaben behalten zu wollen. Dies gelte auch, wenn eine Großmutter ein Sparbuch auf den Namen ihrer minderjährigen Enkelin anlege. Es sei dann in der Regel anzunehmen, dass sie sich zunächst noch, solange sie lebt, die Verfügung über das Sparguthaben vorbehalten wolle, schon um etwaigen Veränderungen ihrer eigenen Verhältnisse (Vermögensverfall), oder der Verhältnisse der Eltern der Enkelin (hier etwa: Scheidung der Ehe), oder des Verhältnisses der Enkelin zur Großmutter (Wohlverhalten), Rechnung tragen zu können. Dies alles spricht gegen die Annahme eines Vertrages zugunsten der Enkelin i. S. v. § 328 BGB.

Allerdings schließt der vorliegende Sachverhalt eine ganz andere Zuwendung, nämlich die nach § 331 BGB nicht aus. Dort handelt es sich um den Fall, dass ein Dritter (hier die Enkelin) die Leistung nach dem Todesfall (hier der Großmutter) erhalten soll. Versprechen dieser Art sind üblich im Rahmen von Lebensversicherungsverträgen, jedenfalls solange das Bezugsrecht widerruflich ist. Im vorliegenden Fall war zu klären, ob aus der Tatsache, dass das Sparbuch auf den Namen der Enkelin eröffnet worden war, geschlossen werden durfte, dass die Enkelin zumindest für den Fall des Todes als begünstigt gelten sollte. Dieses hielt der BGH zumindest für möglich, denn in der Regel könne nicht angenommen werden, dass der Bezeichnung der Enkelin überhaupt keine rechtliche Bedeutung zukomme. Aus diesen Gründen verwies das Gericht den Rechtsstreit zurück an das OLG, um dort klären zu lassen, welchen Zweck die Großmutter mit der Anlegung des Sparbuchs auf den Namen der Enkelin verfolgte. Ob die Großmutter bei der Anlegung des Sparbuchs eine Bestimmung i. S. v. § 331 BGB hat treffen wollen, lässt sich rückschließend nur unter Heranziehung und Würdigung der familiären Verhältnisse, insbesondere ihres Verhältnisses zu ihren Töchtern (Erben) und zu ihrer Enkelin beurteilen. Hierbei etwa verbleibende Unklarheiten gehen allerdings zu Lasten der Enkelin, die sich auf die Wohltaten aus § 331 BGB beruft.

104.

Auch beim Sparbuch liegen die Dinge nicht komplizierter als bei jedem anderen Eigenkonto. „Schließt jemand im eigenen Namen mit der Bank einen Sparvertrag ab und leistet er auch die erste Einlage, so ist in aller Regel davon auszugehen, dass er selbst Inhaber der Einlagenforderung wird" (*BGH* WM 1972, 383). Schwieriger wird es dann, wenn ein Sparbuch eine Drittbegünstigung enthält, z. B. auf den Namen eines Kindes lautet. Kann man davon ausgehen, dass in diesen Fällen das benannte Kind automatisch Kontoinhaber wird?

Nein. Hier gilt seit BGHZ 46, 198, dass aus der Tatsache allein, dass das Sparbuch auf den Namen eines Dritten angelegt ist, noch nicht folgt, dass dieser Inhaber sein soll. Entscheidend ist vielmehr, wer **berechtigter Besitzer** des Sparbuches ist. Daraus lässt sich nämlich i. d. R. der Wille entnehmen, selbst noch die Verfügungsbefugnis über das Sparguthaben behalten zu wollen. Bestehen also Zweifel darüber, wer Kontoinhaber ist, so spricht eine – widerlegbare – Vermutung für den **berechtigten Besitzer** des Sparbuches. Damit ist auch der Dieb als Kontoinhaber ausgeschlossen.

105.

Ist es nicht so, dass die Bank nach § 808 BGB an denjenigen zahlen muss, der das Sparbuch vorlegt, und folgt daraus nicht, dass jeder Inhaber des Sparbuchs, sei er nun berechtigt oder nicht, automatisch Kontoinhaber ist?

Nein. Der Wortlaut von § 808 Abs. 1 Satz 2 BGB belegt, dass derjenige, der das Sparbuch vorlegt, nicht automatisch zum Berechtigten wird. Es geht statt dessen darum, ob sich der berechtigte Kontoinhaber so behandeln lassen muss, als sei an ihn ausgezahlt worden. § 808 BGB hat also mit der Frage, wer verfügungsberechtigter Kontoinhaber ist, überhaupt nichts zu tun.

106.

Nicht ganz unproblematisch sind Fälle, in denen der Sparer seine Einlagenforderung unter Übergabe des Sparbuchs an einen Dritten abtritt, dann aber, also ohne Vorlage des Buches, Zahlung von seiner Bank erlangt, die von der Abtretung nichts weiß. Es ist vertreten worden, dass die Bank in diesen Fällen mit schuldbefreiender Wirkung nach § 407 BGB an den Altgläubiger leisten dürfe. Stimmen Sie dem zu?

Nein, denn die Bank ist nach § 808 Abs. 2 S. 1 „nur gegen Aushändigung der Urkunde zur Leistung verpflichtet." Hieraus folgt, dass die schuldbefreiende Wirkung bei Zahlungen aus Sparkonten nur eintritt, wenn die Sparurkunde vorgelegen hat. Banken, die ausnahmsweise einmal ohne Sparbuch auszahlen, tragen damit das Risiko der Doppelzahlung.

E. Der Zahlungsverkehr

I. Grundlagen

107.

Was verstehen Sie unter Giro-Geschäft?

Gemeint ist damit die Durchführung des **bargeldlosen** Zahlungs- und Abrechnungsverkehrs. Der italienische Begriff Giro ist zurückzuführen auf das lateinische *gyrus*, eine dem Griechischen entlehnte Wortbildung, die mit Kreis/Kreislauf zu übersetzen ist. Der Begriff stammt aus dem Sprachschatz italienischer Kaufleute und wird etwa seit dem 17. Jahrhundert auch im deutschen Sprachraum verwendet.

108.

Was verstehen Sie unter Giralgeld?

Giralgeld sind die Guthaben auf Konten, die Zahlungszwecken dienen. Giralgeld verkörpert also die Sichteinlagen auf Girokonten bei der Deutschen Bundesbank, den Geschäftsbanken und den Postgiroämtern, denn über diese kann zu jeder Zeit bargeldlos oder durch Auszahlung verfügt werden.

109.

Geld gibt es, in verschiedenen Formen, schon seit den ägyptischen und babylonischen Hochkulturen der Antike. Es zu transportieren, war für alle Beteiligten mit Sicherheitsrisiken verbunden. Um diese zu senken, ist neben Wechsel und Scheck, der bargeldlose Überweisungsverkehr, der Giroverkehr, entwickelt worden. Haben Sie eine Vorstellung davon, seit wann es das Girogeschäft gibt?

Die Ursprünge liegen im griechischen Ägypten (ca. 323 v. Chr.). Es gab einen ausgedehnten Giroverkehr für Getreide, überwiegend für Weizen. Überschüssiges Getreide wurde in den ägyptischen Staatsspeichern jahrgangsweise getrennt gelagert, sodass „Zahlungen in Getreide" möglich wurden, ohne dass sich auch nur ein Korn bewegte. So blieb etwa im Falle der Steuerzahlung das Getreide liegen, wo es lagerte, d. h. im Staatsspeicher. Es erfolgte lediglich eine Abbuchung vom Konto des Steuerzahlers und eine Gutschrift auf dem Einnahmekonto des Staates. Hierneben war die bargeldlose Anweisung (Scheck) und die Überweisung (Giro von Geld) ebenso selbstverständlich und gebräuchlich wie das Korngirogeschäft. Ganz so modern, wie wir manchmal glauben, sind unsere Zeiten vielleicht doch nicht.

110.

Hängen die antiken Vorbilder des Girogeschäftes mit dem uns heute geläufigen Geschäftstyp zusammen?

Nein. Schon in Rom ist nur noch die Giroanweisung mit Barauszahlung erwiesen, nicht jedoch ein rein buchmäßiger Zahlungsverkehr. Ein innerer Zusammenhang zwischen dem Giroverkehr des Altertums und demjenigen, der sich um das Jahr 1200 infolge des aufblühenden Handels der oberitalienischen Städte Florenz, Genua, Mailand und Venedig erneut bildete, besteht aller Wahrscheinlichkeit nach nicht. Schließlich drang die Bezeichnung „giro" etwa seit dem 17. Jahrhundert auch in den deutschen Sprachraum ein, wo sie seit dem 19. Jahrhundert breite Verwendung fand. Zunächst meinte man damit die Zirkulation des Wechsels, später wurde die Übertragung von Geld durch Ab- und Zuschreibung in den Büchern als Giroverkehr bezeichnet, weil die Kunden mit ihren Guthaben bildlich einen Kreis um das Geldinstitut bildeten und der bargeldlose Zahlungsverkehr auf diese Weise gewissermaßen zu einem Kreislauf des Geldes wurde.

111.

Seit wann gibt es eigentlich den uns geläufigen bargeldlosen Überweisungsverkehr und wo liegen seine Ursprünge?

Die Ursprünge unseres heutigen Girogeschäfts hängen mit der Hamburger Girobank, die 1619 gegründet wurde, zusammen. Im Jahre 1876 führte dann die Reichsbank den kostenfreien Ferngiroverkehr über ihre Filialen ein. Die Sparkassen, die auch heute noch den Löwenanteil der Girokonten auf sich vereinen, nahmen 1909 den bargeldlosen Zahlungsverkehr auf und schlossen sich im Jahre 1924 zum Deutschen Sparkassen- und Giroverband zusammen. Für diejenigen, für die sich die Unterhaltung eines Bankkontos nicht lohnte, führte die Post im Jahre 1848 die Postanweisung ein. Eingezahltes Geld wurde nicht mehr zum Zahlungsempfänger transportiert, sondern auf dem Übermittlungsweg durch den „Beleg" ersetzt. Der Postscheckdienst wurde in Ergänzung und zur Entlastung im Jahre 1909 aufgenommen.

II. Der Zahlungsdienste(rahmen)vertrag

112.

Der Zahlungsverkehr setzt den Abschluss eines Zahlungsdienste(rahmen)vertrags voraus (§ 675 f Abs. 2 BGB). Was versteht man unter Zahlungsdiensten?

Die Überweisung, die Lastschrift und alle Formen von Kartenzahlungen

113.

Gibt es den Girovertrag nicht mehr?

Der früher übliche Girovertrag ist heute durch den Zahlungsdiensterahmenvertrag ersetzt – allerdings lebt er fort als Teilmenge des Vertrags. So wie der Girovertrag ist auch der Zahlungsdiensterahmenvertrag (ZDRV) ein entgeltlicher Geschäftsbesorgungsvertrag mit dienstvertraglicher Prägung aber auch einzelnen werkvertraglichen Elementen.

114.

Welche Hauptpflicht hat der Zahlungsdienstleister (ZDL) = Bank

Den Zahlungsvorgang auszuführen.

115.

Ist die Bank verpflichtet einen ZDRV abzuschließen?

Nein, es gibt aber eine freiwillige Selbstverpflichtung (Empfehlung des Zentralen Kreditausschusses): Girokonto für jedermann, wonach grundsätzlich für jeden Bürger bei jedem Kreditinstitut, das Girokonten führt, auf Wunsch ein Girokonto bereitgehalten wird.

116.

Angenommen, ein Zahlungsdienstnutzer (ZDN) – damit ist der Kunde gemeint – erteilt dem Zahlungsdienstleister (ZDL) – das ist die Bank – einen Zahlungsauftrag. Wie lange kann er diesen Zahlungsauftrag widerrufen?

Bis zum Zugang (§ 130 BGB) des Zahlungsauftrags beim ZDL (§ 675 p Abs. 1 BGB).

117.

War das schon immer so?

Nein. Nach früherem Recht konnte der Kunde den Zahlungsauftrag bis zu Erteilung der Gutschrift beim Empfänger widerrufen. Die Vorverlegung dieser Widerrufsmöglichkeit ist der stärkeren Automatisierung des Zahlungsverkehrs und den verkürzten Ausführungsfristen (§ 675 s BGB) geschuldet. Dies bedeutet, dass der Zahlungsauftrag nur dann nicht wirksam wird, wenn dem ZDL vorher oder gleichzeitig ein Widerruf zugeht (§ 130 Abs. 1 S. 2 BGB). Die Parteien können allerdings andere Widerrufsfristen vereinbaren (§ 675 p Abs. 2 BGB).

III. Die Gutschrift

118.

Der ZDL des Zahlungsempfängers ist verpflichtet, diesem den Zahlungsbetrag unverzüglich verfügbar zu machen, nachdem er auf dem Konto des ZDL eingegangen ist (§ 675 t Abs. 1 BGB). Wie nennt man den daraus resultierenden Anspruch des Kunden?

Anspruch auf die Gutschrift.

119.

Welche Rechtsnatur hat die Gutschrift?

Es handelt sich um ein abstraktes Schuldversprechen (§§ 780, 781 BGB: *BGH* NJW 2005, 1019 Rn. 18).

120.

Was folgt aus dieser abstrakten Natur der Gutschrift?

Dass Einwendungen und Einreden sowohl aus dem Deckungs- als auch aus dem Valutaverhältnis unzulässig sind. Hat die Bank dem Empfänger den Überweisungsbetrag gutgeschrieben, kann sie sich grundsätzlich nicht mehr darauf berufen, dass sie selbst keine Deckung erhalten habe.

121.

Was kommt bei einer irrtümlichen Gutschrift unter Umständen in Betracht?

Eine Stornierung nach den AGB/B, allerdings nur bis zum nächsten Rechnungsabschluss; danach hat die Bank nur noch Ansprüche oder Einreden aus §§ 812, 821 BGB.

122.

Warum verbinden sich mit der Gutschrift solche gravierenden Rechtswirkungen, wieso reicht es nicht, dass sie ein bloßer Buchungsvorgang ist?

Wenn die Gutschrift nur ein bloßer Buchungsvorgang wäre, dann hätte der unbare Zahlungsverkehr nicht den baren Zahlungsverkehr verdrängen können. Um den bargeldlosen Zahlungsverkehr durchzusetzen, mussten die Geldgläubiger zum einen Vertrauen in die Liquidität der Girobanken haben und zum anderen musste die durch die Gutschrift erlangte Forderung des Empfängers abstrakter Natur sein. Denn der Begünstigte ist nur dann bereit, eine Gutschrift anstelle von Bargeld entgegenzunehmen, wenn daraus eine abstrakte Forderung erwächst und er sicher sein kann, dass ihm keine Einwände aus den zugrunde liegenden kausalen Beziehungen entgegengesetzt werden können.

123.

Ein abstraktes Schuldanerkenntnis/Schuldversprechen setzt zweiseitig bindende Willenserklärungen voraus. Mehr als eine buchungstechnische Ausführung passiert aber bei der Gutschrift nicht. Lässt sich unter diesen Umständen ein Vertrag i. S. d. §§ 780, 781 BGB überhaupt konstruieren?

Ja. Die Bank ist nach § 675 t BGB zur Gutschrift verpflichtet. Folglich liegt in der Erteilung der Gutschrift zugleich die Konkretisierung der im ZDRV versprochenen abstrakten Schuldverpflichtung, ebenso wie der darauf bezogenen globalen Einverständniserklärung des Kunden. Es handelt sich also um über den jeweiligen Konkretisierungszeitpunkt hinausweisende, aufschiebend bedingte, „globale zweiseitige Willenserklärungen", verbunden mit dem gegenseitigen Verzicht auf Zugangserklärungen nach § 151 BGB. Die Vorstellung von im Girovertrag wurzelnden „globalen" Willenserklärungen beider Seiten macht es überflüssig, sich eine „Vielzahl von Offerten" seitens des Kunden bei Abschluss des Girovertrages vorzustellen. Umgekehrt wird vermieden, das Schuldversprechen als „einseitiges Rechtsgeschäft" aufzufassen (so aber *Canaris*, Rn. 417 m. w. N.).

IV. Die Kontokorrentabrede

124.

Neben der den ZDRV begründenden Vereinbarung zwischen Bank und Kunde besteht, wenn auch nicht zwingend vorgesehen, zugleich ein Kontokorrentverhältnis. Der ZDRV wird, davon geht Nr. 7 AGB/B wie selbstverständlich aus, als Kontokorrentkonto geführt. Muss das ausdrücklich vereinbart werden?

Nein. Die Kontokorrentabrede, die den Rahmen für das Kontokorrentverhältnis bildet, wird nach ständiger Übung unter Berücksichtigung des mutmaßlichen Willens der Parteien bei der Kontoeröffnung stillschweigend getroffen (RGZ 117, 35; *BGH* WM 1970, 184). Das bedeutet, dass Girovertrag und Kontokorrentabrede einen zusammengesetzten Vertrag bilden, d. h. dass die Parteien gedanklich und rechtlich trennbare Vereinbarungen derart verbinden, dass sie für die rechtliche Beurteilung eine Einheit bilden.

125.

Welche Merkmale kennzeichnen das Kontokorrent i. S. v. § 355 Abs. 1 HGB?

(1) Geschäftsverbindung (beim Bankkontokorrent) zu einer Bank
(2) mindestens eine Partei muss Kaufmann sein
(3) Kontokorrentabrede, d. h.:
    a) Inrechnungstellung von Leistung und Ansprüchen,
    b) Verrechnung derselben,
    c) Saldierung derselben.

126.

Es geht, wie § 355 HGB definiert, darum, „beiderseitige Ansprüche ... in Rechnung zu stellen und in regelmäßigen Zeitabschnitten durch Verrechnung ..." auszugleichen. Die hieraus resultierende notwendige rechtliche Bindung der eingestellten Positionen unterscheidet das Kontokorrent von einer rechtlich unverbindlichen „offenen Rechnung". Können wirklich nur Kaufleute eine Kontokorrentabrede treffen?

Nein, es ist anerkannt, dass die §§ 355–357 HGB auch auf das Kontokorrentverhältnis zwischen Nichtkaufleuten, d. h. auf das Privatgirokonto anzuwenden sind. Das folgt aus dem Grundsatz der Privatautonomie, der es jedem freistellt, Kontokorrentabreden zu treffen. Man kann also sagen, dass das Kontokorrent als Folge eines Bedeutungs- und Sinneswandels des Handelsrechts inzwischen zu einem „Institut des Bürgerlichen Rechts" geworden ist.

127.

Nur noch in einem Punkt handelt es sich bei den kontokorrentrechtlichen Vorschriften des HGB um echtes Sonderprivatrecht der Kaufleute, insoweit ist also die Kaufmannseigenschaft Voraussetzung für die Anwendbarkeit der Norm. Wissen Sie, wovon die Rede ist?

Von § 355 Abs. 1 HGB, und zwar, soweit es dort zulässig ist, Zinseszinsen zu verlangen. Eine solche Vereinbarung ist im Verhältnis zwischen Privatpersonen nach § 248 Abs. 1 BGB nichtig (Verbot des Anatozismus).

128.

Durch die Kontokorrentabrede werden die gegenseitigen Ansprüche in Rechnung gestellt (Bindungswirkung), sie werden in regelmäßigen Zeitabständen verrechnet (Verrechnungsabrede) und schließlich durch Abschluss eines abstrakten Schuldanerkenntnisvertrages saldiert (Saldofeststellung). Dabei sind die Verrechnung und die Saldofeststellung im Grunde Reflexe, auf die das Kontokorrent entscheidend prägende Bindungswirkung hat. Können Sie diese Wirkung an einem Beispiel darstellen?

Ein Kunde reicht einen Scheck über € 1 Mio. seiner Bank zur Einziehung ein. Es entsteht ein Anspruch des Kunden gegen seine Bank auf Gutschrift in Höhe dieses

Betrages, sofern der Scheck gedeckt ist. Dieser Anspruch (auf Gutschrift) ist also Folge der mit dem Girokonto verbundenen Kontokorrentabrede und nunmehr „in Rechnung gestellt", also rechtlich gebunden. Der Kunde kann aus diesem Grunde den Anspruch auf Gutschrift nicht abtreten. Auch eine Aufrechnung mit diesem Anspruch gegen seine Bank, z. B. gegen ein Debet aus Wertpapierkäufen, ist ausgeschlossen, ebenso wie eine Forderungsverpfändung. Der Kunde kann als Folge der Kontokorrentbindung über seine Forderung, den Anspruch auf Gutschrift über € 1 Mio., nicht mehr verfügen. Auch er selbst kann diese Einzelforderung gegen seine Bank nicht mehr geltend machen. Würde der Kunde auf Gutschrift und Auszahlung der € 1 Mio. gegen seine Bank klagen, so könnte diese der Klage mit der Kontokorrenteinrede entgegentreten; der Kunde würde seinen Prozess verlieren (*BGH* NJW 1970, 560). Auch eine Tilgung der Einzelforderung ist ausgeschlossen. Schreibt die Bank die € 1 Mio. auf dem Kundenkonto gut, so handelt es sich zunächst nur um einen reinen Rechnungsposten; getilgt wird erst später im Zeitpunkt der vereinbarten Verrechnung. Würde der Kunde in dieser Situation Verzug gegenüber seiner Bank geltend machen, so würde auch dieser an der Kontokorrenteinrede scheitern (RGZ 126, 281, 285). Da der Kunde somit seine Forderung vor Verrechnung nicht verfolgen kann, ist es folgerichtig, dass die Verjährung dieser Forderung nach § 205 BGB gehemmt ist. Die Bindungswirkung des Kontokorrents lässt sich also als **Verfügungssperre** begreifen (*BGH* WM 1979, 719 f.)

129.

Wie oft findet die Verrechnung der in das Kontokorrent eingestellten Rechnungsposten statt?

Jährlich mindestens einmal (§ 355 Abs. 2 HGB). Typisch ist aber die Vereinbarung vierteljährlicher Abschlüsse (vgl. Nr. 7 Abs. 1 AGB/B).

130.

Nach Nr. 11 Abs. 4 AGB/B hat der Kunde Kontoauszüge, Wertpapierabrechnungen, Depot- und Erträgnisaufstellungen, sonstige Abrechnungen, Anzeigen über die Ausführung von Aufträgen sowie Informationen über erwartete Zahlungen und Sendungen (Avise) auf ihre Richtigkeit und Vollständigkeit unverzüglich zu überprüfen und etwaige **Einwendungen unverzüglich zu erheben**. Angenommen, es handelt sich um einen Rechnungsabschluss i. S. v. § 355 Abs. 2 HGB. Wie viel Zeit hat der Kunde, um diesen Abschluss auf seine Richtigkeit zu überprüfen und etwaige Einwendungen zu erheben und was passiert, wenn er die Frist versäumt?

Im HGB gibt es keine Regel. Es würden die allgemeinen aus § 242 BGB entwickelten Grundsätze über die Verwirkung in Dauerschuldverhältnissen gelten. Um Rechtssicherheit zu schaffen, enthält Nr. 7 Abs. 2 AGB/B sehr viel genauere Regeln. Danach sind Einwendungen wegen Unrichtigkeit oder Unvollständigkeit eines Rechnungsabschlusses spätestens **innerhalb von sechs Wochen** nach dessen Zugang zu erheben. Noch wichtiger ist die Rechtsfolge: „Das Unterlassen rechtzeitiger Einwendungen gilt als Genehmigung". Damit dem Kunden diese sehr bedeutsame Rechtsfolge klar ist, weist „die Bank bei Erteilung des Rechnungsabschlusses" noch einmal besonders darauf hin. Salomonisch ist der letzte Satz: „Der Kunde kann auch nach Fristablauf eine Berichtigung des Rechnungsabschlusses verlangen, muss dann aber beweisen, dass sein Konto zu Unrecht belastet oder eine ihm zustehende Gutschrift nicht erteilt wurde".

131.

Wie nennt man die zeitlich wiederkehrende Verrechnungsform?

Periodenkontokorrent (Gegensatz: Staffelkontokorrent).

132.

Bis zu einer Entscheidung des BGH vom 28. 6. 1968 war streitig, ob beim Bankkontokorrent wirklich periodische Abrechnung oder statt dessen ein sog. Staffelkontokorrent vereinbart war (*BGH* BGHZ 50, 277). Die übliche Erteilung von Kontoauszügen (Tagesauszügen) war Anknüpfungspunkt für die Lehre vom Staffelkontokorrent. Nach ihr sollen sich die beiderseitigen Ansprüche und Leistungen nicht erst am Tage des periodischen Rechnungsabschlusses, sondern kraft der Kontokorrentabrede bereits während der Rechnungsperiode tilgen, und zwar immer dann, wenn sie sich verrechnungsfähig gegenübertreten. Überzeugt Sie das?

Nein. Der BGH hat zu Recht darauf hingewiesen, dass aus der bloßen Erteilung von Kontoauszügen, also Auskünften i. S. v. § 666 BGB, nicht die Vereinbarung permanenter Rechnungsabschlüsse i. S. d. Staffelkontokorrents folgt. Das ergibt sich auch daraus, dass der Tagesauszug in der Regel keine Abrechnung über die Spesen und die Zinsen enthält. Vielmehr ist der Tagessaldo, wenn nichts anderes vereinbart ist, ein reiner Postensaldo, der zur Erleichterung des Überblicks und der Zinsberechnung ermittelt wird und dessen Bedeutung sich darauf beschränkt, Auszahlungen zu verhüten, die nicht durch ein Guthaben gedeckt sind. Ein gesetzlicher Ausnahmefall ist das Staffelkontokorrent in § 19 Abs. 4 DepotG für die Forderung aus einer Wertpapierkommission.

133.

Welche Rechtswirkung hat die Verrechnung der beiderseitigen Ansprüche im vereinbarten Zeitpunkt?

Es entsteht eine **kausale** Saldoforderung. Erst danach wird dieser Saldo zum Gegenstand eines abstrakten Schuldanerkenntnisses gemacht. Für ein solches Nebeneinander von kausaler Saldoforderung und abstraktem Schuldanerkenntnis spricht der Wortlaut von § 355 Abs. 1 HGB, wonach „derjenige, welchem bei dem Rechnungsabschluss ein Überschuss gebührt, von dem Tage des Abschlusses an Zinsen von dem Überschusse verlangen" kann. (so auch BGHZ 70, 86, 94 „Barsortimenter").

134.

Hierneben tritt, rechtlich völlig selbstständig, die Feststellung der Saldoforderung, der Saldoanerkenntnisvertrag. Wie kommt dieser Vertrag zustande?

Er kommt zustande, indem die Bank den Rechnungsabschluss mitteilt und der Kunde das Anerkenntnis annimmt. Erhebt der Kunde innerhalb von **sechs Wochen** nach Zugang des Rechnungsabschlusses keine Einwendungen, so liegt darin konkludent der Abschluss des Anerkenntnisvertrages (Nr. 7 AGB/B i. V. m. § 151 BGB). Schriftform ist ausnahmsweise nicht erforderlich, weil das Anerkenntnis aufgrund einer schriftlichen Abrechnung erteilt wird (§ 782 BGB).

135.

Die Rechtsprechung hat früher vertreten, „dass die in die laufende Rechnung aufgenommenen beiderseitigen Ansprüche und Leistungen durch Anerkennung des Saldos als Einzelforderungen untergehen, sodass nur noch ein Anspruch aus dem Saldoanerkenntnis übrig bleibe (RGZ 125, 411; BGHZ 26, 142, 150). Dies würde bedeuten, dass sich die Parteien mit der Feststellung und Anerkennung des Saldos i. S. v. § 355 Abs. 1 HGB nicht begnügten. Hinzukäme eine weitere Rechtswirkung, nämlich die **Novation,** d. h. eine „Schuldumschaffung" in dem Sinne, dass die ehemaligen Einzelforderungen durch rechtlichen Gestaltungsakt in eine neue Qualität, nämlich das Saldoanerkenntnis, überführt würden. Was halten Sie von dieser Theorie?

Sie ist inzwischen auch vom BGH inzidenter aufgegeben worden (*BGH* BGHZ 70, 86, 94 „Barsortimenter"). Das ist richtig, denn konsequenterweise müssten sonst alle Sicherungsrechte, die mit den Einzelforderungen verbunden waren, z. B. Bürgschaften oder Grundschulden, im Zeitpunkt des Anerkenntnisses untergehen. Es ist aber bekannt, dass § 356 HGB genau das Gegenteil anordnet. Besteht auf einem Girokonto nach Rechnungsabschluss beispielsweise ein Debet über € 100.000, das in Höhe von € 50.000 auf einem von der Bank gewährten und durch selbstschuldnerische Bürgschaft gesicherten Kredit beruht, so kann die Bank bei Zahlungsunfähigkeit des Kunden trotz Saldierung gegen den Bürgen vorgehen. Hieran wird deutlich, dass von Novation der Einzelforderungen durch Saldoanerkenntnis keine Rede sein kann, vielmehr müssen die Einzelforderungen gedanklich nach wie vor (wenn auch nicht mehr durchsetzbar) bestehen, weil sonst die Sicherheiten untergehen würden.

136.

Welche Funktion hat eigentlich das Kontokorrent, welche Vor- und evtl. auch Nachteile hat eine solche Abrede und wie wirkt sie sich auf unbeteiligte Dritte aus?

Nach h. M. hat das Kontokorrent drei Funktionen:

(1) Es dient der **Vereinfachung,** indem gegenseitige Ansprüche verrechnet werden, sodass nur noch ein verbleibender Saldo auszugleichen ist.

(2) Es dient der **Vereinheitlichung,** indem alle Forderungen ohne Rücksicht auf ihren Schuldgrund und ohne Rücksicht auf ihr einzelnes rechtliches Schicksal (Verzinsung, Verjährung, Erfüllungsort) verrechnet werden.

(3) Es dient der **Sicherung,** ähnlich wie bei der Aufrechnung. Jeder Kontokorrentpartner weiß, dass seine Forderungen aufgrund der laufenden Geschäftsverbindung ständig mit Gegenforderungen der anderen Seite verrechnet werden (Netting).

137.

Hat das Kontokorrent auch eine Kreditgewährungsfunktion?

Nein. Der typischerweise im Rahmen des Girokontos eingeräumte Kreditrahmen (Kontokorrentkredit) beruht nicht auf der Kontokorrentabrede, sondern auf einer daneben stehenden Kreditzusage.

138.

Einer Bank war ein Pfändungs- und Überweisungsbeschluss i. S. v. § 829 ZPO zugestellt worden. Sie zahlte aber an den Pfändungsgläubiger nichts, weil im jeweiligen Saldierungszeitpunkt das Kundenkonto im Soll war. Dazwischen aber, so stellte sich später heraus, hatte es Kontenbewegungen gegeben. Das Konto war häufiger im Haben gewesen. Die Bank verwies darauf, dass dieses Guthaben (Tagessaldo) wegen der Wirkung von § 357 HGB nicht pfändbar gewesen sei. Sie hätte deshalb nichts zahlen dürfen. Der Pfändungsgläubiger meinte demgegenüber, dass die Bank aus dem Girovertrag zur Auszahlung des jeweiligen Tagesguthabens verpflichtet gewesen sei und dass dieser Anspruch des Kunden, der außerhalb des Kontokorrents stehe, von ihm gepfändet werden konnte. Stimmen Sie dem zu?

Zwei Senate des BGH haben dem zugestimmt, BGHZ 84, 325; 84, 371. Sie haben zunächst strikt zwischen Forderungen getrennt, die in das Kontokorrent eingestellt werden, und den hiervon völlig unabhängigen des Kunden gegen seine Bank auf Auszahlung des jeweiligen Tagessaldos. BGHZ 84, 325, 330: „Ein Girokonto wird in aller Regel als Kontokorrentkonto geführt. Die Kontokorrentabrede bewirkt . . . gem. § 357 HGB, die Unpfändbarkeit der dem Kontokorrent zugehörigen Forderungen. Daran wird festgehalten. Das besagt aber nichts zu der Frage, ob der sich aus dem Girovertrag ergebende Anspruch des Bankkunden auf Auszahlung des Tagesguthabens gem. § 829 ZPO pfändbar ist . . . gerade aus dem Umstand, dass die Bank dem Girokunden einen **vertraglichen** Anspruch auf Auszahlung von Tagesguthaben einräumt, folgt, dass dieser Anspruch der Kontokorrentbindung nicht unterworfen sein soll. Ist auf diese Weise die grundsätzlich geltende Kontokorrentbindung zugunsten des Kontoinhabers durchbrochen, . . . kann die Unpfändbarkeit bei solcher Fallgestaltung nicht aus der Kontokorrentabrede hergeleitet werden". Mit dem Sinn und Zweck des Kontokorrents steht das, worauf der I. Zivilsenat zu Recht hinweist, nicht in Widerspruch. Durch die Pfändung des Anspruchs auf das Tagesguthaben wird das Kontokorrentverhältnis weder abgeändert noch beendet. Zahlungen an den Gläubiger werden vielmehr als kontokorrentgebundene Leistungen der Bank genauso in das Kontokorrent eingestellt wie Barabhebungen oder sonstige Verfügungen des Schuldners über das Guthaben".

139.

Streitig wurde die **Pfändung in Kreditlinien** diskutiert. Diese Frage stellt sich allerdings nicht nur, wenn ein Kontokorrentkredit eingeräumt wurde. Problematisch ist, ob ein Gläubiger den vom Bankkunden nicht ausgenutzten Kreditspielraum zu seinen Gunsten in Höhe der bestehenden Forderung pfänden lassen kann. Wie hat der BGH entschieden?

Eine Pfändung kommt bei bloßer Duldung der Kontoüberziehung nicht in Betracht. Denn die bloße Duldung der Überziehung gibt dem Kunden gegenüber der Bank keinen Anspruch, sodass es sich dabei nicht um eine pfändbare Forderung handelt (BGHZ 93, 315, 325). Wird dagegen ein Dispositionskredit vereinbart, so ist der Anspruch auf Auszahlung des Darlehens, wie jede andere Forderung auch, im Voraus pfändbar (*BGH*, v. 29. 3. 2001 IX ZR 34/00).

140.

In der Insolvenz endet die Kontokorrentabrede von selbst, ohne dass es einer Kündigung bedarf. Folglich treten die Rechtswirkungen des § 355 Abs. 3 HGB ein, d. h., die in das Kontokorrent eingestellten Einzelforderungen werden automatisch verrechnet, es entsteht ein **kausaler Schlusssaldo.** Die Frage ist, wem dieser Saldo gebührt. Gehört er in die Konkursmasse oder kann sich der Gläubiger diesen Saldo bereits bei Abschluss des Kontokorrentverhältnisses im Voraus abtreten lassen, wovon in der Praxis häufig Gebrauch gemacht wird? Wie ist zu entscheiden?

Der BGH hat im „Barsortimenter-Urteil" klargestellt, dass solche Vorausabtretungen zulässig und insolvenzfest sind (*BGH* BGHZ 70, 286, 94), sodass es empfehlenswert ist, bei Eingehen eines Kontokorrentverhältnisses sich gegenseitig einen etwaigen Habensaldo für den Fall der Insolvenz im Voraus abtreten zu lassen.

V. Änderungen des ZDRV

141.

Angenommen, Ihre Bank will den ZDRV ändern – geht das so ohne weiteres?

Nein. Sie kann aber dem Kunden mindestens zwei Monate vor dem angestrebten Termin die Änderung vorschlagen (§ 675 g BGB).

142.

Kann die Bank das Ganze auch vereinfachen?

Ja. Sie kann nämlich bereits bei Abschluss des ZDRV vereinbaren, dass das Schweigen des ZDN als Zustimmung gewertet wird, wenn der ZDN dem ZDL seine Ablehnung nicht rechtzeitig mitteilt (§ 675 g Abs. 2 BGB).

143.

Ist eine solche Vereinbarung nicht nach § 308 Nr. 5 BGB unwirksam?

Nein, denn § 675 g Abs. 2 BGB enthält eine angemessene Frist zur Abgabe der Erklärung und ein fristloses Kündigungsrecht für den Kunden. Außerdem ist der Kunde auf die Folgen seines Schweigens und auf das Kündigungsrecht hinzuweisen, das heißt die Voraussetzung von § 308 Nr. 5 a und b BGB sind voll erfüllt.

144.

Angenommen, Ihre Bank will den vertraglich vereinbarten Zinssatz verändern. Geht das auch?

Ja, soweit dies im ZDRV vereinbart wurde (§ 675 g Abs. 3 BGB). Wenn die Änderungen auf den dort vereinbarten Referenzzinssätzen beruhen, so werden sie bei Vorliegen der Voraussetzung unmittelbar wirksam. Die Bank muss den Kunden allerdings unverzüglich unterrichten (Art. 248 § 9 Nr. 2 EGBGB).

VI. Autorisierung von Zahlungsvorgängen

145.

Angenommen, Ihre Bank überweist (irrtümlich) einem Dritten € 2.000. Ist das Ihnen gegenüber wirksam?

Nein. Es fehlt die Autorisierung, also die Zustimmung des Kunden zum Zahlungsvorgang (§ 675 j Abs. 1 BGB).

146.

Angenommen, Sie führen eine Überweisung aus und benennen dabei das Konto des Empfängers (z. B.: SOS Kinderdörfer) falsch. Da dieses Konto sehr oft bedient wird kennt ihre Bank die richtige Kontonummer des Empfängers (Gmeiner-Fonds) – trotzdem überweist sie das Geld auf das falsche Konto. Darf sie das?

Ja (§ 675 r BGB), denn der ZDL ist berechtigt einen Zahlungsvorgang ausschließlich anhand der Kundenkennung auszuführen. Wird der Zahlungsvorgang voll automatisiert (wie üblich) im Rahmen des beleglosen Überweisungsverkehrs ohne jegliche manuelle Intervention ausgeführt, so gilt die Kundenkennung mit Blick auf den Zahlungsempfänger als ordnungsgemäß. In diesem Fall hat also der Kunde nur gegen den falschen ZDN einen Bereicherungsanspruch nach den Grundsätzen der Eingriffskondiktion (§§ 812, 818 Abs. 2 BGB).

147.

Gibt es hiervon auch Ausnahmen?

Nein, bei beleglosem automatischem Zahlungsverkehr nicht, wenn die Bank allerdings den Zahlungsvorgang manuell ausführt und die falsche Kundenkennung erkennt, dann ist sie vor Ausführung des Zahlungsvorgangs verpflichtet, den Zahler unverzüglich über den Fehler zu unterrichten (Rechtsgedanke von § 675 r Abs. 3 BGB; für das frühere Recht: BGHZ 176, 281 Rz. 14).

148.

Die Autorisierung setzt also die Zustimmung des Kunden voraus – an welche Norm wird mit diesem Begriff angeknüpft?

An § 182 BGB. Es handelt sich um den Oberbegriff für die Einwilligung und die Genehmigung.

149.

Angenommen, Ihre Bank hat ohne ihre Zustimmung, also ohne Autorisierung, einen Zahlungsvorgang ausgeführt. Welche Folge hat das für die Bank?

Sie hat keinen Anspruch auf Aufwendungsersatz (§ 675 u BGB) – sie darf Ihr Konto also nicht belasten oder muss die möglicherweise schon erfolgte Belastung sofort rückgängig machen.

150.

Rechtlich ist die Autorisierung was?

Eine besondere Form der Weisung im Sinne des § 665 BGB.

151.

Was gilt bei einer Fälschung des Überweisungsauftrags?

Das gleiche. Es fehlt die Autorisierung des Kunden. Also hat die Bank keinen Anspruch auf Belastung des Zahlungskontos. Das Fälschungsrisiko beim Überweisungsverkehr trägt also die Bank.

VII. Ausführungsfrist für Zahlungsvorgänge

152.

Sie überweisen an Ihren Vermieter die Miete. Wann muss dieser Zahlungsauftrag ausgeführt sein?

Das richtet sich nach § 675 s BGB – Ihre Bank muss sicherstellen, dass der Betrag spätestens am Ende des auf den Zugangszeitpunkt des Zahlungsauftrags folgenden Geschäftstag bei der Bank des Zahlungsempfängers eingeht. Angenommen die Miete soll zum 1. 1. eines Monats eingezahlt sein – der Zugangszeitpunkt ist der 30. des davor liegenden Monats, der 1. 1. ist der folgende Geschäftstag. Bis zum 1. Januar 2012 kann allerdings eine Frist von bis zu drei Geschäftstagen vereinbart werden (§ 675 s Abs. 1 S. 1 BGB).

153.

Für Zahlungsvorgänge innerhalb des EWR, die nicht in Euro erfolgen, kann eine Frist bis maximal vier Geschäftstage vereinbart werden (§ 675 s Abs. 1 S. 2 BGB). Gibt es noch andere Zahlungsvorgänge, bei denen man die Fristen verlängern kann?

Ja. Wenn ein Zahlungsvorgang in Papierform ausgelöst wird, können die Fristen, wegen der manuellen Bearbeitung, um einen weiteren Geschäftstag verlängert werden (§ 675 s Abs. 1 S. 3 BGB).

VIII. Wertstellung

154.

Wieso unterscheidet man zwischen den Ausführungsfristen und der Wertstellung von Geldbeträgen?

Weil es bei der Wertstellung um etwas anderes, nämlich darum geht, dem Empfänger den Zahlungsbetrag verfügbar zu machen (§ 675 t BGB).

155.

Wie geschieht dieses Verfügbarmachen in der Regel?

Durch Gutschrift.

156.

Wann muss die Gutschrift erfolgen?

Spätestens an dem Geschäftstag, an dem der Zahlungsbetrag auf dem Konto der Bank des Zahlungsempfängers eingegangen ist (§ 675 t Abs. 1 S. 2 BGB).

157.

Ist der Anspruch aus der Gutschrift identisch mit dem Anspruch auf die Gutschrift?

Nein, das sind zwei verschiedene Dinge. Wenn ein Betrag für den Zahlungsempfänger eingegangen ist, hat er einen Anspruch aus der Gutschrift (§ 675 t Abs. 1 S. 1 BGB). Das bedeutet mit Zahlungseingang kann der Empfänger materiell über den Betrag verfügen – er kann ihm nicht mehr entzogen werden. Dagegen ergibt sich der Anspruch auf die Gutschrift (Wertstellung) aus § 675 t Abs. 1 S. 2 BGB.

158.

Wird eine Überweisung allein im elektronischen Datenverkehr ausgeführt, so steht die elektronische Gutschrift gewöhnlich unter dem Vorbehalt der *Nachdisposition*. Was heißt das?

Das heißt, dass die gutschreibende Bank nach außen zum Empfänger hin nicht den Rechtsbindungswillen hat, ein abstraktes Schuldversprechen abzugeben – sie ist folglich an die Gutschrift noch nicht gebunden.

159.

Wann und wodurch entsteht die Bindungswirkung?

Wenn die Bank erkennbar – etwa durch vorbehaltlose Bereitstellung der Kontoauszüge, dem Empfänger den Geldbetrag offeriert, so liegt darin eine Gutschrift (*BGH* WM 2005, 1019).

160.

Was würden Sie der Bank empfehlen zu tun, wenn sie nach außen deutlich machen will – etwa im Falle des Einzugs durch Lastschrift – dass sie einen bestimmten eingegangenen Betrag noch nicht endgültig gutschreiben will?

In einem solchen Fall sollte die Bank die Gutschrift unter einer entsprechenden Bedingung (Eingang vorbehalten: E. v.) erteilen.

161.

Wovon ist die Wertstellung zu unterscheiden?

Von der eigentlichen Buchung der Gutschrift, die – wie immer schon – auch noch am folgenden Geschäftstag erfolgen kann (BT-Drs. 16/11643 S. 180).

162.

Worauf muss eine Bank bei den Kontoauszügen genauestens achten, will sie sich nicht dem Vorwurf der irreführenden Werbung (§ 5 Abs. 1 UWG) aussetzen?

Sie muss am Ende des Auszugs deutlich darauf hinweisen, ob im Kontostand auch noch nicht wertgestellte Beträge enthalten sind, für die der Kunde bis zur Wertstellung, wenn er darüber verfügt, *Sollzinsen* bezahlen muss. Die Bank kann diese Irreführung vermeiden, wenn sie deutlich darauf hinweist, dass auch Beträge mit späterer Wertstellung enthalten sind (*BGH* WM 2007, 1554 Rn. 22).

163.

Kann der Kunde eigentlich eine Gutschrift zurückweisen?

Ein solches Zurückweisungsrecht enthält das Gesetz nicht, allerdings muss eine Gutschrift angenommen werden, weil sie ein abstraktes Schuldanerkenntnis ist. Gibt der Kontoinhaber also die Weisung, hereinkommendes Geld auf ein anderes Konto zu überweisen, so beseitigt das eine im Voraus gegebene Annahmeerklärung für das fehlerhafte Konto.

164.

Ist das ein praktisches Problem?

Ja. Das kann sehr wichtig werden, wenn nämlich z. B. Geld einer Feuerversicherung (Diskothek war abgebrannt) vom Versicherer versehentlich auf das Konto des Kunden statt auf des Konto der Bank, an die die Ansprüche abgetreten waren, überwiesen wird (*BGH* WM 1989, 1560). In einem solchen Fall muss die Bank des

Kunden den Gesamtbetrag an den Versicherer zurückbuchen, auch dann, wenn auf dem Konto des Kunden ein Debit war und die Bank dieses Debit mit Hilfe des eingezahlten Betrags eigentlich verrechnen wollte (vgl. auch *BGH* WM 1995, 149 „Überweisung eines Kassenarzthonorars").

IX. Stornierung von Gutschriften

165.

Banken sind nicht notwendig auf den Bereicherungsausgleich angewiesen. Gutschriften, die infolge eines Irrtums, eines Schreibfehlers oder aus anderen Gründen vorgenommen werden, **ohne dass ein entsprechender Auftrag vorliegt,** darf die Bank nämlich durch einfache Buchung rückgängig machen, also **stornieren.** Unterschieden wird in Nr. 8 AGB/B zwischen einer Korrektur vor und einer Korrektur nach Erteilung eines Rechnungsabschlusses. Nur die Korrektur **vor** Erteilung eines Rechnungsabschlusses wird als **Stornobuchung** definiert (Nr. 8 Abs. 1 AGB/B). Bedeutet das, dass die Bank bei irgendwelchen Fehlern stornieren darf, auch dann, wenn sie selbst keinen bereicherungsrechtlichen Rückabwicklungsanspruch hat?

Nein, der BGH hat grundsätzlich entschieden, dass eine Stornierung nur dann möglich ist, wenn die Bank einen materiell-rechtlichen Rückzahlungsanspruch gegen ihren Kunden hat (*BGH* BGHZ 87, 247). Das Stornorecht folgt also dem materiellen Recht; es will keine eigenen Ansprüche kreieren, die das Gesetz selbst nicht gewährt. Es entfällt also auch dann, wenn der Zahlungsanspruch der Bank einer dauernden Einrede oder einer rechtsvernichtenden Einwendung ausgesetzt ist. Auch dann, wenn der Empfänger des Geldes entreichert ist (§ 818 Abs. 3 BGB), fehlt es an einem Anspruch (vom Ausnahmefall des § 819 Abs. 1 BGB abgesehen); es kann nicht storniert werden. Der Ausschluss der Entreicherungseinrede in Nr. 8 Abs. 1 S. 2 AGB/B ist danach unwirksam.

X. Haftung des ZDL für nicht autorisierte Zahlungsvorgänge

166.

Angenommen, eine Bank überweist (versehentlich) einen Geldbetrag von Ihrem Konto an einen Dritten. Hat sie einen Erstattungsanspruch gegen Sie?

Nein – es fehlt die Autorisierung – die Bank hat keinen Anspruch auf Erstattung ihrer Aufwendungen (§ 675 u BGB).

167.

Angenommen, die Bank hat den Betrag von Ihrem Konto bereits abgebucht. Was ist zu tun?

Sie ist verpflichtet, den Zahlungsbetrag unverzüglich zu erstatten, das heißt das Konto wieder auf den Stand zu bringen, auf dem es ohne die Belastung war (§ 675 u S. 2 BGB). Wenn der Kunde den Zahlungsvorgang nicht autorisiert, fehlt es an einer wirksamen Weisung von ihm.

168.

Welches Verhältnis ist mangelhaft, wenn die Bank trotzdem überweist?

Das Deckungsverhältnis zwischen der Bank und dem Überweisenden.

169.

Was folgt daraus aus bereicherungsrechtlicher Perspektive?

Dass die Fälle mangelhafter Anweisung nicht mehr über das Bereicherungsrecht, sondern ausschließlich nach § 675 u BGB abgewickelt werden (§ 675 z S. 1 BGB). Gemeint sind Fälle, in denen es die Zustimmung gar nicht gibt oder die Bank versehentlich eine Doppelgutschrift erteilt, einen zu hohen Betrag überweist, an den falschen Empfänger leistet oder die Überweisung gefälscht ist (*BGH* NJW 1990, 3194 für das frühere Recht).

170.

Wann fehlt es an der Autorisierung des Zahlungsvorgangs noch?

Wenn der Kunde seine Zustimmung rechtzeitig widerruft (also zeitgleich mit Eingang der Zahlungsanweisung oder davor) und die Überweisung versehentlich doch ausgeführt wird (§ 675 p Abs. 1–4 BGB).

171.

In solchen Fällen hat die Rechtsprechung aus bereicherungsrechtlicher Perspektive eine Rückabwicklung im Leistungsverhältnis (zwischen Überweisendem und Empfänger) angenommen, weil der Empfänger der Leistung daran glauben durfte, dass diese vom Überweisenden selbst veranlasst sei (BGHZ 89, 376). Spielt das heute noch eine Rolle?

Nein. Im Rahmen von § 675 u BGB spielen solche Überlegungen keine Rolle mehr. Ist der Zahlungsvorgang nicht autorisiert, so findet der Zahlungsausgleich zwischen Bank und Kunde statt. Das gleiche gilt bei fehlerhafter Ausführung des Zahlungsauftrags (§ 675 y Abs. 1 BGB).

172.

Muss die Bank bei nicht erfolgter oder fehlerhafter Ausführung eines Zahlungsauftrags den Schaden nach § 280 Abs. 1 BGB ersetzen?

Nein, weil es Spezialregelungen gibt, die diesen Schadensersatzanspruch regeln. Es geht um § 675 y und um § 675 z BGB.

173.

Angenommen, die Bank, die versehentlich eine Doppelgutschrift erteilt, gleicht das Konto ihres Kunden wieder aus. In welchem Verhältnis findet der Bereicherungsausgleich statt?

Zwischen der Bank als Zahlstelle und dem Empfänger und zwar nach den Grundsätzen der Eingriffskondiktion, da zwischen der Bank und dem Empfänger kein Leistungsverhältnis existiert.

F. Das Kreditkartengeschäft

I. Begriff und Funktion der Kreditkarte

174.

Mit einer Kreditkarte können Zahlungen durchgeführt werden, z. B. beim Einkauf im Warenhaus oder im Hotel. Welche Regelungen des BGB umfassen folglich auch die Zahlung mit der Kreditkarte?

Die §§ 675 c–676 c BGB, also das Zahlungsdiensterecht, das sowohl die Überweisung, die Kreditkarte, die Zahlungskarte und auch die Lastschrift erfasst.

175.

Sind noch weitere Vorschriften zu beachten?

Ja. Die Informationspflichten, die die Bank gegenüber den Kunden zu erfüllen hat, sind in Art. 248 EGBGB gebündelt.

176.

Begrifflich wird in Deutschland zwischen der Kundenkreditkarte und der Universalkreditkarte differenziert. Kundenkreditkarten werden von einem einzelnen Unternehmen herausgegeben und bleiben in ihrer Verwendung auf dieses Unternehmen und seine Zweigstellen begrenzt (sog. Zwei-Personen-System). Ihre Funktion beschränkt sich darauf, den Kunden zum Abschluss von Geschäften auf

Kreditbasis zu ermuntern, und damit den Umsatz des Unternehmens zu erhöhen. Erschöpft sich die Funktion der Kreditkarte in dieser Bedeutung?

Nein. Wirtschaftlich erheblich bedeutender und rechtlich sehr viel schwieriger zu beurteilen ist die Universalkreditkarte. Sie setzt ein Drei-Personen-Verhältnis voraus, die Kartengesellschaft, den Karteninhaber und den Kartennehmer, das sog. Vertragsunternehmen. Bei dieser Kreditkarte gibt es keine Bindung an ein einzelnes Unternehmen, sie kann vielmehr universal zur Zahlung bei jedem Vertragsunternehmen eingesetzt werden.

177.

Wissen Sie, wer die erste Kreditkarte herausgegeben hat?

Die *Hotel Credit Letter Company* (USA) gab im Jahre 1894 zum ersten Mal eine Kundenkreditkarte heraus, um ihren Umsatz zu steigern.

178.

Kennen Sie die älteste Universalkreditkarte der Welt?

Die im Jahre 1950 entwickelte Karte des *Diners Club*. Man wollte den zunächst 200 Mitgliedern dieses Clubs die Möglichkeit eröffnen, in verschiedenen Restaurants von New York auf Kredit zu dinieren.

179.

Welches sind die weltweit größten Kartengesellschaften?

Am stärksten verbreitet ist die Visa-Karte. An zweiter Stelle liegt der Mastercard International. Die Mastercard ist eine Kreditkarte der europäischen, amerikanischen und asiatischen Kreditinstitute. 1951 brachte die Franklin Bank (New York) die erste Mastercard heraus. Schließlich ist American Express zu nennen, eine Karte, die 1958 durch ein bis dahin weltweit als Reisebüro und Reisescheckemittent tätiges Unternehmen herausgegeben wurde.

II. Rechtsnatur

180.

Die rechtliche Grundkonzeption der Kundenkreditkarte ist einfach. In der Ausgabe der Karte liegt ein Versprechen des Kartengebers (z. B. Warenhaus), bei in der Zukunft abzuwickelnden Geschäften vorzuleisten. Das Kartenversprechen beinhaltet also einen Rahmenvertrag, dem ein antizipiertes Stundungsversprechen innewohnt, das bei beweglichen Sachen in aller Regel mit einem Eigentumsvorbehalt (§ 449 BGB) verbunden wird. Um das Abrechnungsverfahren zu erleichtern, ermächtigt der Kunde den Händler, die offenen Beträge per Lastschrift von seinem Konto einzuziehen. Gestalten sich die Rechtsbeziehungen bei der Universalkreditkarte ebenso einfach?

Nein. Hier handelt es sich um eine Drei-Personen-Beziehung. Der Kunde hat einen Kreditkartenvertrag mit der Kartengesellschaft. Diese hat mit einer Vielzahl von Vertragsunternehmen, z. B. Hotels, Tankstellen, Boutiquen, . . . Verträge geschlossen, in denen sich die Händler verpflichten, bei Vorlage der Karte auf Barzahlung seitens des Kunden zu verzichten und stattdessen das Geld unter Abzug einer Gebühr (Disagio) beim Karteninstitut einzuziehen. Und schließlich gibt es das Valutaverhältnis zwischen dem Kunden und dem Vertragsunternehmen, meist ein Kaufvertrag.

181.

Rechtlich unproblematisch ist das Valutaverhältnis zwischen Kunde und Händler. Welche Rechtspflichten enthält dieses Verhältnis?

Der Händler verpflichtet sich im Vorfeld immer dann zu zahlen (Vorleistung), wenn der Kunde mit einem Dritten (z. B. Hotel/Tankstelle) eine Zahlung (z. B. wegen eines Kaufvertrags) vereinbart.

182.

Welche Rechtsnatur hat der Vertrag zwischen dem Karteninhaber und dem Kartenemittenten?

Es handelt sich bei diesem Vertrag (Deckungsverhältnis) um einen entgeltlichen Geschäftsbesorgungsvertrag (§ 675 BGB), durch den sich der Kartenemittent gegen die Zahlung einer Vergütung verpflichtet, die Verbindlichkeiten des Karteninhabers bei den Vertragsunternehmen zu tilgen (*BGH* ZIP 2002, 2079, 2080). Es handelt sich um einen Rahmenvertrag, der dem Karteninhaber einen Anspruch gegen die angeschlossenen Vertragsunternehmen auf Nutzung der Karte zur Bezahlung von Waren oder Dienstleistungen verschafft.

183.

Wenn dem Kartenemittenten Belastungsbelege vorgelegt werden und er daraufhin Zahlungen leistet, dann handelt es sich bei diesen Belastungsbelegen rechtlich um?

Weisungen nach §§ 675, 665 BGB – das heißt der Karteninhaber weist den Kartenemittenten an, die Verbindlichkeiten des Karteninhabers gegenüber dem Vertragsunternehmen zu tilgen.

184.

Wenn der Kartenemittent dieser Verpflichtung nachkommt, welchen Anspruch hat er dann gegen den Karteninhaber?

Er hat den Anspruch auf Erstattung seiner Aufwendungen nach § 670 BGB.

185.

Muss der Kartenemittent einen Weisungsbeleg, der vom Karteninhaber nicht unterschrieben ist, einlösen?

Nein. Nicht unterschriebene Belastungsbelege rühren dem ersten Anschein nach nicht vom Karteninhaber her. Es ist allerdings möglich, dass der Karteninhaber zur Beschleunigung des Geschäftsvorfalls ausnahmsweise darauf verzichtet den Beleg zu unterschreiben – eine solche Absprache zwischen Karteninhaber und Kartenemittentin muss die Kartenemittentin im Zweifel aber beweisen (*BGH* WM 1991, 1901, 1904).

186.

Mit der Unterzeichnung des Belastungsbelegs durch den Karteninhaber erlangt das Vertragsunternehmen (z. B. Tankstelle) einen abstrakten Zahlungsanspruch aus § 780 BGB gegen die Kartenemittentin. Können diesem Anspruch Einwendungen aus dem Valutaverhältnis entgegengehalten werden?

Nein. Wenn der Kunde der Kartenemittentin mitteilt, in der Dieselzapfsäule sei in Wirklichkeit Benzin gewesen, so dass der gesamte Tank habe leer gepumpt und sauber gemacht haben müssen, so ist das für die Kartenemittentin unbeachtlich. Etwas anderes würde nur dann gelten, wenn ausdrücklich eine vertragliche Vereinbarung mit dem Inhalt getroffen wäre, Einwendungen im Valutaverhältnis zu beachten (*BGH* WM 2002, 2195).

187.

Warum ist die Rechtsnatur des Vertrags zwischen der Kartenemittentin und dem Vertragsunternehmen so wichtig?

Weil dieser Vertrag letztlich über die Funktionsfähigkeit des gesamten Systems entscheidet. Für die beteiligten Vertragsunternehmen geht es darum, nicht schlechter zu stehen als beim Barkauf. Die Kartenherausgeber wollen genau diese Situation rechtlich herbeiführen, indem sie das Insolvenzrisiko des Kunden übernehmen.

188.

Welche Risiken, die beim Barkauf Risiken des Händlers sind, will das Vertragsunternehmen allerdings nicht übernehmen?

Zum Beispiel das Risiko des gestörten Valutaverhältnisses, wegen Nichtlieferung oder Schlechtlieferung.

189.

Welches Interesse haben umgekehrt die Kunden?

Sie möchten, dass das System ihnen gegenüber nicht sittenwidrig missbraucht wird.

190.

Die Suche nach der Rechtsnatur dieses Vertrags, der eine Annährung an den Barkauf realisieren soll, wurde lange, intensiv und kontrovers geführt. Diskutiert wurde der Schuldbeitritt, die befreiende Schuldübernahme (§ 414 BGB), die selbstschuldnerische Bürgschaft, der Kreditauftrag (§ 778 BGB), der Kreditbrief, das Dokumentenakkreditiv, die Anweisung, der Forderungskauf, der Garantievertrag sowie der Vertrag sui generis. Inzwischen gibt es eine Grundsatzentscheidung des BGH, mit der der Streit um die Rechtsnatur dieses Vertrags geklärt wurde. Wissen Sie, was der BGH entschieden hat?

Mit der Leitentscheidung vom 16. 4. 2002 (*BGH* BGHZ 150, 286 = WM 2002, 1120) hat der BGH das Vertragsverhältnis zwischen Kartenunternehmen und Vertragsunternehmen als abstraktes Schuldversprechen (§ 780 BGB) eingeordnet. Der BGH begründete seine Auffassung mit dem Sinn und Zweck des Kreditkartenverfahrens, das die bargeldlose Zahlung des Karteninhabers an das Vertragsunternehmen ermöglichen solle. Da das Vertragsunternehmen dem Karteninhaber eine Vorleistung erbringe, müsse der Anspruch gegen das Kartenunternehmen, den es anstelle der Barzahlung erwerbe, einer solchen wirtschaftlich gleichwertig sein. Dies werde durch einen Forderungskauf nicht gewährleistet, weil sich das Vertragsunternehmen zusätzlich seines Anspruchs auf die Gegenleistung begeben würde. Bei Nichtigkeit des Grundgeschäfts müsste das Vertragsunternehmen den Kaufpreis an das Kreditkartenunternehmen zurückgeben und nunmehr den Karteninhaber in Anspruch nehmen, stünde also schlechter da als beim Barkauf. Außerdem entstünden Probleme beim Missbrauch der Kreditkarte durch unbefugte Dritte. Probleme dieser Art würden vermieden, wenn man die Zahlungszusage als abstraktes Schuldversprechen (§ 780 BGB) einordnet. Dieses Versprechen sei aufschiebend bedingt (§ 158 Abs. 1 BGB) durch die Einreichung ordnungsgemäßer Belastungsbelege, die in jedem Einzelfall die Zahlungspflicht des Kreditkartenunternehmens entstehen lassen würden.

191.

Gelten diese Grundsätze auch im Telefon- oder Mailorderverfahren – wenn das Kartenunternehmen damit einverstanden ist, dass keine Unterzeichnung eines Belastungsbelegs durch den Karteninhaber erfolgt?

Ja (BGHZ 150, 286 Tz. 28). Hier gilt genau das gleiche – für das Vertragsunternehmen entfällt allerdings die Pflicht zur Prüfung der Unterschrift. Klauseln, wonach das Kartenunternehmen zur Rückbelastung berechtigt ist, wenn der Karteninhaber sich weigert den gesamten Rechnungsbetrag zu zahlen, z. B. weil er von der Bestellung zurückgetreten ist oder die Ware zugesicherte Eigenschaften nicht hat, sind nach § 307 BGB unangemessen und folglich auch unwirksam (BGHZ 150, 286).

192.

Der abstrakte Zahlungsanspruch des Vertragsunternehmens im Mailorderverfahren kann ausnahmsweise eingeschränkt sein. Wann?

Wenn das Vertragsunternehmen Geschäfte abrechnen will, die nach eigener Auskunft gar nicht Gegenstand des Geschäftsbetriebs hätten sein dürfen (Selbstauskunft: Geschenkartikel innerhalb Deutschlands – tatsächlich wird aber wertvoller Schmuck nach Indonesien geliefert: *BGH* WM 2005, 1601 Tz. 28).

193.

Außerdem kann ein Kartenunternehmen gegen das Vertragsunternehmen einen Schadensersatzanspruch nach § 280 Abs. 1 BGB haben. Können Sie sich vorstellen, wann das der Fall ist?

Wenn sich das Vertragsunternehmen trotz erheblicher Verdachtsmomente gegen die Besteller sorgfaltswidrig auf das Mailorderverfahren eingelassen hat (*BGH* WM 2005, 1601 Tz. 32).

194.

Wie ist es, wenn das Vertragsunternehmen dem Kartenunternehmen unvollständige Leistungsbelege übermittelt?

Dann ist das Kartenunternehmen nicht zur Zahlung verpflichtet – bereits gezahlte Beträge kann es erstattet verlangen (*BGH* WM 2004, 1031 Tz. 28). In diesem Falle erlangt das Vertragsunternehmen den bezahlten Betrag ohne Rechtsgrund, denn der Anspruch aus § 780 BGB steht unter der aufschiebenden Bedingung (§ 158 Abs. 1 BGB) einer ordnungsgemäß erstellten Belegausfertigung (so bereits BGHZ 115, 286).

195.

Seit Anfang 1991 besteht die Möglichkeit, dass Kreditinstitute über eine zunächst von der GZS (heute: First Data) vergebene Lizenz selbst Mastercards an ihre Kunden ausgeben. Was sind die Folgen?

Es entstehen bankgestütze Kreditkartensysteme, wie etwa Visa oder Mastercard.

196.

Wie nennt man diese Systeme im amerikanischen Recht?

Interchange-Systeme (erstmals praktiziert 1966 von der Bank of America).

III. Rechtspflichten

197.

Das Vertragsunternehmen verpflichtet sich gegenüber der Kartengesellschaft, die Kreditkarte des Kunden zu akzeptieren. Was für eine Art von Vertrag ist das?

Ein echter Vertrag zugunsten Dritter i. S. v. § 328 BGB.

198.

Welche Pflicht hat umgekehrt die Kartengesellschaft?

Den vom Vertragsunternehmen akzeptierten Betrag zu erstatten – allerdings unter Abzug eines vereinbarten Disagios. Dieses Disagio ist die Gegenleistung dafür, dass die Kartengesellschaft dem Vertragsunternehmen den Zugang zu einem solventen Kundenkreis eröffnet und die Bezahlung der eingereichten Rechnungen übernimmt.

199.

Wissen Sie so ungefähr, was die Vertragsunternehmen an die Kartenunternehmen an Gebühren zahlen müssen?

Das staffelt sich teilweise nach Jahresumsätzen und weist eine Spannbreite von unter 1% (Tankstellen) bis über 8% (Nachtclubs) auf.

200.

Dem Inhaber einer Kreditkarte wurde diese gestohlen. Er ließ die Karte unverzüglich bei der Genehmigungszentrale sperren. Einige Tage später kauft ein

Unbekannter unter Vorlage dieser Karte Pelze im Wert von ca.€ 27.000. Muss die Kartengesellschaft zahlen?

Nein, weil das Vertragsunternehmen versäumt hatte, zuvor bei der Genehmigungsanfrage die vertraglich vereinbarte telefonische Genehmigung einzuholen. Das Vertragsunternehmen wurde zur Herausgabe des erlangten Betrags nach § 812 Abs. 1 S. 1 Alt. 1 BGB verpflichtet, da der Rechtsgrund für die Anweisung der Kartengesellschaft (Genehmigung) gefehlt hatte (*LG Düsseldorf* WM 1984, 990; ähnlich *OLG Köln* WM 1995, 1914).

201.

Das Vertragsunternehmen ist verpflichtet, die Zahlungen mittels Kreditkarte zu akzeptieren, und zwar aus dem Rahmenvertrag zwischen Kartenherausgeber und Vertragsunternehmen. Das ist ein echter Vertrag zugunsten Dritter (§ 328 Abs. 1 BGB), nämlich zugunsten der Karteninhaber. Schuldrechtlich bedeutet die Annahme der Kreditkarte, dass der vom Karteninhaber unterschriebene Belastungsbeleg (Slip) nach § 364 Abs. 2 BGB analog erfüllungshalber entgegen genommen wird (*LG Düsseldorf* WM 1991, 1027). Ist das Vertragsunternehmen zur Annahme der Kreditkarte auch dann verpflichtet, wenn nicht der Inhaber der Karte, sondern ein Dritter die Bezahlung anbietet?

Nein, die Leistung eines Dritten muss der Gläubiger nach § 267 Abs. 1 BGB nur dann annehmen, wenn dieser die geschuldete Leistung bewirkt. Die Kreditkartenzahlung ist aber nicht Leistungsbewirkung, sondern Leistung erfüllungshalber. Folglich bezieht sich das Zahlungsversprechen des Kartenausgebers nicht auf diesen Dritten (*LG Düsseldorf* WM 1991, 1027).

202.

Der Karteninhaber ist verpflichtet, dem Kartenunternehmen für die Erbringung des Zahlungsdienstes das vereinbarte Entgelt zu entrichten (§ 675 Abs. 4 BGB). Wonach richtet sich die Höhe dieses Entgelts?

Nach der VO (EG) 2560/2001 über grenzüberschreitende Zahlungen in Euro, wenn es sich um grenzüberschreitende Zahlungen handelt. Für innerstaatliche Zahlungen schwanken die Gebühren je nach dem, welche Zusatzleistungen damit verbunden sind.

203.

Am 10. 8. 2005 kaufte eine Amerikanerin bei einem Teppichgeschäft in Deutschland unter Vorlage einer Kreditkarte einen Teppich. Die Kartengesellschaft bezahlte den Kaufpreis nach Abzug des vereinbarten Disagios an den Teppichhändler. Die Amerikanerin verweigerte ihrerseits die Zahlung des Kaufpreises an die Kartengesellschaft und zwar mit der Behauptung, ihr sei ein anderer als der gekaufte Teppich geliefert worden. Daraufhin belastete die Kartengesellschaft das bei ihr geführte Konto des Teppichhändlers mit dem gezahlten Betrag zurück. Der Teppichhändler ist der Auffassung, dass die Kartengesellschaft für diese Belastungsbuchung kein Recht gehabt habe. Ziffer 6 der vereinbarten AGB, wonach die Kartengesellschaft bei Reklamationen des Kunden die Zahlung an das Vertragsunternehmen zurückfordern dürfe, sei unwirksam. Wirklich?

Ja. Das Kartenunternehmen ist gegenüber dem Vertragsunternehmen **nicht** zur Rückbelastung **berechtigt,** wenn der Karteninhaber sich weigert, den gesamten Rechnungsbetrag zu zahlen (BGHZ 150, 286 Tz. 30). Solche Rückbelastungsklauseln sind nach § 307 BGB unangemessen und folglich unwirksam. Das Vertragsunternehmen wird nämlich verschuldensunabhängig mit dem vollen Risiko einer missbräuchlichen Verwendung der Kreditkarte belastet.

204.

In der Nacht vom 20. auf den 21. 2. 1985 wurde ein Mann in einem Animierlokal geschröpft. Er soll alkoholische Getränke im Gesamtwert von fast DM 16.000 konsumiert haben, darunter „Champagner", die Flasche zu DM 790, und „Weißwein", die Flasche für DM 590. Gezahlt hatte er u. a. mit seiner Kreditkarte. Die Kartengesellschaft verweigerte auf Veranlassung des geschröpften Kunden die Einlösung und verwies auf § 138 BGB. Das Vertragsunternehmen meinte, eine etwaige Sittenwidrigkeit des Valutaverhältnisses wirke sich auf den Vertrag mit der Kartengesellschaft nicht aus. Wirklich?

Nein *(LG Berlin* NJW 1986, 1939 bestätigt von BGHZ 150, 286 Tz. 30). Das Gericht stellte zu Recht darauf ab, dass das Valutaverhältnis nach § 138 Abs. 1 und Abs. 2 BGB nichtig gewesen sei. In einem solchen Fall fehlt es an einer wirksamen Anweisung des Karteninhabers, da sich die Sittenwidrigkeit auch auf diese erstreckt. Ein Aufwendungsersatz aus §§ 670, 675 Abs. 1 BGB kann, in Ermangelung eines Auftrages, zugunsten der Kartengesellschaft nicht entstehen. Insoweit unterschied sich jener Fall von demjenigen, den der BGH am 24. 9. 2002 *(BGH* WM 2002, 2195) entgegengesetzt entschied, weil die Nichtigkeit der Rechtsgeschäfte (§ 105 Abs. 2 BGB) gerade nicht beweisbar war.

G. Automatisierte Zahlungssysteme

I. Das ec-Geldautomatensystem

205.

Die Möglichkeit, mithilfe der maestro-Karte am Geldautomaten Bargeld zu ziehen, ist für Kunden und Banken heute etwas ganz Selbstverständliches. Noch vor wenigen Jahren war das anders. In Deutschland wurden Geldautomaten im Zuge der 1968 begonnenen Entwicklung des Euro-Cheque-Systems eingeführt.

Im Jahre 1978 gab es allerdings erst 160 Geldautomaten. Mitte der 80er Jahre erhöhte sich diese Zahl auf ca. 3.000, während im Jahr 1991 etwa 9.000 solcher Geräte in der Bundesrepublik zur Verfügung standen. Heute finden Sie Geldautomaten in jedem Winkel der Welt. Können Sie etwas zur technischen Sicherung dieses Systems sagen?

An Geldausgabeautomaten (GAA) kann der Kunde unter Verwendung einer maestro-Karte mit Magnetstreifen und unter Eingabe der persönlichen Identifikationsnummer (PIN) bei seiner Bank oder bei fremden Instituten Geldbeträge innerhalb eines bestimmten Verfügungsrahmens abheben. Die entscheidende, in der maestro-Karte selbst enthaltene Sicherheitsvorkehrung ist neben fälschungssicherem Beethoven-Hologramm, Wasserzeichen, Guillochen und Silberstreifen der MM-Sicherheitscode, der weder sichtbar noch magnetisch gespeichert auf der maestro-Karte enthalten ist. Mithilfe dieses Codes wird ermittelt, ob die maestro-Karte echt ist, am selben Tag schon einmal benutzt wurde oder gar gesperrt ist.

206.

Mit Hilfe der maestro-Karte kann der Kunde im Rahmen eines Guthabens oder einer Kreditlinie nicht nur während der Öffnungszeiten seiner Bank, sondern „rund um die Uhr" Bargeld von seinem Girokonto abheben. Bedarf es hierzu des Abschlusses eines eigenständigen maestro-Vertrages?

Nein. Die maestro-Karte gewährt keinen neuen vertraglichen Anspruch, sondern erweitert einen bereits bestehenden girovertraglichen in zeitlicher Hinsicht. Daher ist die Vereinbarung über die Ausgabe einer Codekarte kein selbstständiger Vertrag, sondern lediglich als eine ergänzende Nebenabrede des Girovertrages einzuordnen. Sie teilt folglich auch seine Rechtsnatur eines Geschäftsbesorgungsvertrages i. S. v. § 675 BGB (*Canaris*, Rn. 527 h).

207.

Folgt daraus, dass jemand, der einen ZDRV hat, automatisch einen Anspruch auf Ausgabe der maestro-Karte geltend machen kann?

Nein. Es herrscht Einigkeit darüber, dass die Bank die den Girovertrag ergänzende ec-Abrede nicht bereits deshalb treffen muss, weil sie bereit war, einen Girovertrag zu schließen. Zur Begründung wird auf den Grundsatz der Vertragsfreiheit und darauf verwiesen, dass das mit der Karte verbundene Missbrauchsrisiko ein besonderes Vertrauen seitens der Bank voraussetzt. Allerdings muss die Verweigerung der Karte trotz bestehenden Girovertrages mit Treu und Glauben in Einklang stehen, also sachlich begründet sein.

208.

Ihre maestro-Karte ist entwendet worden; Sie wollen sie so schnell wie möglich sperren lassen. Was tun Sie?

Entweder Sie rufen sofort Ihre kontoführende Stelle an oder aber die Telefonnummer des Zentralen Sperrannahmedienstes, die Tag und Nacht erreichbar ist. Die Nummer lautet: 069/740987.

209.

Die maestro-Karte kann missbraucht werden. Entscheidend ist, dass irgendjemand in den Besitz der PIN (Geheimzahl) gekommen ist. Wer trägt das Missbrauchsrisiko?

Die Bank. Es liegt nämlich keine wirksame Anweisung (= Autorisierung) des Kunden an seine Bank vor, einen bestimmten Betrag zu zahlen. Folglich hat die Bank keinen Aufwendungsersatzanspruch (§ 675 u BGB).

210.

In welchen Fällen kann die Bank gegen den Kunden einen Schadensersatzanspruch haben?

Bei missbräuchlicher Nutzung eines ZAufI (z. B. einer PIN). Diese Ansprüche richten sich nach § 675 v BGB.

211.

Wie ist die Risikoverteilung in § 675 v BGB vorgesehen?

Die Bank kann bei der Nutzung eines verloren gegangenen oder gestohlenen ZAufI (gemeint ist die ec-Karte) vom Kunden Ersatz des Schadens bis zu € 150 verlangen (Abs. 1).

212.

Ist das nur bei Verlust und Diebstahl so?

Nein. Das gilt auch, wenn der Kunde die personalisierten Sicherheitsmerkmale (PIN) nicht sicher aufbewahrt hat (§ 675 l BGB).

213.

Wann ist der Kunde zum Ersatz des gesamten Schadens verpflichtet?

Wenn er den Schaden in betrügerischer Absicht oder durch vorsätzliche oder grob fahrlässige Verletzung bestimmter Pflichten, die in § 675 v Abs. 2 BGB genannt sind, ermöglicht.

214.

Besteht neben § 675 v BGB noch Raum für einen weitergehenden Schadensersatzanspruch – z. B. durch Vereinbarung zwischen Bank und Kunde?

Nein, von § 675 v BGB darf nicht zum Nachteil des Kunden abgewichen werden (§ 675 e Abs. 1 BGB).

215.

Angenommen, Sie verwahren PIN oder TAN oder Passwort so, dass ein Unbefugter nicht zugreifen kann; erfüllen also Ihre Pflicht aus § 675 l BGB. Wie kann man diese personalisierten Sicherheitsmerkmale vor unbefugtem Zugriff schützen?

Am einfachsten durch Speicherung in Ihrem Kopf.

216.

Wenn Sie Angst vor dem Vergessen haben und sich PIN oder TAN irgendwo notieren, worauf müssen Sie dann aber unbedingt achten?

Darauf, dass PIN und TAN von der Karte getrennt verwahrt werden, also nicht etwa im selben Portemonnaie.

217.

Sie legen Ihre maestro-Karte auf den Tisch im Bistro und gehen zum Kuchenschalter, um sich ein Stück Torte auszusuchen. Die Karte wird entwendet. Haben Sie Ihre Pflichten nach § 675 l BGB verletzt?

Nein, die Karte selbst muss nicht vor unbefugtem Zugriff geschützt werden, sie kann offen herumliegen, da ein Dieb die maestro-Karte ohne PIN oder TAN nicht missbrauchen kann.

218.

Was aber sollten Sie auf jeden Fall unterlassen?

Die PIN/TAN auf der Karte zu vermerken, z. B. auf einem Stück Papier befestigt mit Tesafilm.

219.

Wann jedenfalls liegt grobe Fahrlässigkeit vor?

Wenn ein Unbefugter die maestro-Karte und die Geheimnummer in einem Zugriff erlangen kann (*BGH* WM 2000, 2421).

220.

Sie sind auf Auslandsreise und verwahren die ec-Karten in der Wohnung auf Ihrem Schreibtisch zwischen Briefen und Notizen auf. Die Originalmitteilung der Geheimnummer befindet sich in einer Plastikhülle, zusammen mit zahlreichen anderen Papieren, insbesondere Visitenkarten, in einer unverschlossenen Schublade eines Sekretärs in einem anderen Raum. Nach Rückkehr aus dem Urlaub sind die maestro-Karten unauffindbar – die Geheimnummern befinden sich am jeweiligen Ort. Inzwischen sind von zwei Konten € 14.000 und € 7.000 am Geldausgabeautomaten abgehoben worden. Darf die Bank Ihr Konto belasten?

Nein, der BGH entschied, dass zwei ec-Karten (heute: maestro-Karte) und die Geheimnummer nicht zusammen verwahrt worden seien (WM 2000, 2421 Tz. 22). Eine gemeinsame Verwahrung liege nur vor, wenn ein Unbefugter ec-Karte und Geheimnummer in einem Zugriff erlangen könne und nicht nach dem Auffinden der Unterlage weiter nach der anderen suchen müsse. Folglich sind ec-Karte und Geheimnummer nicht zusammen verwahrt, wenn sie sich an verschiedenen Stellen der Wohnung des Kontoinhabers befinden.

221.

Ist die von Ihnen gewählte Verwahrung in der Wohnung völlig folgenlos?

Nein. Der BGH sagt, dass diese Art der Verwahrung jedenfalls eine einfache Fahrlässigkeit darstellt (Rn. 25). Das bedeutet, dass Sie nach § 675 v Abs. 1 BGB bis zu € 150 an die Bank zahlen müssen.

222.

In einem anderen Fall wird eine maestro-Karte von einem Dieb entwendet. Kurz danach hebt der Dieb am GAA € 500 Bargeld ab. Darf die Bank diesen Betrag von Ihrem Konto abbuchen?

Ja. Zwar fehlt es an einer Autorisierung und damit an einer wirksamen Anweisung – die Bank darf Ihr Konto also nicht nach § 675 u BGB belasten, aber sie hat einen Schadensersatzanspruch nach § 675 v BGB, weil der Beweis des ersten Anscheins dafür spricht, dass die PIN zusammen mit der Karte verwahrt gewesen sein muss – anders hätte nämlich der Dieb das Bargeld gar nicht abheben können (*BGH* WM 2004, 2309).

223.

Was unterscheidet diesen Fall von dem der Verwahrung von Geheimnummer und maestro-Karte in der Wohnung?

Im Wohnungsfall ging es um die Frage, ob die Verwahrung von maestro-Karte und Geheimnummer unsachgemäß und damit grob fahrlässig war. Der BGH verneinte dies, weil der Dieb in zwei verschiedenen Zimmern suchen musste. Offenbar hatte der Dieb in jenem Fall die Geheimnummer gefunden, sich aufgeschrieben und auf diese Weise das Bargeld bekommen. Wird dagegen nur die maestro-Karte entwendet, ohne dass der Kunde nachweisen kann, dass er die Geheimnummer an einem anderen Ort verwahrt hat, so spricht der Beweis des ersten Anscheins dafür, dass der Dieb maestro-Karte und Geheimnummer in einem Zugriff erlangen konnte. Deshalb der Anscheinsbeweis für die grobe Fahrlässigkeit.

224.

Kann man denn die Grundsätze des Anscheinsbeweises überhaupt anwenden – muss man nicht immer mit der Möglichkeit des Ausspähens der persönlichen Geheimzahl durch einen unbekannten Dritten rechnen?

Ja, damit muss man rechnen (*BGH* WM 2004, 2302). Allerdings muss dann die maestro-Karte in einem näheren zeitlichen Zusammenhang mit der Eingabe der PIN durch den Karteninhaber an einem Geldausgabeautomaten oder einem POS-Terminal entwendet worden sein (*BGH* WM 2004, 2309 Leitsatz 2/Tz. 31). Wenn das nicht der Fall ist, so genügt die bloße Möglichkeit des Ausspähens zur Entkräftung des Anscheinsbeweises nicht.

225.

Muss man nicht mit Innentäterattacken, also Angriffen von Bankmitarbeitern, etwa zur Ausspähung des der Verschlüsselung dienenden Institutsschlüssels rechnen?

Ja. Allerdings ist der BGH der Auffassung, dass solche Innentäterattacken rein theoretischer Natur und deshalb im Allgemeinen als außerhalb der Lebenserfahrung liegend anzusehen seien. Es müsse schon konkrete Anhaltspunkte für solche Attacken geben (*BGH* WM 2004, 2309 Tz. 33; kritisch dazu: *Strube*, BKR 2004, 493 insb. zum 128-BIT-Schlüssel).

II. Das electronic-cash-System

226.

Die maestro-Karte kann nicht nur zum Ziehen von Bargeld am Automaten verwendet werden, sondern auch, um Waren oder Dienstleistungen an automatisierten Kassen bargeldlos zu bezahlen. Wovon ist die Rede?

Vom Point of Sale System.

227.

Was ist mit dem Point of Sale System gemeint?

Die Möglichkeit, Waren und Dienstleistungen mit der maestro-Karte unter Verwendung der PIN zur Zahlung einzusetzen.

228.

Benötigt man für die weiteren Funktionen der maestro-Karte einen neuen ZDRV?

Nein, der bestehende ZDRV (§ 675 f Abs. 2 BGB) wird erweitert um die Abrede, bestimmte, mit Hilfe der PIN autorisierte Beträge dem Kundenkonto anzulasten und im Gegenzug dem Händlerkonto gutzuschreiben.

229.

Was bedeutet dies rechtlich?

Der Kunde weist seine Bank (§ 665 BGB) an, einen bestimmten Betrag einem anderen zur Verfügung zu stellen.

230.

Die ec-Karte kann nicht nur am Geldautomaten, sondern auch am Point of Sale missbraucht werden. Irgendjemand muss in den Besitz der PIN gekommen sein – es liegt keine wirksame Anweisung des Kunden an seine Bank vor, die Bank hat folglich keinen Aufwendungsersatzanspruch (§ 675 u BGB). Darf die Bank das Risiko des Missbrauchs auf den Karteninhaber abwälzen?

Nein, von § 675 u BGB darf nach § 675 e BGB nicht zum Nachteil des Kunden abgewichen werden. Allerdings gelten für den Fall, dass ein Dritter (z. B. der Dieb) nicht nur im Besitz der Karte, sondern auch der Geheimzahl ist, die gleichen Grundsätze wie für den Kartenmissbrauch am Geldautomaten.

III. Online-Banking

231.

Die Online-Abrede ist nicht nur unselbständige Nebenabrede zur Ausführung des ZDRV, sondern ein daneben stehendes eigenständiges Bankrechtsverhältnis. Das Onlineverfahren setzt die Beherrschung einer gewissen Technik voraus und birgt eine Reihe von Missbrauchsrisiken. Woraus ergibt sich, dass der Kunde sehr sorgfältig darüber informiert werden muss, wie er etwa mit der PIN und der TAN umzugehen hat?

Aus § 312 e Abs. 1 BGB; danach ist der Kunde über die genaue Funktionsweise des Onlinesystems aufzuklären, insbesondere darüber, welche Leistung er unter welchen Voraussetzungen erlangen kann. Ferner ist er auf etwaige Risiken eines Fehlverhaltens hinzuweisen, beispielsweise darauf aufmerksam zu machen, wie und wann ein System von Dritten missbräuchlich genutzt werden kann.

232.

Welche Grundsätze gelten beim Missbrauch von PIN oder TAN beim Online-Banking?

Die gleichen Grundsätze, die für alle Zahlungsdienste in den §§ 675 l, u, v BGB formuliert sind. Grundsätzlich gilt, dass die Bank gegen den Kunden keinen Anspruch hat, wenn eine Autorisierung fehlt, das ist etwa der Fall, wenn ein unbefugter Dritter mit Hilfe der zutreffenden TAN eine Überweisung ausführt. Die Bank hat dann keinen Anspruch auf Erstattung Ihrer Aufwendungen (§ 675 u BGB). Denkbar ist allerdings ein Schadensersatzanspruch nach § 675 v BGB.

IV. Die Geldkarte

233.

Was versteht man unter einer Geldkarte?

Die Geldkarte ist ein auf der maestro-Karte aufgebrachter Chip – er funktioniert als elektronische Geldbörse, mit der kleine Beträge rationell und kostengünstig gezahlt werden können.

234.

Wer trägt das Risiko des Verlusts?

Der Karteninhaber – es ist so, als würde ihm Bargeld abhanden kommen – die Situation entspricht § 935 BGB.

H. Lastschriftverfahren (§ 675x BGB)

I. Grundlagen

235.

Sie wollen, dass Ihre Miete jeden Monat pünktlich bezahlt ist. Welche Zahlungsverfahren, die Ihnen keine Arbeit machen, bieten sich an?

(1) Dauerauftrag (Überweisungsauftrag zu regelmäßig wiederkehrenden Terminen)
(2) Abbuchungsauftrag
(3) Einzugsermächtigung.

236.

Aus welchem Grunde gibt es eigentlich das Lastschriftverfahren, reicht die Möglichkeit der Überweisung durch Dauerauftrag nicht aus?

Daueraufträge müssen geändert werden, wenn sich die Höhe des zu überweisenden Betrags ändert. Je häufiger das der Fall ist, desto aufwändiger und kostenträchtiger ist der Dauerauftrag für den Schuldner. In diesen Fällen hilft das Lastschriftverfahren. Es bewahrt den Schuldner vor Verwaltungsaufwand, sorgt dafür, dass zur Fälligkeit gezahlt ist und ist regelmäßig auch kostengünstiger, weil der einziehende Gläubiger seine Rechnungen ohnehin maschinell anpasst. Lastschriftaufträge eignen sich also besonders für Dauerschuldverhältnisse mit variablen Forderungen (Rundfunkgebühren/Versicherungsbeiträge/Energieversorgungsverträge/Zeitschriftenabos/Vereinsbeiträge).

237.

Der Abbuchungsauftrag und die Einziehungsermächtigung werden zu einem Oberbegriff zusammengefasst. Wissen Sie, wovon die Rede ist?

Es geht um das Lastschriftverfahren, eine Sonderform des Überweisungsverfahrens.

238.

Wodurch unterscheidet sich das Lastschriftverfahren von der typischen Überweisung, z. B. dem Dauerauftrag?

Bei der typischen Überweisung handelt der Schuldner; beim Lastschriftverfahren geht die Einziehung vom Gläubiger aus. Er, der Gläubiger, weist seine Bank an, bei der Bank des Schuldners Geld einzuziehen. Die Gläubigerbank ist also **Inkassostelle;** die Schuldnerbank fungiert als **Zahlstelle.**

239.

Das Lastschriftverfahren wird in zwei Formen durchgeführt, nämlich als Abbuchungsauftragsverfahren (AAV) und als Einziehungsermächtigungsverfahren (EEV). Wissen Sie, welche dieser beiden Formen für den Schuldner gefährlicher ist?

Das AAV, denn hier ist ein Widerspruch durch den Schuldner für seine Bank unverbindlich (BGHZ 72, 345). Demgegenüber muss der Schuldner im EEV prinzipiell seine Genehmigung erteilen (§ 185 Abs. 1 BGB), was er nicht tun wird, wenn die Schuld nicht mehr besteht.

240.

Durch das am 1. 11. 2009 in Kraft getretene neue Zahlungsdiensterecht ist auch die SEPA-Lastschrift eingeführt worden. Worum handelt es sich bei dieser Art der Lastschrift?

Die SEPA-Lastschrift beruht auf einer Doppelweisung. Der Kunde (Zahler) gibt eine Weisung an seine eigene Bank und eine Weisung an den Zahlungsempfänger und erlaubt damit die Lastschrift. Die SEPA-Lastschrift ist also ein autorisierter Vorgang (vergleichbar dem AAV) und unterscheidet sich dadurch vom EEV. Trotz der Autorisierung räumt die Bank des Zahlers diesem ein auf acht Wochen befristetes Erstattungsrecht ein.

II. Abbuchungsauftragsverfahren

241.

Wo finden sich die rechtlichen Regelungen für das AAV?

In § 675x Abs. 3 BGB. Danach können der Zahler und sein ZDL für vom Zahlungsempfänger angestoßene Zahlungen vereinbaren, dass dem Zahler kein Erstattungsanspruch zusteht, wenn dieser seinem ZDL unmittelbar die Zustimmung erteilt hat. Diese Ausnahmeregelung, die heute europaweit gilt, zielt auf das früher nur in Deutschland gebräuchliche AAV (BT-Drs. 16/11643 S. 186).

242.

Angenommen, ein Dritter zieht Geld von Ihrem Konto ein. Ein AAV besteht nicht. Darf die Bank Ihr Konto belasten?

Nein, wenn sie es doch tut, haben Sie gegen Ihre Bank einen Erstattungsanspruch nach § 675x Abs. 1 BGB.

243.

Sie bemerken die Abbuchung auf Ihrem Konto nach drei Monaten. Nun informieren Sie Ihre Bank und bitten um Wiedergutschrift – ist die Bank verpflichtet, Ihrer Bitte nachzukommen?

Nein, denn nach § 675x Abs. 4 BGB ist der Anspruch auf Erstattung ausgeschlossen, wenn er nicht innerhalb von acht Wochen ab dem Zeitpunkt der Belastung geltend gemacht wird.

244.

Ihre Bank bekommt Ihren Brief mit der Bitte um Wiedergutschrift. Was muss sie tun?

Sie muss die Gründe für die Ablehnung, und zwar innerhalb von zehn Geschäftstagen nach Zugang eines Erstattungsverlangens, mitteilen (§ 675x Abs. 5 BGB).

III. SEPA-Lastschrift

245.

Ab November 2009 gibt es die SEPA-Lastschrift. Was heißt SEPA?

SEPA steht für Single Euro Payments Area.

246.

Bei der SEPA-Lastschrift, die besonders sicher ist, erteilt der Schuldner eine Doppelweisung. Wissen Sie, was gemeint ist?

Zunächst erteilt der Schuldner dem Gläubiger die Ermächtigung zum Einzug der Lastschrift. Gleichzeitig erteilt er eine Weisung an seine Bank, die Lastschrift einzulösen.

247.

Eine Besonderheit besteht darin, dass es in Zukunft auch eine SEPA-Firmenlastschrift gibt. Was unterscheidet diese Firmenlastschrift von der SEPA-Basislastschrift für jeden?

Bei der SEPA-Firmenlastschrift gibt es keine Möglichkeit der Rückgabe der Lastschrift, da die Bank des Schuldners verpflichtet ist, die Mandatsdaten bereits vor der Belastung auf Übereinstimmung mit der vorliegenden Zahlung zu prüfen.

248.

Warum ist dies bei einer schlichten Basislastschrift anders?

Weil diese vom Schuldner nicht autorisiert wurde – in diesen Fällen hat die Bank dem Zahlenden den abgebuchten Betrag wieder gutzuschreiben (§ 675 u BGB). Erst nach Ablauf von 13 Monaten ist dies nicht mehr möglich (§ 676 b Abs. 2 BGB).

IV. Einzugsermächtigungsverfahren (EEV)

249.

Ist auch das EEV in § 675x BGB geregelt?

Nein, es ist aber neben § 675x BGB zulässig.

250.

Beim AAV gibt der Schuldner eine Generalweisung i. S. v. §§ 665, 675 BGB an seine Bank. Die Bank ist deshalb zur Einlösung jeder Lastschrift verpflichtet, falls das Schuldnerkonto gedeckt ist. Dabei liegt in der Übersendung der Lastschrift durch den jeweiligen Gläubiger die Weisung (des Schuldners!) an die Schuldnerbank, die Überweisung auszuführen. Wie stellt sich demgegenüber die Rechtslage beim EEV dar?

Beim EEV hängt die Einlösung von der **Genehmigung** des Schuldners ab. Bei diesem Verfahren hat der Schuldner gegenüber seiner Bank keine Generalweisung erteilt. Vielmehr hat er den jeweiligen Gläubiger zur Einziehung von seinem Konto ermächtigt. Aus diesem Grunde muss die Lastschrift den Vermerk „Einzugsermächtigung des Zahlungspflichtigen liegt dem Zahlungsempfänger vor" tragen, sonst wird sie allenfalls als Abbuchungslastschrift behandelt und wenn kein Abbuchungsauftrag vorliegt, nicht ausgeführt (vgl. III Nr. 1 des Abkommens über den Lastschriftverkehr vom 1. 2. 2002).

251.

Beim EEV wird eine Belastung als Einlösung also erst wirksam, wenn der Schuldner sie genehmigt (BGHZ 74, 305). Wie auch sonst bei anderen Rechtsgeschäften kann die Genehmigung auch konkludent, z. B. durch Duldung, erteilt werden (*BGH* WM 1979, 995). Allerdings reicht Schweigen auf einen entsprechenden Kontoauszug gewöhnlich nicht aus (BGHZ 95, 108). Verweigert der

Schuldner die Genehmigung, so ist die Belastungsbuchung rückgängig zu machen. Wie lange darf der Schuldner diese Rückgängigmachung verlangen?

Nach *BGH* ZIP 2000, 1379 besteht keine feste Zeitgrenze. Im Zweifel sind die Grundsätze der Verwirkung (§ 242 BGB) heranzuziehen. Diese Auffassung ist überzeugend, weil sie flexible Entscheidungen im Einzelfall eröffnet und nicht einzusehen ist, warum der Schuldner durch die Zwischenschaltung eines banktechnischen Verfahrens im Überweisungsverkehr schlechter gestellt werden sollte, als wenn er selbst fehlerhaft überwiesen hätte. Allerdings macht sich der Bankkunde schadensersatzpflichtig, wenn er seine Verpflichtungen aus Nr. 7 Abs. 2 und 3 AGB/B schuldhaft verletzt und die Bank hierdurch Vermögensnachteile erleidet.

252.

Der Kunde kann folglich auch nach Fristablauf die Berichtigung eines Rechnungsabschlusses verlangen. Worauf sollte er dabei achten?

Dass er den Widerspruch innerhalb der sechs Wochen Frist (Nr. 7 Abs. 3 AGB/B) erhebt. Der BGH hat nämlich am 10. 6. 2008 entschieden (*BGH* NJW 2008, 3348 Tz. 28), dass diese Klausel wirksam ist.

253.

Im bargeldlosen Zahlungsverkehr ist zwischen der Erfüllungswirkung des Zahlungsvorgangs und seiner Rechtzeitigkeit zu unterscheiden. Im Hinblick auf die Rechtzeitigkeit kommt es darauf an, ob der Schuldner das seinerseits für die Leistung Erforderliche getan hat. Das ergibt sich aus §§ 269, 270 BGB, wonach die Geldschuld im Grundsatz eine Schickschuld ist, so dass bei rechtzeitiger Absendung des Geldes die Verzögerungsgefahr beim Gläubiger liegt. Bei einer **Überweisung** hat der Schuldner in diesem Sinne das Erforderliche getan, wenn er die Überweisung veranlasst hat und ein **entsprechendes Guthaben** unterhält (*BGH* WM 1971, 110). Ist hingegen der Einzug im Lastschriftverfahren vereinbart worden, so wird die Geldschuld zur **Holschuld** (BGHZ 69, 361, 366). Diesen mit dem Scheckrecht übereinstimmenden Grundsatz hat der BGH für das Lastschriftverfahren bereits am 19. 10. 1977 aufgestellt. Kennen Sie den Fall?

Es ging in jenem Fall um einen Gärtner, der beim Fällen von Bäumen einen Unfall mit schweren Verletzungen erlitt (BGHZ 69, 361). Ein Bein musste amputiert werden. Die Unfallversicherung weigerte sich zu zahlen, weil der Gärtner zur Zeit des Unfalls nach § 39 VVG (heute: § 38 VVG) im Prämienverzug gewesen sei. Der Gärtner wies darauf hin, dass er dem Versicherer Einzugsermächtigung im Lastschriftverfahren erteilt hatte. Wenn die Versicherung – wie geschehen – davon keinen Gebrauch mache, so sei das ihre Sache; er jedenfalls sei nicht in Verzug geraten. Dem stimmte der BGH zu.

V. Grenzen des Widerspruchsrechts

254.

Beim EEV ist der Widerspruch des Zahlungspflichtigen für seine Bank auch dann verbindlich, wenn er den belasteten Betrag seinem Gläubiger schuldet (*BGH* WM 1979, 828). Was folgt daraus?

Die Bank muss selbst dann den Betrag wiedergutschreiben, wenn sie damit rechnet, dass ihr Kunde gegenüber dem Gläubiger missbräuchlich handelt (*BGH* WM 1985, 905).

255.

Eines soll der Schuldner nicht dürfen: Hat er einmal der Lastschriftbuchung widersprochen, so kann er diesen Widerspruch nun nicht seinerseits noch einmal widerrufen (*BGH* WM 1989, 520). Stimmen Sie dem zu?

So recht überzeugt das nicht, denn der Widerruf des Widerspruchs bewirkt die Genehmigung i. S. v. § 684 Satz 2 BGB (*Hadding/Häuser*, WuB I D 2.–3.89). Hat die Schuldnerbank den Einlösungsbetrag nach dem Lastschriftabkommen (LSA) bereits zurückgefordert, so ist die nunmehr erteilte Genehmigung nach § 140 BGB in einen **Überweisungsauftrag** umzudeuten, der von der Schuldnerbank jedenfalls dann auszuführen ist, wenn das Konto gedeckt ist.

256.

Das Widerspruchsrecht schützt also den Schuldner, der keinen AAV erteilt hat, vor missbräuchlicher Inanspruchnahme. Allerdings kann der Schuldner dieses Recht seinerseits missbräuchlich ausüben (§ 226 BGB). Wann ist dies der Fall?

Wenn der Schuldner auch dann widerspricht, wenn er in Wirklichkeit zur Zahlung verpflichtet ist. Aus diesem Grunde hat die Rechtsprechung eine Reihe von Fallgruppen entwickelt, in denen die Ausübung des Widerspruchsrechts seitens des Schuldners sittenwidrig ist. In diesen Fällen haftet der Schuldner für sein Verhalten aus § 826 BGB auf Schadensersatz. Allerdings handelt der widersprechende Schuldner keinesfalls sittenwidrig, wenn er keine Einziehungsermächtigung erteilt hat oder den eingezogenen Betrag nicht schuldet (BGHZ 74, 300). Auch andere anerkennenswerte Gründe, wie z. B. Leistungsverweigerungs-, Zurückbehaltung- oder Aufrechnungsrechte gegen den Gläubiger, berechtigen immer zum Widerspruch (*BGH* NJW 1985, 845).

257.

Bauer E verkaufte in großem Stil Eier an Großhändler F. F musste diese Eier sofort bar bezahlen, konnte seinerseits aber von seinen Abnehmern das Geld nicht sofort eintreiben. Er musste Zahlungsziele zwischen vier bis sechs Wochen akzeptieren. Da F nicht über hinreichend Bargeld verfügte, wandte er sich an L, einen vermögenden Landprodukte-Großhändler. L erklärte sich zur Zwischenfinanzierung bereit. Es wurde Folgendes vereinbart: E sollte zwar Eier an F liefern, die Rechnungen dafür aber auf L ausstellen und über L's Konto im Wege einer Einziehungsermächtigung einziehen. Auf diese Weise verfügte E sofort nach Lieferung der Eier über Bargeld. L seinerseits wartete 60 Tage und zog dann vereinbarungsgemäß ebenfalls im Lastschriftverfahren den verauslagten Betrag von einem Konto des F ein. Dabei nahm er eine Provision in Höhe von 2,5% des jeweiligen Rechnungsbetrages. Am 14./15. 3. 2001 entdeckte L, dass E in den letzten sechs Wochen mit 45 Lastschriften ca. € 1,6 Mio. von seinem Konto eingezogen, dafür aber keine Eier an F geliefert hatte. Diese „Luftrechnungen" hatte E, dem es finanziell sehr schlecht ging, im Einverständnis mit F ausgestellt. L erhob sofort am 16. 3. 2001 bei seiner Sparkasse Widerspruch gegen die Belastungen seines Kontos aus den letzten sechs Wochen. Die Sparkasse wandte sich daraufhin an die Inkassobank des E und bat um Rücküberweisung der € 1,6 Mio. Die Inkassobank musste dieser Bitte nach III 1. LSA nachkommen, weil L den Belastungen innerhalb von sechs Wochen widersprochen hatte. Sie wandte sich daraufhin ihrerseits an den Bauern E, der inzwischen aber zahlungsunfähig geworden war. Nun klagt die Inkassobank gegen L, weil sie meint, sein Widerspruch sei sittenwidrig gewesen. Zu Recht?

Der BGH war anderer Meinung (*BGH* NJW 1985, 847). Entscheidend komme es darauf an, welchen Zweck der Widerspruch im Einzugsermächtigungsverfahren erfülle. Dabei sei zu beachten, dass das EEV in hohem Maße missbrauchsanfällig sei, weil die Belastung eines Kontos schon erreicht werden könne, wenn nur auf dem von der Gläubigerbank übersandten Einzugspapier der Vermerk stehe „Einzugsermächtigung des Zahlungspflichtigen liegt dem Zahlungsempfänger vor." Deshalb müsse der in der Lastschrift als zahlungspflichtig Bezeichnete (hier L) in jedem Fall in der Lage sein, die Einziehung zu verhindern, wenn er überhaupt keine Ermächtigung erteilt oder den Gläubiger zwar generell ermächtigt habe, aber den zum Einzug gegebenen Lastschriftbetrag in Wirklichkeit (wie hier) nicht schulde. Der Widerspruch gegen unberechtigte Lastschriften sei daher grundsätzlich nicht missbräuchlich, auch wenn dabei die Gläubigerbank (wie hier) Schaden erleide, weil sie den Zahlungsempfänger (E) über die gutgeschriebenen Lastschriftbeträge vor Eingang der Deckung hat verfügen lassen und sie nun das Geld (wegen Insolvenz des E) nicht mehr zurückbekommen könne. Dem kann nur zugestimmt werden; hier verwirklicht sich das Risiko, in dessen Kenntnis das Kreditgewerbe das Einziehungsermächtigungsverfahren eingerichtet hat.

258.

Anders ist das allerdings, wenn der Schuldner die Einziehung im Prinzip duldet und im Grundsatz bereit ist, z. B. Kredit zu gewähren. Zumindest darf er dann nicht willkürlich diese einmal erklärte Bereitschaft zulasten der Inkassobank widerrufen. Instruktiv ist folgender Fall: Der spätere Kläger gewährte dem Kaufmann K etwa zehn Jahre lang laufend Kredit zur Finanzierung von dessen Tabakwarengroßhandel. Ab Mai 2005 ließ K die benötigten Gelder durch Lastschriften vom Konto des Klägers einziehen, was dieser auch duldete. Im Gegenzug gab K jeweils vordatierte Schecks. Ab Oktober 2005 zog K in immer kürzeren Abständen Geld ab. Am Schluss waren es fast € 4 Mio. Als in dieser Situation einige der von K ausgestellten Schecks nicht eingelöst wurden, widersprach der Kläger den Lastschriften aus den letzten drei Wochen (31 Stück) im Gesamtbetrag von etwa € 1,2 Mio. Die Inkassobank zahlte aufgrund des LSA die € 1,2 Mio an die Schuldnerbank zurück. Zugleich erwirkte sie über diesen Betrag einen Arrest gegen den Kläger, weil sie der Meinung war, er schulde ihr diesen Betrag aus § 826 BGB. Wirklich?

Dem hat der BGH zugestimmt (*BGH* NJW 1979, 2146). Der Widerspruch sei im Verhältnis zur Inkassobank sittenwidrig gewesen, denn i. d. R. trage der Darlehensgeber (hier der Kläger) das Risiko, ob der Darlehensnehmer (K) das Darlehen zurückzahle oder nicht. Dieses Risiko lasse sich durch die Widerspruchsmöglichkeit im Rahmen des Lastschriftverfahrens auf die Inkassobank verlagern. Das aber sei, so der BGH, mit dem Sinn und Zweck des Lastschriftverfahrens nicht zu vereinbaren. Dieses Verfahren soll die Abwicklung des massenhaften Zahlungsverkehrs erleichtern, nicht aber eine risikolose Darlehensgewährung des Lastschriftschuldners an den Lastschriftgläubiger ermöglichen. Die Inkassobank würde andernfalls für jeweils sechs Wochen die Funktion eines Bürgen für ihren Kunden (K) übernehmen. Dass dies nicht gewollt sei, sei für alle Beteiligten offensichtlich. Deshalb missbrauche ein Darlehensgeber den Widerspruch in sittenwidriger Weise, wenn dieser dazu führe, dass sich das Risiko der Zahlungsunfähigkeit statt bei ihm, bei der ersten Inkassostelle verwirkliche. Da dies der Kläger (er hatte sich über die Einzelheiten des LSA genau informieren lassen) auch im Vorhinein einkalkuliert habe, kannte er somit alle Tatumstände und nahm die Schädigung der Inkassobank i. S. d. § 826 BGB zumindest billigend in Kauf.

259.

Noch etwas komplizierter ist es, wenn ein Schuldner für zukünftige Lieferungen eine generelle Einziehungsermächtigung erteilt und seinerseits Gegenforderungen, mit denen er aufrechnen könnte, hat. So lagen die Dinge in einem Fall, den der BGH zu entscheiden hatte. Der Wurstfabrikant W bezog von F regelmäßig Fleisch. Er hatte eine Einziehungsermächtigung erteilt, damit F seine Forderungen gegen W im Lastschriftverfahren einziehen konnte. F wurde insolvent. W widersprach daraufhin den Kontobelastungen. Er erklärte, dass er in Höhe dieser Lastschriften Gegenforderungen habe und mit diesen aufrechne. Aufgrund des Widerspruchs machte die Bank des F die Abbuchung rückgängig und belastete dessen

Konto. Da die Bank mit ihrer Forderung gegen F im Konkurs ausfiel, machte sie ihrerseits einen Anspruch aus § 826 BGB gegen W geltend. Sie war der Auffassung, dass sein Widerspruch gegen die unstreitig erteilte Einziehungsermächtigung sittenwidrig gewesen sei. Stimmen Sie zu?

Dem ist der BGH im Ergebnis gefolgt (*BGH* BGHZ 74, 300). Er hat aber zunächst darauf hingewiesen, dass ein Widerspruch auch dann zulässig sei, wenn der Schuldner **anerkennenswerte Gründe** habe. Solche Gründe könnten Leistungsverweigerungs-, Zurückbehaltungs- oder auch Aufrechnungsrechte sein. Denn es könne regelmäßig nicht davon ausgegangen werden, dass ein Schuldner mit Erteilung der Einzugsermächtigung dem Gläubiger gegenüber solche Rechte aufgeben wolle. Das EEV sei also nicht darauf angelegt, eine vertragliche Rechtsposition des Schuldners zu seinen Lasten zu verändern. Allerdings habe der Schuldner nur dann anerkennenswerte Widerspruchsgründe, wenn er von seinen Leistungsverweigerungsrechten auch wirklich Gebrauch machen wollte. Und genau das konnte man im obigen Fall nicht feststellen. Denn es zeigte sich, dass der Wurstfabrikant vor dem Konkurs mit der Einziehung durchaus einverstanden war und erst nach Kenntnis vom Konkurs auf den Gedanken kam, mit Gegenforderungen aufzurechnen. Insoweit ging es ihm natürlich nur darum, das Insolvenzrisiko von sich auf die Inkassostelle zu verlagern. Das aber, so der BGH zu Recht, ist sittenwidrig.

260.

Der Widerspruch kann auch im Verhältnis zum Zahlungsempfänger sittenwidrig sein. Das gilt dann, wenn der Widerspruch vom Schuldner nur deshalb ausgeübt wird, um das Ausfallrisiko dem Gläubiger zuzuschieben oder einen anderen Gläubiger zu begünstigen. Instruktiv ist folgender vom BGH entschiedener Fall. Eine GmbH ließ die Sozialversicherungsbeiträge für ihre Mitarbeiter im Lastschriftverfahren durch die Ortskrankenkasse einziehen. Anfang 2005 geriet die GmbH in die Krise. Am 10. 5. 2005, dem letzten Tag vor Ablauf der sechswöchigen Rückbelastungsfrist, erschien der Geschäftsführer der GmbH bei der Bank und unterzeichnete auf Empfehlung des Bankdirektors ein Schriftstück, in welchem er gegen sämtliche Lastschriften, die innerhalb der letzten sechs Wochen dem Geschäftskonto belastet wurden, Widerspruch erhob. Demzufolge wurden der Ortskrankenkasse die Sozialversicherungsbeiträge für Februar 2005 (ca. € 70.000) wieder entzogen und dem Konto der GmbH gutgeschrieben. Kurze Zeit später wurde das Insolvenzverfahren über das Vermögen der GmbH eröffnet. Die Ortskrankenkasse meldete einen Betrag von ca. € 44.000, an und erhielt eine Konkursquote von ca. € 2.650. Sie ist der Auffassung, die Bank habe sittenwidrig gehandelt, als sie den Geschäftsführer der GmbH dazu verleitet habe, sämtliche Lastschriften der letzten sechs Wochen zu widerrufen. Was halten Sie davon?

Der BGH hat der AOK Recht gegeben (*BGH* BGHZ 101, 153). Die Bank habe sich durch den Widerspruch gegen die Lastschriften gem. §§ 31, 826 BGB schadensersatzpflichtig gemacht, denn für ihren Widerspruch gebe es keine anerkennenswerten Gründe. Die GmbH habe gegen die Forderung der Ortskrankenkasse keine

Einwendungen gehabt. Sie wäre aufgrund ihrer Lastschriftvereinbarung mit der Ortskrankenkasse verpflichtet gewesen, die Lastschriften zu genehmigen und damit die endgültige Erfüllung ihrer Verbindlichkeiten herbeizuführen. Stattdessen habe sie die Widerspruchsmöglichkeit dazu benutzt, der Ortskrankenkasse die ihr zustehenden Sozialversicherungsbeiträge wieder zu entziehen und den entsprechenden Betrag einem anderen Gläubiger zukommen zu lassen. Mit dem Widerspruch habe die GmbH, die konkursreif war, den Zweck verfolgt, das Insolvenzrisiko auf die Ortskrankenkasse zu übertragen. Damit habe sie von der Widerspruchsmöglichkeit zweckwidrig als Mittel zur Begünstigung eines einzelnen Gläubigers Gebrauch gemacht; das sei sittenwidrig. Der Schaden der Ortskrankenkasse bestehe darin, dass ihr durch die Rückbelastung die schon empfangene Zahlung wieder entzogen wurde und sie ihre Forderung wegen des Konkurses der GmbH in der eingeklagten Höhe nicht mehr durchsetzen konnte.

261.

Im Ergebnis heißt dies, dass die Ausgestaltung des Lastschriftverfahrens nicht dazu ausgenutzt werden darf, das Risiko der Zahlungsunfähigkeit des Gläubigers auf dessen Bank zu verlagern. Für den vorläufigen Insolvenzverwalter soll dies nach einem Urteil des IX. Senats nicht gelten (BGHZ 161, 49 = WM 2004, 2482, sowie *BGH* WM 2007, 2246). Was halten Sie von dieser Rechtsprechung?

Der Bankensenat des BGH (XI.) hat sich der Ansicht der IX. Senat nicht angeschlossen, sondern das Gegenteil entschieden (*BGH* NJW 2008, 3348 Tz. 19). Dem vorläufigen Insolvenzverwalter stünden innerhalb von Vertragsverhältnissen nicht mehr und nicht weniger Rechte zu als dem Schuldner. Er dürfe deshalb keine Handlungen vornehmen, durch die der Schuldner eine vorsätzliche sittenwidrige Schädigung nach § 826 BGB begehen würde. Mit Urteil vom 20. 7. 2010 (*BGH* ZIP 2010, 552) haben die Senate ihre Differenzen überwunden. Der Insolvenzverwalter darf nicht mehr pauschal allen Lastschriften, die noch nicht genehmigt sind, widersprechen.

VI. Entgelt für die Lastschriftrückgabe

262.

Weist das Konto für die vorgesehene Lastschrift keine ausreichende Deckung auf, so ist die Schuldnerbank nicht zur Einlösung verpflichtet. Sie gibt die Lastschrift an die Gläubigerbank zurück und erhebt dieser gegenüber ein Entgelt. Dieses Rücklastschriftentgelt stellt die Gläubigerbank dem Gläubiger in Rechnung, der seinerseits den Schuldner auf Ersatz in Anspruch nimmt. Darf auch die Schuldnerbank das Entgelt direkt beim Schuldner (ihrem Kunden) liquidieren?

Nein (*BGH* ZIP 1997, 2152). Rechtlich entscheidend ist, dass eine Bank, die sich bei mangelnder Kontodeckung berechtigterweise weigert, die Lastschrift einzulösen, keine Leistung gegenüber ihrem Kunden erbringt. Folglich verstoßen entgegenstehende AGB gegen § 307 BGB.

263.

Teilweise wird versucht, das Entgelt für die Lastschriftrückgabe als Kundenmitteilungsgebühr oder Retourprovision zu erheben. Die Schuldnerbank ist nämlich in aller Regel verpflichtet, ihren Kunden unverzüglich über die Nichteinlösung einer Lastschrift zu unterrichten, um ihn in die Lage zu versetzen, anderweitig für rechtzeitige Erfüllung seiner etwaigen Zahlungsverpflichtungen zu sorgen. Darf die Bank für diese Mitteilung ein Entgelt verlangen?

Nein. Sie würde sonst vom Vertragspartner für eine Pflicht liquidieren, die ihr selbst aus dem Vertragsverhältnis obliegt. Eine entgegenstehende AGB-Klausel hält deshalb der Inhaltskontrolle nach § 307 Abs. 1 BGB nicht stand (*BGH* WM 2001, 563). Diese Grundsätze hat der BGH mit Urteil von 8. 3. 2005 bekräftigt (*BGH* WM 2005, 874). Danach finden die Vorschriften des AGB-Rechts auch dann Anwendung, wenn sie durch anderweitige Gestaltungen umgangen werden (§ 306 a BGB). Eine solche Umgehung liegt vor, wenn die Bank bei Rückgabe einer Lastschrift mangels Deckung im EEV gegen ihren Kunden eine als (Teil-)Schadensersatz deklarierte Gebühr in Höhe von sechs Euro erhebt.

I. Das Scheckgeschäft

I. Begriff und Funktion

264.

Der Scheck ist eine unbedingte Anweisung des Ausstellers an das bezogene Kreditinstitut, zulasten seines Guthabens einen bestimmten Geldbetrag gegen Vorlage des Schecks zu zahlen. Was unterscheidet ihn vom Überweisungsauftrag?

Nicht viel. Der Scheckvertrag ist ein Unterfall der Überweisung. Es handelt sich um einen entgeltlichen Dienstleistungsvertrag mit Geschäftsbesorgungscharakter (§§ 675, 611 BGB; a. A. Werkvertrag). Es gelten die Bedingungen für den Scheckverkehr, wonach die Bank zur Einlösung der ausgestellten Schecks bei Deckung verpflichtet und trotz mangelnder Deckung (Überziehungskredit) berechtigt ist (BGHZ 53, 204).

265.

Wodurch unterscheidet sich der Scheck vom Wechsel?

Der Wechsel ist in aller Regel Kreditmittel, der Scheck dagegen Zahlungsmittel. Um das sicherzustellen, sieht Art. 4 SchG ausdrücklich vor, dass der Scheck nicht angenommen werden kann. Annahme bedeutet, wie beim Wechsel, jede Erklärung der Bank (des Bezogenen), durch die sie sich zur Zahlung verpflichtet. Die mit der Scheckkarte verbundene Zahlungsgarantie durchbricht diesen Gedanken faktisch.

266.

Vorläufer des Schecks, anweisungsähnliche Papiere, finden sich bereits in der Antike, im griechischen Ägypten und in Rom. Im Mittelalter findet man Anweisungsbriefe vor allem bei den italienischen campsores, aber auch in Polen, in Holland und vor allem in den Handelsstädten. Wann und wodurch wurde die moderne Entwicklung des Schecks ausgelöst?

Sie begann im 17. Jahrhundert in England in Form von Anweisungen der Kaufleute an Goldschmiede, bei denen sie ihr Gold hinterlegt hatten. Die englischen Banken übernahmen dann im 18. Jahrhundert diese Art des Scheckverkehrs, dabei bildete sich als Bezeichnung dieser Anweisungen der Begriff „Chequer" oder „Cheques" heraus. Der Wortursprung ist nicht eindeutig geklärt. Als mögliche sprachliche Wurzel gilt das englische Wort „Exchequer" (Schatzkammer) mit den auf sie schon im 13. Jahrhundert gezogenen „exchequer bills". Das Wort Exchequer soll seinerseits soviel wie Schachtisch bedeuten, man hält es für möglich, dass sich darin orientalische Bezeichnungen für scheckartige Anweisungen (persisch: pschäk; arabisch: sakk) wiederfinden.

267.

In Deutschland entwickelte sich ein Scheckverkehr in der zweiten Hälfte des 19. Jahrhunderts. 1908 kam es zum Erlass eines Scheckgesetzes. Durch dieses Gesetz wurde die Rückgriffshaftung des Ausstellers und der Indossanten eingeführt, der Scheck wurde somit zu einer qualifizierten Form der Anweisung. Wissen Sie, wie sich das Scheckrecht international in dieser Zeit entwickelt hat?

Eine internationale Regelung erfolgte parallel zum Wechselrecht, vorbereitet durch die Scheckrechtskonferenz in Genf im Jahre 1931. Sie führte zu ähnlichen drei Abkommen wie die Wechselrechtskonferenz. In Ausführung der Abkommen wurde das Scheckgesetz vom 14. 8. 1933 erlassen, das am 1. 4. 1934 in Kraft trat. Die Artikel 1–57 entsprechen, von wenigen Abweichungen abgesehen, dem deutschen Scheckgesetz.

II. Die wertpapierrechtliche Einordnung

268.

Was verstehen Sie unter einem Wertpapier? Inwiefern stellt der Scheck ein Wertpapier dar?

Unter einem Wertpapier versteht man eine Urkunde, die ein privates Recht in der Weise verbrieft, dass zur Geltendmachung des Rechts die Innehabung der Urkunde erforderlich ist (h. M. seit *Brunner*). Der Scheck ist ein Wertpapier, das zur Geltendmachung des durch den Scheck verbrieften Zahlungsanspruchs die Vorlage des Schecks bei der Bank erforderlich macht.

269.

Nennen Sie bitte die wichtigsten Unterschiede zwischen Wechsel und Scheck.

(1) Schecks sind stets auf Sicht zahlbar (Art. 28 Abs. 1 SchG).
(2) Kurze Vorlegungsfrist: Art. 29 SchG (Inlandsschecks: acht Tage), nach Fristablauf: Die Möglichkeit scheckrechtlicher Ansprüche gegen die Indossanten, den Aussteller oder an deren Scheckverpflichtete geltend zu machen, erlischt (Artt. 40, 32 Abs. 1 SchG).
(3) Der Scheck darf nur auf eine Bank gezogen werden, bei der der Aussteller ein Guthaben hat (Art. 3 SchG). Ansonsten ist der Scheck zwar gültig aber nicht ordnungsgemäß (Art. 3 Satz 2 SchG). Der nicht auf eine Bank gezogene Scheck ist steuerpflichtig (§ 6 Nr. 3 Wirtschaftsstrafgesetz).
(4) Der Scheck kann nicht angenommen werden (Art. 4 SchG), d. h. die Bank darf sich selbst nicht mitverpflichten. Auf diese Weise bleibt der Scheck ein Zahlungsmittel.
(5) Im Gegensatz zum Wechsel kann der Scheck auf den Inhaber ausgestellt werden (Art. 5 Abs. 2 SchG). Das ist bei den üblichen Eurocheques prinzipiell der Fall und ergibt sich aus dem Zusatz: „oder Überbringer". Durch diese Überbringerklausel wird der Scheck zum echten Inhaberpapier.

270.

Grenzen Sie bitte Orderscheck, Inhaber- und Rektascheck voneinander ab.

(1) Lautet der Scheck an eine bestimmte Person, enthält aber keine weiteren Einschränkungen, so handelt es sich um einen Orderscheck (Art. 5 Abs. 1 SchG). Der Scheck darf den Vermerk „an Order" tragen; zwingend vorgeschrieben ist das aber nicht. Das heißt, der Scheck soll an die in ihm benannte Person oder „auf ihre Order hin" an eine andere Person gezahlt werden. Der Scheck soll also umlauffähig werden.
(2) Lautet der Scheck auf eine namentlich benannte Person und trägt er den Vermerk „nicht an Order", so handelt es sich um einen **Rekta-Scheck.** Der Aussteller will einer ganz bestimmten Person direkt (= rekta), und nur dieser ein Recht zuweisen; der Scheck soll also nicht umlaufen. Folglich muss die im Scheck verbriefte Forderung nach Abtretungsrecht übertragen werden (Art. 14 Abs. 2 SchG).
(3) In der Praxis kommt allerdings nahezu ausschließlich der **Inhaberscheck** i. S. v. Art. 5 Abs. 2 SchG vor. Das liegt an der Standardisierung durch die Bankbedingungen für den Scheckverkehr, wonach nur die Schecks eingelöst werden, die auf den von den Banken ausgegebenen Scheckvordrucken ausgestellt sind. Diese Vordrucke enthalten regelmäßig die Überbringerklausel („ . . . oder Überbringer"), eine Streichung dieses Zusatzes gilt als nicht erfolgt (Nr. 1, 8 SchG). Der Inhaberscheck ist, wie sein Name schon sagt, ein Inhaberpapier.

271.

Sie wollen einen Order-, Inhaber- bzw. Rekta-Scheck wirksam übertragen; was müssen Sie tun?

(1) Der Inhaberscheck wird nach §§ 929 ff. BGB durch Übereignung der Scheck-urkunde übertragen; gutgläubiger Erwerb knüpft nach Art. 21 SchG allein an den Besitz an; ein Indossament ist insoweit nicht erforderlich.

(2) Auch ein Orderscheck kann nach § 929 BGB übertragen werden. Will man, dass der Inhaber des Orderschecks auch **gutgläubig** erwerben kann (Art. 21 SchG) und vor persönlichen Einwendungen geschützt sein soll (Art. 22 SchG) so muss der Scheck nicht nur nach §§ 929 ff. BGB übertragen, sondern auch **indossiert** (Art. 14 SchG) werden. Wie beim Wechsel reicht für das Indossament die schlichte Unterschrift des Indossanten auf der Rückseite (ital. dosso = Rücken) des Schecks. Es handelt sich dann um das nach Art. 16 Abs. 2 SchG zulässige Blankoindossament.

(3) Da der Rekta-Scheck kein Inhaberpapier ist, sondern nur eine Forderung ver-brieft, wird diese nach Abtretungsrecht (§§ 398 ff. BGB) übertragen (Art. 14 Abs. 2 SchG).

272.

Ist die GbR scheckfähig?

Ja. Dies hat der BGH erstmals am 15. Juli 1996 entschieden und damit seine jahr-zehntelang entgegenstehende Rechtsprechung aufgegeben (*BGH* BGHZ 136, 254).

273.

C legt den auf die B-Bank bezogenen Scheck des Scheckausstellers A bei dieser vor. Die B-Bank verweigert die Einlösung. Gegen wen steht C ein Regress-anspruch zu?

Mögliche Rückgriffsschuldner bei Nichteinlösung des Schecks durch das bezogene Kreditinstitut sind der Scheckaussteller (vgl. Art. 12 ScheckG), der oder die Indos-santen (Art. 18 ScheckG) und, falls vorhanden, die Scheckbürgen (Art. 27 ScheckG). Diese Rückgriffshaftung besteht dabei als abstrakte Haftung, unabhängig vom zugrunde liegenden Rechtsgeschäft mit dem Scheckaussteller.

274.

Unter welchen Voraussetzungen entsteht die Rückgriffshaftung der Scheckver-pflichteten?

Die Rückgriffshaftung tritt nur ein, wenn der Scheckaussteller einen gültigen Scheck begibt, der von ihm oder von einem Vertreter unterschrieben wurde. Weiter muss der Scheck beim bezogenen Kreditinstitut innerhalb der Vorlegungsfrist vergeblich zur Zahlung eingereicht worden sein. Die Zahlungsverweigerung durch die Bank muss dabei durch eine öffentliche Urkunde (Protest), eine schriftliche, datierte Erklärung des Bezogenen oder eine datierte Erklärung der Abrechnungsstelle festgestellt werden (Art. 40 ScheckG).

275.

Kann die Rückgriffshaftung durch den Scheckaussteller, den Indossanten oder den Scheckbürgen ausgeschlossen werden?

Der Indossant kann die Rückgriffshaftung durch ausdrücklichen, unterschriebenen Vermerk ausschließen (Art. 18 Abs. 2 ScheckG). Im Gegensatz dazu gilt ein entsprechender Vermerk des Scheckausstellers als nicht geschrieben (Art. 12 Satz 2 ScheckG). Da der Scheckbürge nur im Rückgriff haftet, widerspräche die Möglichkeit eines Haftungsausschlusses Sinn und Zweck der Scheckbürgschaft.

276.

Weil auf Ihrem Konto zur Zeit kein Geld ist, datieren Sie den Scheck um eine Woche vor. Der Scheck wird trotzdem sofort Ihrer Bank zur Zahlung vorgelegt. Darf diese den Scheck zurückweisen?

Nein, der Scheck ist „bei Sicht zahlbar. Jede gegenteilige Angabe gilt als nicht geschrieben" (Art. 28 Abs. 1 ScheckG). Die Vordatierung verlängert nur die Vorlegungsfrist.

277.

Was verstehen Sie unter Vorlegungsfrist?

Nach Art. 29 Abs. 1 ScheckG muss ein Inlandsscheck „binnen acht Tagen zur Zahlung vorgelegt werden." Diese Frist kann durch Vordatierung verlängert werden.

278.

Welche Rechtsfolge tritt ein, wenn der Scheck nicht fristgerecht vorgelegt wird?

Ist das Konto gedeckt, so muss der Scheck eingelöst werden. Ist das Konto nicht gedeckt, sodass die Bank nicht zur Einlösung verpflichtet ist, verliert der Inhaber den Rückgriffsanspruch gegen den Scheckaussteller und etwaige Zwischenerwerber (Indossanten).

279.

A stellte am 23. 10. 1989 in München einen Scheck aus. Der Scheck wurde an B, ein türkisches Unternehmen in der Türkei, übermittelt. B legte den Scheck am 10. 11. 1989 der bezogenen Bank B vor. Der Wechsel ging zu Protest. Daraufhin verlangte B von A Zahlung nach Art. 40 SchG. A macht geltend, dass der Scheck nicht fristgemäß vorgelegt worden sei. B widerspricht, es handle sich um einen Auslandsscheck, der innerhalb der nach Art. 29 Abs. 2 ScheckG geltenden Frist von 20 Tagen vorgelegt worden sei. Kann B von A Zahlung verlangen?

Nein (*BGH* ZIP 1991, 1417). Es handelt sich nämlich nicht um einen Auslandsscheck, sondern um einen Inlandsscheck. Dieser ist nach Art. 29 Abs. 1 ScheckG innerhalb von acht Tagen zur Zahlung vorzulegen. Mit dem Tatbestandsmerkmal „Land der Ausstellung" ist das Land gemeint, in dem sich der im Scheck angegebene Ausstellungsort (hier München) befindet. Diese Interpretation steht in Übereinstimmung mit der englischen und französischen Fassung des Einheitlichen Scheckgesetzes. Es ist auch sachgerecht, sehr formal am Wortlaut des Art. 29 Abs. 1 ScheckG festzuhalten. Denn für die Bemessung der Vorlegungsfrist müssen Kriterien gelten, die dem Scheck selbst zu entnehmen und damit für jedermann verlässlich festzustellen sind. Soweit diese formalen Anknüpfungspunkte für die Berechnung der Vorlegungsfrist in Einzelfällen, wie hier, zu Härten führen, sind sie im Interesse der Sicherheit und Schnelligkeit des nationalen und internationalen Scheckverkehrs hinzunehmen. Der längeren Laufzeit eines vom Ausland aus zum Scheckinkasso einzureichenden Schecks kann im Übrigen durch Vordatierung, die ohne weiteres zulässig ist (BGHZ 44, 178, 180), Rechnung getragen werden. Außerdem beschränkt sich die Folge einer Versäumung der Vorlegungsfrist auf den Verlust des **scheckrechtlichen** Rückgriffsanspruchs. Der Anspruch aus dem Grundgeschäft bleibt in der Regel unberührt (wieso B diesen Anspruch nicht zumindest parallel gegen A geltend gemacht hat, lässt sich der Entscheidung des BGH nicht entnehmen).

280.

Welche Scheckformen kennen Sie?

Barscheck, Verrechnungsscheck, gekreuzter Scheck und Blankoscheck stellen die gebräuchlichsten wertpapierrechtlichen Scheckformen dar. Die Figur des Verrechnungsschecks ist im deutschen Scheckrecht zwar vorgesehen, jedoch sind die entsprechenden Normen noch nicht in Kraft (Art. 38, 39 ScheckG). Der gekreuzte Scheck wird deshalb in Deutschland wie ein Verrechnungsscheck behandelt. Die Kreuzung geschieht durch zwei gleichlaufende Striche auf der Vorderseite, wobei zwischen den Strichen das Wort Bankier oder ein gleichbedeutender Vermerk stehen kann.

281.

C vereinbart mit A, dass C dem A am Ende der Woche seine gebrauchte Waschmaschine bringt. Da beide den Wert der Waschmaschine von einem Freund schätzen lassen wollen, A den Kaufpreis aber gleich bezahlen möchte, übergibt A dem C einen Blankoscheck. Sie vereinbaren, dass C einen dem Wert der Maschine entsprechenden Kaufpreis einträgt. Abredewidrig trägt C € 1.000 statt € 700 ein. Wer trägt das Risiko der abredewidrigen Ausfüllung des Blankoschecks?

Dieses Risiko trägt A. Im Geschäftsverkehr werden häufig Blankoschecks begeben. Deshalb besteht eine widerlegliche Vermutung, dass die Begebung in Blanko mit ausdrücklicher oder konkludenter Ermächtigung des Scheckinhabers durch den Scheckaussteller erfolgte (Art. 13 ScheckG). Der Scheckaussteller kann die Vermutung gegebenenfalls jedoch widerlegen. Im Streitfall müsste A hier beweisen, dass C abredegemäß nur € 700 hätte eintragen dürfen.

282.

Wie wird aus einem Barscheck ein Verrechnungsscheck?

Nach Art. 39 SchG kann durch den quer über die Vorderseite gesetzten Vermerk „nur zur Verrechnung" oder durch einen gleichbedeutenden Vermerk untersagt werden, dass der Scheck bar ausgezahlt wird.

283.

Welcher Verrechnungsscheckvermerk ist in der Praxis üblich?

Zwei parallele Striche diagonal in der linken oberen Ecke des Schecks.

284.

Warum ist es oft sinnvoll, aus einem Barscheck einen Verrechnungsscheck zu machen?

Geht ein Barscheck verloren und wird vom Finder vorgelegt, so muss er sofort eingelöst werden. Ein Verrechnungsscheck dagegen kann nur durch Gutschrift auf ein anderes Konto eingelöst werden. Geht also ein Verrechnungsscheck verloren, so weiß man, auf wessen Konto der Betrag gutgeschrieben worden ist. Auf diese Weise sind bei Diebstahl oder Unterschlagung des Schecks, anders als bei Barauszahlungen, zumindest gezielte Nachforschungen möglich.

285.

Am 21. 1. 1988 stellte D dem Beklagten einen Scheck über DM 10.823 aus, den dieser an die Klägerin zu Zahlungszwecken übertrug. Als die Klägerin den Scheck am 24. 10. 1988 bei der bezogenen Bank vorlegte, verweigerte diese die Einlösung mit der Begründung, der Scheck sei nicht gedeckt. Auf der Vorderseite des Schecks brachte sie folgenden Vorlegungsvermerk an: „Vorgelegt am . . . und nicht bezahlt . . . ., den 28. 10. 1988, Bank e. G."

Die Klägerin nimmt nun den Beklagten auf Zahlung der Schecksumme in Anspruch. Sie bringt vor, ihr stehe gegen den Beklagten als Indossanten gem. Art. 18 Abs. 1, 40 ScheckG ein Rückgriffsanspruch zu, da der Scheck nicht eingelöst wurde. Der Beklagte wendet ein, der Vorlegungsvermerk entspreche nicht den Formerfordernissen (Art. 40, 41 ScheckG). Kann die Klägerin Zahlung verlangen?

Ja, *OLG Stuttgart* WM 1991, 1463 (WuB I D 3 8.91 [*Bethge*]). Die Klägerin kann den Beklagten als Indossanten auf Zahlung der Schecksumme in Anspruch nehmen. Der Vorlegungsvermerk ist wirksam, obwohl in der Erklärung das Datum der Vorlegung offen blieb. Zwar ergibt sich aus Art. 40 Ziff. 2 ScheckG, dass neben der Datierung des Nichteinlösungsvermerks (Art. 41 ScheckG) auch der Tag der Vorlegung bei der Bank ausdrücklich zu vermerken ist. Allein entscheidend ist jedoch, dass der Scheck innerhalb der Vorlegungsfrist des Art. 29 ScheckG vorgelegt wird. Aus Beweisgründen (insbes. Möglichkeit des Urkundenprozesses) muss dieser Umstand unmittelbar aus dem Papier selbst ersichtlich sein. Aus dem datierten Vorlegungsvermerk ergibt sich eindeutig, dass die Klägerin die Vorlegungsfrist beachtet hat. Deshalb ist es in diesem – vom BGH bisher noch nicht entschiedenen Fall – unerheblich, dass der genaue Tag der Vorlegung nicht zusätzlich ausdrücklich festgehalten wurde.

Der umgekehrte Fall wäre **anders** zu entscheiden: Vermerkt das bezogene Kreditinstitut auf dem Scheck nur den Tag der Vorlegung, nicht aber das Datum der Zahlungsverweigerung, so haftet der Indossant aufgrund von Beweisschwierigkeiten nicht. In diesem Falle ist dem Scheck nicht unmittelbar zu entnehmen, dass die Bank die Einlösung des Schecks noch vor Ablauf der Vorlegungsfrist verweigert hat. Die Voraussetzungen für die Haftung des Indossanten im Wege des Rückgriffs liegen also nicht vor.

III. Die Scheckfälschung

286.

Nach dem Wortlaut von Nr. 3 Scheckbedingungen 95 (SchB 95) haftet die Bank für die Erfüllung ihrer Verbindlichkeiten aus dem Scheckvertrag. Wer trägt das Risiko, wenn ein Scheck, den der Kunde ausgestellt hat, abhanden kommt?

Der Kunde, es sei denn, die Bank hat bei der Einlösung grob fahrlässig oder vorsätzlich gehandelt (Nr. 3 Abs. 2 SchB 95).

287.

Ihr Scheckheft wird gestohlen. – Der Dieb fälscht Ihre Unterschrift perfekt und legt den Scheck der Bank zur Einlösung vor. Die Bank zahlt, weil sie von der Echtheit des Schecks überzeugt ist. Darf sie Ihr Konto belasten?

Nein. Es fehlt an einer wirksamen Weisung des Kunden. Der abgebuchte Betrag muss dem Kundenkonto wieder gutgeschrieben werden. Die Bank trägt also das Fälschungs- und Missbrauchsrisiko. Dem entspricht Nr. 3 Abs. 1 SchB 95.

288.

Trägt die Bank das Fälschungsrisiko auch für Kaufleute?

Nein. Bei Kaufleuten, juristischen Personen des Öffentlichen Rechts oder öffentlich-rechtlichen Sondervermögen wird das Scheckrisiko von den Kunden getragen, auch wenn die Scheckvordrucke ohne Verschulden aus dem beherrschbaren Verantwortungsbereich (z. B. Geschäftsräume) abhanden kommen. Allerdings greift diese Haftung nur ein, wenn der gefälschte Scheck dem äußeren Anschein nach den Eindruck der Echtheit erweckt und keine Schecksperre vorliegt.

289.

Hat der Kunde durch ein schuldhaftes Verhalten zur Entstehung des Schadens beigetragen, so bestimmt sich nach den Grundsätzen des Mitverschuldens, in welchem Umfang Bank und Kunde den Schaden zu tragen haben (Nr. 3 Abs. 1 Satz 2 SchB 95). Welche Pflichten hat der Kunde?

– Schecks sind mit besonderer Sorgfalt aufzubewahren.
– Das Abhandenkommen ist der Bank unverzüglich mitzuteilen.
– Scheckvordrucke sind deutlich lesbar auszufüllen.
– Unbrauchbare Schecks sind sofort zu vernichten.
– Bei Beendigung des Scheckvertrages sind nicht benutzte Vordrucke unverzüglich an die Bank zurückzugeben.

290.

Umgekehrt ist die Bank zur sorgfältigen Prüfung der vorgelegten Schecks, ob eine wirksame Anweisung des Scheckausstellers vorliegt, verpflichtet. Dies ist eine unabdingbare Hauptpflicht, also haftet die Bank für jedes Verschulden (§ 276 BGB). Allerdings darf die Prüfungspflicht angesichts des Massengeschäftscharakters des Scheckgeschäftes nicht überspannt werden. Kennen Sie die Formel, die der BGH entwickelt hat?

Die Bank genügt ihrer Prüfungspflicht hinsichtlich der Echtheit der Schecks in der Regel, wenn sie sich davon überzeugt, dass der Scheck seinem äußeren Gesamtbild nach den Eindruck der Echtheit erweckt (*BGH* NJW 1969, 694).

291.

Eine Werbeagentur unterhielt bei einer Bank ein laufendes Konto, über das sie größere Geschäftsumsätze abwickelte. Als zeichnungsberechtigt für Schecks waren verschiedene Geschäftsführer benannt, u. a. auch der Prokurist Dr. G und die Buchhalterin Frau L. Sie durften beide nur gemeinsam, wie auf dem Unterschriftenblatt bei der Bank vermerkt war, Schecks zeichnen. In der Zeit von September 1961 bis Dezember 1962 löste die Bank u. a. 36 Schecks über insgesamt ca. DM 850.000 ein, die die Unterschriften „ppa. G" und „i. V. L" trugen. In drei Fällen hatte Frau L die Unterschrift des G erschlichen, bei den anderen 33 Schecks hatte sie seine Unterschrift gefälscht. Frau L ließ sich die Schecks auf ihr Konto bei einer anderen Bank gutschreiben und verwandte den Erlös für sich. Als alles herauskam, war das Geld verbraucht. Die Werbeagentur klagte deshalb gegen die Bank und machte geltend, die Fälschungen seien so plump gewesen, dass sie ein sorgfältiger und erfahrener Bankangestellter sofort hätte entdecken können. Darüber hinaus seien alle Schecks schon ihrem Inhalt nach so ungewöhnlich und die sonstigen Umstände so verdächtig gewesen, dass der Missbrauch bei gehöriger Aufmerksamkeit der Bank hätte auffallen müssen. Wirklich?

Der *BGH* NJW 1969, 694, hat eine Verantwortlichkeit der Bank verneint. Nach den zwischen den Parteien vereinbarten Scheckbedingungen trug die Werbeagentur das Risiko . . . der missbräuchlichen Verwendung und der Fälschung von Schecks. Die Bank haftete nur für **nachgewiesenes Verschulden.** Bezüglich der **gefälschten** Schecks entwickelte der BGH die oben bereits beschriebenen Grundsätze. Der Scheckverkehr sei ein auf schnelle Abwicklung zugeschnittener Massenverkehr. Deshalb genüge die Bank im Regelfall ihrer unabdingbaren Pflicht zur ordnungsgemäßen und sorgfältigen Prüfung der ihr vorgelegten Schecks, soweit es sich um deren Echtheit handele, wenn sie sich bei der Einlösung davon überzeuge, dass der Scheck **seinem äußeren Gesamtbild nach den Eindruck der Echtheit** erwecke. Es komme somit nicht darauf an, ob ein Schriftsachverständiger die Fälschung evtl. hätte entdecken können. Hinzu käme, dass die Schecks im **Verrechnungsverkehr** eingereicht worden seien. Typischerweise würden Barschecks gefälscht. Im Verrechnungsverkehr seien daher die Prüfungsanforderungen an die Bank noch etwas **geringer.** Das gelte umso mehr, weil die Bank dem Kontoinhaber **Kontoauszüge** ausstelle. Wenn er diese prüfe, müsse er feststellen, dass Geld veruntreut werde. Eine entsprechende Betriebsorganisation sei dabei grundsätzlich Sache des Kontoinhabers (§ 254 BGB).

Unterzieht man diese Begründungen einer Strukturanalyse, so schälen sich zwei Fallgruppen heraus, mit denen alle bisher problematischen Fälle erfassbar sind. Die Fallgruppe (1) beschäftigt sich mit **Zweifeln an der Echtheit** wegen des äußeren Erscheinungsbildes des Schecks. In der Fallgruppe (2) geht es um Zweifel an der **Berechtigung** der den Scheck einreichenden Person. Beide Fallgruppen können sich überschneiden und in allen Fällen kann ein **Mitverschulden** des Kunden zu berücksichtigen sein.

292.

Ein hochverschuldeter Buchhalter verfälschte insgesamt 46 Schecks, die zugunsten seines Geschäftsherrn ausgestellt waren, indem er einen selbstklebenden Adressaufkleber über das Feld klebte, das seinen Dienstherrn als Zahlungsempfänger auswies. Der Buchhalter setzte sich selbst per Stempelaufdruck als Empfänger ein und gab den Scheck zum Inkasso bei der Kreissparkasse K, bei der er ein Girokonto unterhielt. Die Schecks wurden eingezogen und zugunsten des Kontos des Buchhalters verbucht. Dieser verwandte das Geld, um seine hohen Schulden zu begleichen. Der Geschäftsherr des Buchhalters verlangte von der einziehenden Kreissparkasse Schadensersatz. Zu Recht?

Ja, *BGH* ZIP 1988, 156. Er ist davon ausgegangen, dass die Kreissparkasse aus Verletzung des Eigentümer/Besitzer-Verhältnisses (§§ 990, 989 BGB i. V. m. Art. 21 ScheckG) haftet. Es sei der K nämlich infolge **grober Fahrlässigkeit** unbekannt geblieben, dass sie zum Besitz der Schecks nicht berechtigt war, dass sie sie also hätte herausgeben müssen. Der Rechtsbegriff der groben Fahrlässigkeit erfordere, dass die im Verkehr erforderliche Sorgfalt in ungewöhnlich hohem Maße verletzt worden sei (*BGH* WM 1974, 1000). Im Rahmen eines Auftrags zum Inkasso eines Inhaberverrechnungsschecks begründe der bloße Besitz am Scheck eine widerlegliche Vermutung dafür, dass der Scheckinhaber auch materiell berechtigt sei. Die Bank treffe daher grundsätzlich keine Verpflichtung, die materielle Berechtigung des Scheckinhabers zu überprüfen. Eine solche Prüfungspflicht ergebe sich erst dann, wenn besondere Umstände den Verdacht nahe legten, der Scheck könne seinem Eigentümer abhanden und vom Einreicher auf unredliche Weise erlangt worden sein. Derartige besondere Verdachtsgründe können sich einmal aus der Person des Scheckeinreichers, zum anderen aber auch aus der Scheckurkunde selbst, insbesondere ihrem äußeren Erscheinungsbild, ergeben. Bringe ein Scheckeinreicher, wie hier, auf dem Scheck in dem Feld, das für die Einsetzung von Namen und Anschrift des Zahlungsempfängers vorgesehen ist, einen mit seinem Namen und seiner Anschrift versehenen **Adressaufkleber** an, so begründet dieser Umstand grundsätzlich erhebliche Verdachtsmomente gegen seine materielle Berechtigung.

293.

Bei einem Krankenhausarzt war während seines Bereitschaftsdienstes von Freitag morgen bis Montag früh eingebrochen worden. Der Dieb hatte aus einem verschlossenen Schrank Schecks entwendet, die Unterschrift gefälscht und € 7.300 in bar bei der Hauptstelle der Bank abgehoben. Dabei unterschied sich die Schreibweise des handschriftlichen Schecktextes deutlich von der Unterschrift, das Wort 7.300 enthielt zudem zwei Schreibfehler. Die Auszahlung erfolgte, ohne bei der **kontoführenden** Zweigstelle zurückgefragt zu haben. Der Arzt meinte, ohne eine solche Rückfrage der Hauptstelle bei der Zweigstelle, hätte eine Barauszahlung nicht erfolgen dürfen. Wirklich?

Der BGH stimmte zu (*BGH* BGHZ 91, 229) und bejahte einen Anspruch gegen die Bank in voller Höhe, und zwar nicht wegen der Schreibabweichungen (es dürfen auch Blankoschecks ausgestellt werden), aber weil man die **kontoführende Zweigstelle** nicht konsultiert hatte. Denn die Echtheit der Schecks könne grundsätzlich nur durch einen **Vergleich** mit der bei der Bank **hinterlegten Unterschrift** durchgeführt werden, und das sei nicht möglich, wenn die Hauptstelle die Unterschriftblätter gar nicht habe. Hinzu komme, dass die kontoführende Stelle die Gewohnheiten des Kunden oft besser kenne und deshalb leichter misstrauisch werde.

Bevor eine Hauptstelle auszahlt, muss sie also bei der kontoführenden Zweigstelle nachfragen und einen Vergleich mit der dort hinterlegten Unterschrift durchführen (bestätigt von BGHZ 135, 202).

294.

Ein Zahnarzt führte seit 1950 sein Girokonto bei der Zweigstelle einer Bank. Bei dieser Zweigstelle reichte ein Unbekannter am 7. 1. 1982 einen am 2. 1. 1982 ausgestellten, auf das Konto des Zahnarztes gezogenen Inhaber-Barscheck über DM 28.000 zur sofortigen Auszahlung ein. Auf dem Konto war damals ein Guthaben von DM 51.000. Die Bank prüfte die Scheckunterschrift auf ihre Übereinstimmung mit der Unterschrift des Zahnarztes auf dem Kontoeröffnungsblatt und den Kontostand. Danach zeichnete der Filialleiter den Scheck ab und gab ihn zur Auszahlung frei. Das Scheckformular war dem Zahnarzt (wahrscheinlich im Golfclub) gestohlen worden. Er bemerkte den Diebstahl erst nach Zugang des Kontoauszuges mit der Belastung des Scheckbetrages. Der Zahnarzt meinte, die Bank hätte sich wegen der völlig aus dem Rahmen fallenden Höhe der Schecksumme fernmündlich bei ihm nach der Ordnungsmäßigkeit des Schecks erkundigen müssen. Dem widersprach die Bank unter Hinweis darauf, dass es sich um einen Inhaberscheck gehandelt habe. Außerdem seien in den Jahren 1980-81 zumindest drei höhere Schecks, nämlich über DM 5.800, DM 8.000 und DM 15.000 ausgestellt worden. Unter diesen Umständen hätte es keinen Anlass gegeben, an der Person des Scheckeinreichers zu zweifeln. Wirklich?

Der *BGH* ZIP 1986, 156, hat dem widersprochen und die Bank unter Berücksichtigung eines 50%igen Mitverschuldens des Zahnarztes zum Schadensersatz verurteilt. Zwar habe der Scheck seinem äußeren Gesamtbild nach den Eindruck der Echtheit erweckt. Die Pflichtverletzung liege jedoch darin, dass die Bediensteten der Bank keinen Verdacht geschöpft hätten, obwohl die Schecksumme in ungewöhnlichem Maße den Rahmen überschritt, in dem der Zahnarzt bislang Barschecks ausgestellt hatte. Bei den drei über höhere Beträge lautenden Schecks aus den Jahren 1980-81 habe es sich erkennbar um Ausnahmen gehandelt. Zwar brauche eine (absolut) hohe Schecksumme nicht ohne weiteres Verdacht zu erregen. In der Rechtsprechung sei jedoch anerkannt, dass die Frage, ob der gefälschte Scheck im **Geschäftsverkehr der Parteien** eine ungewöhnliche Höhe hatte, für die Beurteilung des Verschuldens der einlösenden Bank von Bedeutung sei. Dies sei deshalb berechtigt, weil bei einem solchen Sachverhalt der Verdacht näher liege, es handele sich um eine missbräuchliche Verwendung des Schecks, als die Annahme, der Kontoinhaber habe entgegen seiner sonstigen Gewohnheit ausnahmsweise einen Barscheck über eine ungewöhnlich hohe Summe ausgestellt. Eine Bank, die – wie hier – die Umstände kenne, aus denen sich ergebe, dass ein Barscheck über eine hohe Summe in außergewöhnlichem Maße die im sonstigen Scheckverkehr mit dem Kunden üblichen Summen übersteige, müsse in Erwägung ziehen, dass der Scheck missbraucht werde. Daraus folge, dass sie alsdann verpflichtet sei, sich, soweit dies mit den Anforderungen des Scheckverkehrs als Massenverkehr vereinbar sei, Klarheit zu verschaffen. . . . Nach alledem sei es nicht zu beanstanden, . . . die Bank für verpflichtet zu halten, vor Einlösung des Schecks durch einen **Anruf** beim Zahnarzt zu klären, ob er den Scheck ausgestellt habe.

295.

Was ist ein disparischer Scheck?

Schecknehmer und Einreicher des Schecks fallen auseinander (Disparität).

296.

Muss eine Bank misstrauisch werden, wenn Schecknehmer und Einreicher des Schecks auseinanderfallen?

Ja. Das hat der BGH in Abkehr von seiner früheren Rechtsprechung erstmals im Jahre 1995 entschieden (*BGH* NJW 1996, 1996, 657).

297.

Wenn ein Inhaberverrechnungsscheck des Arbeitgebers, der an einen Dritten adressiert war, plötzlich durch einen Arbeitnehmer zur Einziehung über sein privates Girokonto vorgelegt wird, so ist das ein ganz ungewöhnlicher Verdacht erregender Vorgang (BGHZ 135, 202). Gibt es noch weitere Beispiele?

Auch bei angestellten Handelsvertretern ist die Einziehung solcher Schecks über ein privates Girokonto ein ungewöhnlicher Vorgang. Besondere Verdachtsmomente sind auch dann gegeben, wenn der disparische Inhaberverrechnungsscheck erst Monate nach Ablauf der Vorlegungsfrist in Zahlung gegeben wird und der Erwerber als ehemaliger Arbeitgeber des Veräußerers dessen schlechte wirtschaftliche Verhältnisse kennt (*OLG Saarbrücken* WM 1997, 1327).

IV. Die Schecksperre

298.

Was ist eine Schecksperre?

Schecksperre ist rechtlich ein Widerruf des Schecks i. S. v. Art. 32 ScheckG. Danach ist ein Widerruf erst nach Ablauf der Vorlegungsfrist, also im Inland acht Tage nach Ausstellungsdatum (Art. 29 Abs. 1 ScheckG) zulässig. Der Scheckvertrag verpflichtet die Bank zur Beachtung einer wirksam erklärten Schecksperre.

299.

K gibt dem A einen Scheck. Am nächsten Tag spricht er einen Widerruf aus. Muss die Bank an A zahlen?

(1) Einen Anspruch aus dem Scheck gegen die Bank direkt hat A nicht, weil der Scheck nicht angenommen werden kann (Art. 4 ScheckG). Es fehlt eine dem Art. 28 WG vergleichbare Norm im Scheckrecht.
(2) Ein Widerruf des Schecks (Sperre i. S. d. Art. 32 Abs. 1 ScheckG) ist erst nach Ablauf der Vorlegungsfrist (Art. 29 ScheckG: im Inland acht Tage; im europäischen Ausland 20 Tage) wirksam. Ein solcher Widerruf beseitigt die Ermächtigung der Bank aus dem Guthaben des Kunden an den Inhaber des Schecks zu zahlen. Da die Bank aber selbst nicht verpflichtet ist, aus dem Scheck zu zahlen, kann sie sich verpflichten, einen Scheckwiderruf (Sperre) auch schon vor Ablauf der Einlösungsfrist zu beachten. Eine solche Vereinbarung wird auch konkludent regelmäßig anzunehmen sein, sodass die Bank im vorliegenden Fall nicht verpflichtet ist zu zahlen.

300.

Trotz Widerruf des Schecks legt der Scheckinhaber der bezogenen Bank den Scheck zur Einlösung vor. Ist die Bank aus dem Scheck selbst zur Zahlung verpflichtet?

Nein. Aus dem Verbot der Scheckannahme gem. Art. 4 ScheckG ergibt sich, dass der Scheckinhaber keinen spezifisch wertpapierrechtlichen Anspruch gegen das bezogene Kreditinstitut geltend machen kann. Eine Haftung der Bank als möglicher Indossant ist ebenfalls ausgeschlossen, da ein Indossament der Bank gem. Art. 15 Abs. 3 ScheckG nichtig wäre. Nach allgemeiner Ansicht kann C auch keinen Anspruch aus dem Rechtsverhältnis Scheckaussteller A – bezogene Bank ableiten. Der Scheckvertrag ist kein Vertrag zugunsten Dritter. Ebensowenig steht C der Guthabensanspruch des Scheckausstellers A gegen die bezogene Bank aus abgetretenem Recht zu.

V. Der Bereicherungsausgleich

301.

Die Zahlung durch einen Scheck entspricht einer Leistung kraft Anweisung. Der Scheckaussteller weist die bezogene Bank an, von seinem Konto an den Inhaber des Schecks zu zahlen. Aus diesem Grunde gelten für den Bereicherungsausgleich dieselben Grundsätze wie bei Fehlüberweisungen (BGHZ 89, 381). Von welchen Grundsätzen ist die Rede?

Vom Grundsatz, dass sich in den Fällen der Leistung kraft Anweisung der Bereicherungsausgleich **innerhalb des jeweiligen Leistungsverhältnisses vollzieht** (so seit BGHZ 40, 272, 277; *BGH* JZ 1987, 199 mit Anm. Canaris). Das ist richtig, weil auf diese Weise Einwendungen und Aufrechnungsmöglichkeiten innerhalb der jeweiligen Leistungsbeziehung erhalten bleiben.

302.

In konsequenter Anwendung dieser Grundsätze bedeutet das, dass bei mangelhaftem Deckungsverhältnis (Scheckvertrag ist z. B. wegen Geisteskrankheit des Kunden nichtig) der Bereicherungsausgleich zwischen dem Scheckaussteller und seiner Bank stattfindet. Ist dagegen das Valutaverhältnis nichtig, z. B. der Kaufvertrag, der mit dem Scheck erfüllt werden sollte, so findet der Rücktausch im Verhältnis Scheckaussteller zu Scheckinhaber statt. Wie ist zu entscheiden, wenn die Anweisung selbst mangelhaft ist?

Wie bei der Anweisung auch, sind diese Fälle am schwierigsten zu lösen. Es geht darum, dass z. B. ein Scheck versehentlich einem falschen Konto gutgeschrieben oder ein zu hoher Betrag ausgezahlt wird. Im Grundsatz gilt hier, dass die Bank einen **eigenen** Bereicherungsanspruch **unmittelbar** gegen den **Scheckinhaber (Geldempfänger)** hat. Denn in diesen Fällen fehlt es aus der Sicht des Anweisenden (Scheckaussteller) an einer Leistung an den Scheckinhaber. Aber auch die den Scheck einlösende Bank selbst leistet nicht an den Empfänger, weil sie glaubt, bloße Zahlstelle zu sein. Sie bereichert den Empfänger des Geldes aber in sonstiger Weise (Eingriffskondiktion), weil sie ihm aus ihrem Vermögen etwas zuwendet, was ihm nicht zusteht.

303.

Besonders problematisch sind die Fälle, in denen der Scheck zwar rechtzeitig widerrufen (Schecksperre), aber versehentlich doch ausgeführt wurde. Denn dann geht die Einlösung letztlich auf eine **ursprünglich wirksame** Anweisung und damit auf einen Leistungs**willen** des Kunden zurück. So hat der BGH in einem Grundsatzurteil (*BGH* BGHZ 61, 289), in dem eine Anweisung (Scheck) zunächst wirksam erteilt, dann aber noch vor Gutschrift ohne Kenntnis des Empfängers widerrufen worden war, entschieden, dass die Bank, die den Scheck gleichwohl einlöste, keinen unmittelbaren Bereicherungsanspruch gegen den Scheckinhaber hat, sondern einen solchen Anspruch bei ihrem Kunden suchen muss. Können Sie diese Entscheidung begründen?

Der Grund für diese Rechtsprechung liegt darin, dass der Empfänger der Leistung daran glauben darf, dass diese vom Scheckaussteller selbst veranlasst ist. Das heißt, der Empfänger will vom Scheckaussteller und nicht von dessen Bank das Geld empfangen; aus seiner Sicht liegt eine Leistung vor.

304.

Bei ursprünglich wirksamer Anweisung glaubt der Empfänger des Geldes, eine Leistung vom Scheckaussteller zu empfangen. Deshalb findet die bereicherungsrechtliche Rückabwicklung im Verhältnis zwischen Scheckaussteller und Schecknehmer statt. Wissen Sie, in welchen Fällen hiervon eine Ausnahme gemacht wird?

Eine Ausnahme wird in den Fällen gemacht, in denen der Empfänger (ausnahmsweise) weiß, dass der Scheck widerrufen oder sonst unwirksam ist. In diesen Fällen stellt sich die Zahlung der Bank auch aus seiner Sicht gerade nicht als Leistung des Scheckausstellers dar, sodass der bereicherungsrechtliche Rücktausch nun direkt zwischen der Überweisungsbank und dem Empfänger des Geldes stattzufinden hat.

305.

Am 6. 2. 1982 stellte A in Spanien (Marbella) einen Scheck aus und übergab diesen dem B. Der Scheck lautete über einen Betrag von 6.500, was auch in Buchstaben in spanisch auf dem Scheck wiederholt wurde, ohne allerdings die Währung anzugeben. B reiste mit dem Scheck nach Deutschland und bat seine Bank, ihn einzuziehen. Die Bank ging davon aus, es handele sich um einen DM-Scheck. Auch die bezogene Bank in Marbella teilte diese Auffassung und belastete das Konto ihres Kunden A im Gegenwert von DM 6.500. Als A davon erfuhr, wies er darauf hin, dass es sich um einen Peseten-Scheck gehandelt habe. Die Bank in Marbella, die das akzeptieren musste, schrieb deshalb DM 6.350 dem Konto des A wieder gut. Sie, die Bank, klagt nun direkt gegen B in Deutschland auf Rückzahlung dieses Betrages. B meint, die spanische Bank dürfe ihn nicht unmittelbar in Anspruch nehmen, weil zwischen ihm und A eine Leistungsbeziehung bestanden habe. Wirklich?

Das *OLG Köln* WM 1984, 728, ist der Auffassung des B nicht gefolgt und hat ihn verurteilt, DM 6.350 an die Bank in Marbella zu zahlen. Diese Bank habe ihn nämlich in dieser Höhe ohne Rechtsgrund in sonstiger Weise (Eingriffskondiktion: § 812 Abs. 1 S. 1 Alt. 2 BGB) bereichert. Der vorgelegte Scheck sei unwirksam gewesen, weil eine Währungsangabe gefehlt habe. Bei fehlenden Währungsangaben sei ein Scheck sowohl nach spanischem als auch nach deutschem Recht unwirksam.

Auf das spanische Recht komme es hier an, weil Art. 62 Abs. 1 S. 1 ScheckG an das Recht des Ausstellungsortes (Spanien) anknüpfe. Und nach Art. 535 Código de Comercio sei die Angabe der Währung auf dem Scheck erforderlich. Nach spanischem Recht sei somit ein ohne Währungsangabe ausgestellter Scheck ungültig. Das gelte aber auch für Deutschland, wo der Scheck vorgelegt wurde (Art. 62 Abs. 1 S. 2 und Abs. 3 ScheckG). Zwar verweise Art. 1 Nr. 2 ScheckG nicht ausdrücklich auf die Währungsangabe, jedoch entspreche es ganz allgemeiner Meinung, dass das Wort Geld begrifflich eine **bestimmte Geldwährung** voraussetze. Aus diesen Gründen habe, und zwar von Anfang an, kein wirksamer Scheck vorgelegen. Dieser Fall entspreche den Fällen, in denen eine Anweisung von Anfang an nichtig sei. Es fehle dann an einer zweckgerichteten Leistung seitens des Anweisenden überhaupt. Deshalb sei anerkannt, dass hier ausnahmsweise der Bereicherungsausgleich im Wege der Eingriffskondiktion direkt zwischen der auszahlenden Bank und dem Bereicherten (hier B) stattfinden dürfe.

306.

Am 11. 7. 1988 reichte ein in der Ausbildung befindlicher 19-jähriger Dachdecker bei seiner Bank einen Verrechnungsscheck über DM 64.000 ein. Diesen Scheck hatte er von einem T. M. erhalten, einem einschlägig vorbestraften Scheckbetrüger, was ihm aber unbekannt war. Am 14. 7. 1988 hob der Auszubildende bei einer anderen Zweigstelle seiner Bank nach Vorlage des Personalausweises einen Betrag in Höhe von DM 50.000 ab und übergab dieses Geld dem T. M. Dieser hatte dem jungen Mann glaubhaft gemacht, die DM 64.000 auf dessen Konto einzahlen zu dürfen, um diesen Betrag dem Zugriff des Finanzamtes zu entziehen. Der Scheck wurde wegen fehlender Deckung nicht eingelöst; die Bank nahm am 18. 7. 1988 auf dem Konto des Auszubildenden eine Scheckrückrechnung in Höhe von DM 50.000 vor. Zu Recht?

Dieser Anspruch, so entschied das *OLG Bremen* WM 1991, 1252, stand der Bank nicht zu. Zwar sei der Bank zuzugeben, dass nach h. M. der Kunde sofort über das Guthaben aus **vorläufig** gutgeschriebenen Schecks verfügen könne und dass er im Regelfall insoweit einen Kredit in Anspruch nehme, aus dem die den Einzug des Scheck betreibende Bank gegen den Scheckeinreicher dann einen Rückzahlungsanspruch aus Darlehen habe, wenn die bezogene Bank (wie hier) den Scheck wegen fehlender Deckung nicht einlöse. Diese im Interesse des Bankverkehrs aufgestellte Konstruktion setze den Willen der Parteien voraus, für den Fall der Nichteinlösung des Schecks einen Darlehensvertrag schließen zu wollen. Ein solcher Wille wurde hier vom OLG verneint, vielmehr seien die Parteien bei der Auszahlung des Betrages irrtümlich davon ausgegangen, dass der Scheck bereits eingelöst sei. Der Auszahlung habe somit kein Rechtsgrund zugrunde gelegen, sodass der Auszubildende an sich das empfangene Geld gem. § 818 Abs. 2 BGB hätte zurückgeben müssen. Er hatte es aber, infolge der Weitergabe an T. M. nicht mehr, d. h. er war in der Tat ausnahmsweise entreichert i. S. v. § 818 Abs. 3 BGB.

Die Entscheidung ist im Ergebnis richtig; die dogmatische Begründung überzeugt nicht ganz. Der Darlehensvertrag scheiterte nicht, um das OLG präzise zu zitieren, am „bedingten Vorsatz", einen solchen Vertrag schließen zu wollen. Vielmehr lag ein versteckter Dissens i. S. v. § 155 BGB vor.

VI. Scheckeinlösungszusage – Scheckbestätigung – Scheckeinlösungsbestätigung

307.

Was ist der Unterschied zwischen einer Scheckbestätigung und einer Scheckeinlösungszusage?

Die im Bankverkehr übliche Scheckbestätigung wird auf die Anfrage erteilt, ob der Scheck gedeckt ist oder in Ordnung geht, und bedeutet nur, dass der Scheck eingelöst werden würde, wenn er zur Zeit der Auskunft vorläge (RGZ 112, 317). Bestätigt dagegen die Bank, dass sie einen Scheck einlösen **werde,** so verspricht sie, dass sie den Scheck **bei Vorlage** bezahlen will. Da eine Bank dies nur verlässlich bestätigen kann, wenn sie sich im Zweifel selbst zur Zahlung verpflichtet, liegt hierin eine Scheckeinlösungszusage (Garantie der Bank, vgl. BGHZ 77, 50).

308.

Die Deutsche Bundesbank bestätigt einen ihr vorgelegten Scheck. Ist sie deshalb auch zur Einlösung verpflichtet?

Ja. § 23 Abs. 3 Bundesbankgesetz bestimmt, dass sich die Bundesbank, anders als sonstige Kreditinstitute, durch bloße Scheckbestätigung zur Einlösung des Schecks innerhalb von 8 Tagen während der Geschäftsstunden verpflichtet. Ein von der Bundesbank bestätigter Scheck wird also mit Sicherheit eingelöst. Er kann insoweit Banknoten ersetzen.

309.

Am 12. 9. 1986 erbat eine Textilhandelsgesellschaft wegen eines Verrechnungsschecks über ca. DM 80.000 sinngemäß von der bezogenen Bank die Auskunft, ob der Scheck eingelöst werde. Der Filialleiter wies darauf hin, dass Scheckanfragen lediglich anderen Banken gegenüber beantwortet würden. Daraufhin fragte die Hausbank in gleicher Weise an. Die bezogene Bank erklärte, „dass der Scheck eingelöst werde." Tatsächlich löste sie den Scheck aber nicht ein, nachdem sie erfuhr, dass über das Vermögen des Ausstellers Konkurs eröffnet worden war. Die Textilhandelsgesellschaft meinte, die bezogene Bank müsse aus der gegebenen Scheckgarantie zahlen. Die Bank stellte sich auf den Standpunkt, nur eine „normale Scheckbestätigung" abgegeben zu haben. Sie habe weder erklärt, dass der Scheck „auf jeden Fall" eingelöst werde, noch dass der Scheck eingelöst sei. Stimmen Sie dem zu?

Der XI. Senat hat ein Urteil des II. Senats des BGH aus dem Jahre 1980 (*BGH* BGHZ 77, 50) erheblich relativiert, WM 1990, 494. Die auf Anfrage des Scheckinhabers erteilte Antwort der bezogenen Bank, sie werde den Scheck einlösen, bedeute nicht ohne weiteres die Verpflichtung, unter allen Umständen für die Zahlung des Schecks einstehen zu wollen. Sie begründe vielmehr nur da eine selbstständige Garantiehaftung, wo eine solche – für die Bank erkennbar – vom Anfragenden auch gewollt war. Es sei Sache des Anfragenden, der bezogenen Bank zu sagen, ob nur die übliche Scheckbestätigung oder aber eine echte Scheckeinlösungszusage (Garantie) verlangt werde. Dabei sei nicht zuletzt wegen der mit einer Scheckgarantie für die Bank verbundenen Risiken hinsichtlich der Anfrage eine **eindeutige und unmissverständliche** Erklärung zu fordern. Etwas anderes ergebe sich auch – trotz des weiter gefassten Leitsatzes – nicht aus dem Urteil BGHZ 77, 50. Denn der II. Senat habe die Entscheidung v. a. auch auf die Erwägung gestützt, nach den Gesamtumständen sei „eindeutig" gewesen, dass in der Anfrage der Klägerin die Bitte um Übernahme einer Einlösungsgarantie gelegen habe (a. a. O., S. 52). An diesen Voraussetzungen fehle es hier, sodass eine garantiemäßige Haftung der bezogenen Bank nicht in Betracht komme.

310.

Liegt keine Garantie, sondern nur eine schlichte Scheckbestätigung vor, so steht die Bank nicht für die Einlösung des Schecks ein. Das soll anders sein, wenn es sich nicht um eine Scheckbestätigung, sondern um eine Scheckeinlösungsbestätigung handelt, d. h. die Erklärung, dass ein vorgelegter Scheck eingelöst sei. Darin liege regelmäßig eine Garantiezusage, d. h. eine Bank, die eine solche Erklärung abgäbe, sei grundsätzlich verpflichtet, den Scheckbetrag zu bezahlen (*BGH* BB 1959, 94). Die neuere Literatur hält diesen Ansatz dogmatisch für falsch, wissen Sie, warum?

Es wird darauf verwiesen, dass es sich bei einer solchen Auskunft nur um eine schlichte **Tatsachenmitteilung** handele und deshalb kein Garantievertrag zustande komme. Statt dessen hafte die Bank aber wegen Erteilung einer falschen Auskunft, sofern der Anfragende einen Schaden erlitten hat. Als Anspruchsgrundlage kommt ein Auskunftsvertrag oder c. i. c. des auf Scheckeinlösung gerichteten Rechtsgeschäftes in Betracht.

VII. Das Scheckinkasso

311.

Was versteht man unter einem Scheckinkasso?

Die Einziehung des Schecks durch eine damit betraute Bank.

312.

Sie haben bei Ihrer Bank ein Girokonto und wollen, dass ein Scheck eingezogen wird. Müssen Sie einen neuen Inkassovertrag schließen?

Nein, die Inkassoabrede ist dem Girovertrag immanent.

313.

Sie haben überhaupt kein Girokonto, bekommen aber einen Scheck geschenkt; was nun?

Sinnvollerweise schließen Sie nun mit irgendeiner Bank einen selbstständigen Inkassovertrag (§§ 675, 611 BGB) mit dem Inhalt, den Scheck zu Ihren Gunsten einzuziehen, ab. Man zahlt Ihnen dann den Gegenwert des Schecks im Zweifel bar aus.

314.

Welche Hauptpflicht hat die Bank bei Durchführung des Inkassogeschäfts?

Sie muss den Scheck auf dem **schnellsten und sichersten Wege** der bezogenen Bank zur Einziehung vorlegen (BGHZ 22, 304). Dabei umfasst der Inkassoauftrag nicht nur die Einziehung des Schecks, sondern auch die Geltendmachung des Rückgriffsanspruchs gegen den Aussteller, solange die Inkassobank im Besitz des Schecks ist (*BGH* WM 1977, 1120).

315.

Nach Ablauf der Vorlegungsfristen hat der Scheckaussteller A den Scheck gegenüber der bezogenen A-Bank widerrufen. Der Scheckinhaber C hat keine Kenntnis vom Widerruf und legt den Scheck seiner B-Bank zum Einzug vor. Schreibt die B-Bank den Scheckbetrag auf dem Konto des C ohne weiteres gut?

Jein. Zwar schreibt die Bank C den Betrag sofort gut, jedoch unter dem Vorbehalt, dass die A-Bank als bezogene Bank den Scheck auch tatsächlich einlöst (BGHZ 135, 307). Der Scheck ist eingelöst, wenn die A-Bank das Konto des A entsprechend belastet. Hier wird die A-Bank den Widerruf des Schecks durch A beachten und sein Konto nicht belasten. Die B-Bank verliert also die vorläufige Gutschrift, d. h. sie belastet den Betrag, den sie C gutgeschrieben hat, mit einer Rückrechnung.

316.

Im vorstehenden Fall hat C den gutgeschriebenen Betrag sofort von seinem Konto abgehoben. Die B-Bank storniert die Gutschrift, da die A-Bank den Scheck nicht einlöst. Kann die B-Bank den abgehobenen Geldbetrag vom Kunden zurückfordern?

Indem der Kunde den vorläufig gutgeschriebenen Geldbetrag sofort abhebt und darüber verfügt, nimmt er bei der Bank einen Kredit in Anspruch. Die Bank hat somit einen Rückzahlungsanspruch gegenüber dem Kunden. Fraglich ist die Rechtsnatur dieses Anspruchs: Nach einer Meinung handelt es sich um einen Anspruch aus Darlehen, § 488 BGB, wobei Überziehungszinsen vom Tag der Wertstellung an berechnet werden können. Nach anderer Ansicht hat die Bank einen Erstattungsanspruch gem. §§ 675, 670 BGB.

317.

Welche Pflichten obliegen der Einzugsbank und dem bezogenen Kreditinstitut bei Nichteinlösung des Schecks? Wo sind diese Pflichten geregelt?

Diese Pflichten sind im Scheckabkommen, Bankbedingungen Nr. 11 geregelt. Danach ist die bezogene Bank insbesondere zur Rückleitung des Schecks an die erste Inkassostelle spätestens an dem auf den Eingangstag folgenden Geschäftstag verpflichtet. Dabei hat sie den Vermerk „vorgelegt am . . . und nicht bezahlt" anzubringen. Dieser Vermerk ist zu datieren. Die erste Inkassostelle ist ihrerseits zur Rücknahme des bei ihr vorgelegten Schecks verpflichtet.

J. Das Darlehen

I. Kredit- und Darlehensbegriff

318.

Der Begriff Kredit (lat. credere) ist vielschichtig. Im anglo-amerikanischen Sprachraum meint man mit credit das Vertrauen in die Bonität des Schuldners. In Deutschland verbindet der allgemeine Sprachgebrauch mit dem Wort Kredit meist das von der Bank gewährte Darlehen in Geld. Ist eine solche auf § 488 BGB zugeschnittene (enge) Sicht des Kreditbegriffs hinreichend?

Nein. Der Kreditbegriff im Rechtssinne ist viel weiter. Aufsichtsrechtlich (§ 19 Abs. 1 KWG) sind Geldforderungen, Bürgschaften oder Garantien eines Kreditinstitutes, Besitz des Kreditinstitutes an Aktien oder Leasingverträge als Kredit definiert. Auch bürgerlichrechtlich umfasst der Begriff Kredit sehr viel mehr als das Darlehen. Auch die Stundung eines Kaufpreises, sog. Lieferantenkredit, gehört hierher. Es besteht Einigkeit darüber, dass der Begriff Kredit weder ökonomisch noch rechtlich hinreichend präzise ist. Er steht vielmehr als Terminus für ein Phänomen, das man „Vorleistung gegen Entgelt" nennen könnte.

319.

Durch den Darlehensvertrag wird der Darlehensgeber verpflichtet, dem Darlehensnehmer einen Geldbetrag in der vereinbarten Höhe zur Verfügung zu stellen (§ 488 Abs. 1 Satz 1 BGB). Welche Pflicht hat der Darlehensnehmer?

Er ist verpflichtet, einen geschuldeten Zins zu zahlen und bei Fälligkeit das zur Verfügung gestellte Darlehen zurückzuerstatten.

320.

In § 488 BGB wird das Gelddarlehen geregelt – wo das Sachdarlehen?

In § 607 BGB.

321.

Der Wortlaut von § 488 BGB stellt klar, dass der Darlehensvertrag schon durch den Austausch zweier aufeinander bezogener Zinserklärungen begründet wird. Welche Darlehenstheorie hat sich damit durchgesetzt?

Die Konsensualvertragstheorie gegenüber der alten römisch-rechtlichen Realvertragstheorie. Nach letzterer kam der Darlehensvertrag erst durch die reale Übergabe des Geldes zustande.

322.

Nach § 488 Abs. 2 BGB sind die vereinbarten Zinsen nach dem Ablauf je eines Jahres und, wenn das Darlehen vor Ablauf eines Jahres zurückzuerstatten ist, bei Rückerstattung zu entrichten. Heißt das, dass man ein zinsloses Darlehen nicht gewähren kann?

Nein. Es heißt ausdrücklich in § 488 Abs. 2 BGB: *„Soweit nicht ein anderes bestimmt ist."*

323.

Wann muss ein Darlehen zurückerstattet werden?

Entweder nach der vereinbarten Laufzeit oder – falls eine Laufzeit nicht vereinbart ist – nach Kündigung durch Darlehensgeber oder Darlehensnehmer (§ 488 Abs. 3 BGB).

324.

Kann der Darlehensnehmer ein verzinsliches Darlehen vorzeitig zurückzahlen?

Nein, das ergibt sich aus § 488 Abs. 3 S. 3 BGB. Auf diese Weise wird der Anspruch der Bank auf die vertraglich vereinbarten Zinsen gesichert. In bestimmten Ausnahmefällen (§ 490 Abs. 2 BGB) ist eine vorzeitige Kündigung möglich – allerdings müssen dann Vorfälligkeitszinsen entrichtet werden.

II. Der Krediteröffnungsvertrag (KEV)

325.

Wo finden Sie den KEV im Gesetz geregelt?

Überhaupt nicht, der KEV ist Produkt der Bankpraxis, eine gesetzliche Regelung gibt es nicht.

326.

Trotzdem kann man sagen, dass der KEV als Vertragstyp heute durchgesetzt ist. Können Sie ihn definieren?

Der KEV ist ein **Rahmenvertrag,** durch den sich der Kreditgeber zur Kreditgewährung bis zu einer bestimmten Höhe (Kreditrahmen) nach Abruf verpflichtet.

327.

Der KEV ist ein gegenseitiger Schuldvertrag, auf den die allgemeinen Regeln des Bürgerlichen Rechts Anwendung finden. Bankrechtliche Besonderheiten sind nicht erkennbar. Gelten irgendwelche Formvorschriften?

Jein. Zwar gibt es keine den KEV betreffenden spezifischen Formvorschriften, sodass er auch durch schlüssiges Verhalten zustande kommen kann. Soweit allerdings der KEV ein Verbraucherdarlehen unterfällt, ist Schriftform geboten (§ 492 BGB). In der Bankpraxis sind allerdings Krediteröffnungs**formulare** gebräuchlich, die über die Kreditlinie, die Vertragsdauer, die Höhe der Bereitstellungszinsen und eine etwaige Nichtabnahmeentschädigung genaue Angaben enthalten.

328.

Der Kreditauftrag ist in § 778 BGB geregelt. Es handelt sich um ein Auftragsverhältnis (§§ 662 ff. BGB) mit dem Inhalt, dass jemand einen anderen beauftragt, im eigenen Namen und auf eigene Rechnung einem Dritten Kredit zu gewähren. Worin unterscheidet sich der Kreditauftrag vom KEV?

Inhaltlich wirkt der Kreditauftrag wie eine Bürgschaft; der Auftraggeber haftet dem Beauftragten wie ein Bürge. Eine vergleichbare Funktion hat der KEV nicht. Formal setzt der Kreditauftrag die Beteiligung von **drei Personen** voraus, den Auftraggeber, den Beauftragten und den (begünstigten) Dritten. Demgegenüber gibt es beim KEV nur zwei Personen, die Bank und den Kunden.

329.

Seit wann etwa ist der KEV in dieser Form anerkannt?

Das Reichsgericht ging bereits im Jahre 1927 von einem gefestigten Begriff des KEV aus. Es formulierte in einem Fall, in dem es um die Haftung eines Gesellschafters vor Eintragung der Aktiengesellschaft ging: „Die beiden Vorstandsmitglieder der Aktiengesellschaft schlossen mit der Klägerin einen auf längere Dauer berechneten Krediteröffnungsvertrag ab. Über den Kredit sollte allmählich durch Ziehung von Schecks auf die Klägerin verfügt werden. Ein derartiger Geschäftsverkehr zwischen einem kaufmännischen Unternehmen und einer Bank vollzieht sich auch ohne besondere Vereinbarung regelmäßig in den Formen des Kontokorrents" (RGZ 116, 71, 75). An diese Rechtsprechung hat der BGH angeknüpft und den Krediteröffnungsvertrag als banktypisches Dauerschuldverhältnis eingeordnet (*BGH* BGHZ 83, 76 „Arztpraxis").

330.

Es hat eine Reihe von Versuchen gegeben, den KEV mit anderen Bankvertragsformen, insbesondere mit dem Darlehen, in Verbindung zu bringen. Diese Versuche gelten heute zu Recht als überwunden. Können Sie sagen, warum?

Ein Vorvertrag ist der KEV nicht, weil dem Grundtatbestand der Krediteröffnung ein weiterer Vertrag, der Hauptvertrag, folgen müsste. Ferner wird die Frage diskutiert, ob der KEV den im BGB geregelten Schuldvertragstypen zugeordnet werden kann. Es wird, je nach Schwerpunkt des KEV, auf das Kauf-, Geschäftsbesorgungs- und das Darlehensrecht verwiesen. Diesen Zuordnungsbemühungen geht es nicht darum, den KEV als eigenständigen Vertragstyp (sui generis) in Zweifel zu ziehen. Es geht vielmehr darum, je nach Schwerpunkt des KEV eine ihn ergänzende Analogie zu Regeln aus anderen Bereichen zu eröffnen. Das ist sinnvoll. Im Vordergrund steht dabei der Rückgriff auf die Regeln des Darlehensrechts, weil der KEV üblicherweise eröffnet wird, um Gelddarlehen abzuwickeln.

331.

Da es nicht sicher ist, ob und in welcher Höhe das Darlehen in Anspruch genommen werden wird, ist der KEV insoweit unvollständig und daher ausfüllungsbedürftig. Diese Ausfüllung erfolgt durch Abruf des Kredits seitens des Kunden (Abrufrecht). Können Sie dieses Abrufrecht rechtlich qualifizieren?

Beim Abruf handelt es sich um ein einseitiges Rechtsgeschäft in Form eines qualifizierenden Gestaltungsrechts. In der Literatur werden Parallelen zur Wahlschuld (§ 262 BGB) und zum Leistungsbestimmungsrecht nach § 315 BGB gezogen.

332.

Mit dem KEV verpflichtet sich der Kreditgeber zur Kreditgewährung auf Abruf. Gibt es auch eine diesem Abrufrecht vergleichbare Abrufpflicht für den Kunden?

Eine solche Abrufpflicht ist für den KEV jedenfalls nicht wesenstypisch. Es wird davon ausgegangen, dass der Kreditnehmer im Grundsatz berechtigt aber nicht verpflichtet ist, den ihm eingeräumten Kreditrahmen durch Abruf zu konkretisieren. Selbstverständlich kann aber eine Abnahmepflicht vereinbart werden.

333.

Ist es eigentlich wichtig zu wissen, ob im KEV eine Abnahmepflicht vereinbart wurde?

Ja, denn nur bei bestehender Abnahmeverpflichtung kann die Bank den Kunden auf Schadensersatz (§ 280 BGB) in Anspruch nehmen, wenn der Kunde nicht abruft.

334.

Eine Bank hatte sich im November 2006 bereit erklärt, ein Darlehen i. H. v. € 40.000 gegen hypothekarische Sicherung zu gewähren. Die Hypothekenbestellung scheiterte. Die Bank, die zweimal eine Frist zur Abnahme des Darlehens gesetzt hatte, verlangte nach fruchtlosem Ablauf Schadensersatz wegen Nichterfüllung der Abnahmeverpflichtung i. H. v. € 6.325. Zu Recht?

Ja (*BGH* WM 1962, 114). Der BGH bejahte die Abnahmeverpflichtung des Kunden. Diesem hätte bekannt sein müssen, dass eine Hypothekenbank die Beleihung von Grundstücken nicht aus Gefälligkeit, sondern aus Erwerbsgründen geschäftsmäßig betreibe. Aus der Darlehenszusage sei ferner hervorgegangen, dass die Bank sich nicht einseitig verpflichten und es gleichwohl dem Kreditnehmer überlassen wollte, ob er von dem Darlehensangebot Gebrauch machte oder nicht. Denn die Bank habe ihre eigene Bindung an die Darlehenszusage für den Fall erklärt, dass der Kreditnehmer sie binnen einer – verhältnismäßig kurzen – Frist abnähme.

Diese Überlegungen sind richtig, betreffen allerdings den Abschluss eines Darlehensvertrages und nicht denjenigen eines KEV. Sonst wäre die Entscheidung des BGH anders ausgefallen. Denn dann hätte sich die Bank einseitig verpflichtet und es dem Kreditnehmer überlassen, ob er von dem Darlehensangebot Gebrauch machen wolle oder nicht.

335.

Bereitstellungszinsen werden von den Banken als Gegenleistung dafür verlangt, dass sie nach Abschluss des KEV für einen bestimmten Zeitraum den Darlehensbetrag auf Abruf des Kreditnehmers bereitstellen. Handelt es sich wirklich um Zinsen?

Nein, Bereitstellungszinsen sind keine Zinsen im Rechtssinne, d. h. keine laufzeitabhängige Vergütung für die Überlassung des Darlehenskapitals, sondern die Gegenleistung dafür, dass die Bank für eine bestimmte Zeit einen Kreditrahmen auf Abruf des Kunden bereitstellt.

336.

Sind Bereitstellungszinsen auch dann zu entrichten, wenn der Kredit überhaupt nicht in Anspruch genommen wird?

Selbstverständlich, die Bank hat den Kredit ja bereitgestellt und damit Bankmittel gebunden. Auf einen Abruf kommt es nicht an.

337.

In welcher Höhe sind Bereitstellungszinsen unbedenklich?

Der BGH hat mehrfach Bereitstellungszinsen i. H. v. 0,25% pro Monat, also 3% pro Jahr, für unbedenklich erklärt (*BGH* NJW-RR 1986, 467).

338.

Häufig werden in KEV, aber auch in Darlehensverträgen mit hinausgeschobener Fälligkeit, pauschalierte Nichtabnahmeentschädigungen vereinbart. Die üblichen formularmäßigen Abreden müssen mit den Vorschriften des AGB-Gesetzes in Einklang stehen. Warum werden eigentlich Nichtabnahmeentschädigungen vereinbart?

Gelegentlich geht es um die Pauschalierung von Aufwendungen der Bank für die Kreditbearbeitung, meistens aber um eine Schadenspauschale. Durch Pauschalierung ist allen Beteiligten klar, welche Folgen eine Vertragsverletzung hat (Disziplinierungseffekt), außerdem werden Beweisschwierigkeiten von vornherein vermieden.

339.

Der BGH hat Nichtabnahmepauschalen zunächst sehr großzügig zugelassen. Nichtabnahmeentschädigungen bis zu 4,5% des Darlehensvertrages wurden jedenfalls dann für zulässig erachtet, wenn das vereinbarte Disagio über der Pauschale lag. Denn dieses Disagio wäre der Bank ohne Rücksicht auf die spätere Laufzeit ohnehin verblieben (*BGH* NJW 1985, 1831). Diese Grundsätze gelten heute so nicht mehr. Wissen Sie, was jetzt maßgeblich ist?

Am 12. 3. 1991 hat der BGH entschieden, dass der Umfang des Schadensersatzanspruchs wegen Nichtabnahme von dem Zeitraum abhängig ist, für den die Kreditbank eine **rechtlich geschützte Zinserwartung** gehabt habe (*BGH* NJW 1991, 1817). Eine solche habe sie regelmäßig bis zum nächstzulässigen Kündigungstermin. Somit bestünden gegen AGB-Regelungen, die als Pauschalentschädigungen einen von der Laufzeit des Einzelvertrags unabhängigen Prozentsatz vorsehen, Bedenken aus § 309 Nr. 5 a BGB (bestätigt von *BGH* WM 1998, 70).

III. Zinsen und Kosten

340.

Wenn Banken Kredite gewähren, so tun sie das „in Ausübung ihres Handelsgewerbes" und können dafür „auch ohne Verabredung Provision . . . nach den . . üblichen Sätzen fordern" (§ 354 Abs. 1 HGB). Für Darlehen, so heißt es in § 354 Abs. 2 HGB sodann ausdrücklich, können vom Tage der Leistung an Zinsen berechnet werden. Was folgt daraus?

Daraus folgt, dass ein Bankkunde auch ohne ausdrückliche Abrede verpflichtet ist, die banküblichen Zinsen zu zahlen.

341.

Aus welchen Bestandteilen setzt sich der Preis für einen Geldkredit zusammen?

Aus **Zinsen und Kosten.**

342.

Was sind Zinsen?

Zinsen (lat. censere = zählen) sind nach allg. M. **laufzeitabhängige** (d. h. gewinn- und umsatzunabhängige) Vergütungen für die **Kapitalnutzungsmöglichkeit.**

343.

Welches ist das entscheidende Abgrenzungskriterium zwischen Zinsen und Kosten?

Die Laufzeitabhängigkeit.

344.

Woran erkennt man, ob laufzeitabhängige Zinsen oder laufzeitunabhängige Kosten als Gegenleistung für die Kreditgewährung vereinbart sind?

Im Zweifel ist der Vertrag auszulegen. Maßgeblich ist der Parteiwille. Es gelten eine Reihe von branchentypischen Gepflogenheiten.

345.

Sind auch Zinseszinsen Bestandteile des Kreditpreises?

Nein. Sie können nur anfallen, wenn der Kreditnehmer mit der Rückzahlung des Darlehens in Verzug gerät. Für diese Fälle verbietet § 248 Abs. 1 BGB eine Zinseszinsvereinbarung im **Voraus**. § 497 BGB stellt klar, dass dies auch **nach** Verzugseintritt gilt und weder über Schadensersatzvorschriften (§ 289 S. 2 BGB) noch durch Einstellung von Verzugszinsen in ein Kontokorrent umgangen werden darf.

346.

Können Sie einige typische laufzeitunabhängige Kreditkosten nennen?

Bereitstellungszinsen, Nichtabnahmeentschädigungen, Antragsgebühren und Vermittlungsgebühren. Entscheidend ist allerdings nie der gewählte Begriff, sondern immer die Frage der Laufzeitabhängigkeit.

347.

Wissen Sie, was ein Disagio ist?

Der Begriff bezeichnet einen Abschlag (Disagio) vom Nennwert eines Wertpapiers oder eines Darlehens. Das Disagio (auch Damnum genannt) ist somit die Differenz zwischen dem Nennbetrag des Darlehens und dem tatsächlich ausgezahlten Betrag.

348.

Vielfach wird dem Kreditnehmer von der Bank die Wahl zwischen geringem Disagio bei höherem Zins oder einem höheren Disagio bei niedrigerem Zins eingeräumt. Warum?

Oft liegt der Grund für die Wahl des höheren Disagios im Steuerrecht. Zur Absenkung einer aktuell hohen Steuerprogression kann es aus der Sicht des Kreditnehmers sehr vernünftig sein, ein hohes Disagio als Betriebsausgabe oder Werbungskosten möglichst frühzeitig und vollständig geltend machen zu dürfen.

349.

Der BGH hat schon mehrfach die Rechtsnatur des Disagios diskutiert und immer wieder festgestellt, es lasse sich nicht generell den Darlehensnebenkosten oder den Zinsen zuordnen (*BGH* BGHZ 81, 124). Disagio und Zinsen stünden häufig in einem wechselseitigen Abhängigkeitsverhältnis. In einer Entscheidung vom 28. 5. 1990 hat der BGH seinen Standpunkt präzisiert. Wissen Sie, wie?

Der BGH stellte eine neue Auslegungsregel auf (*BGH* BGHZ 111, 287, 290). In der Bankpraxis habe nämlich das Disagio seine Funktion als Abgeltung des einmaligen Verwaltungsaufwandes bei der Kreditgewährung weitgehend verloren und diene nur noch als Rechnungsfaktor für die Zinsbemessung. Dieser Funktionswandel müsse „im Zweifel dazu führen, dass das Disagio als laufzeitabhängiger Ausgleich für einen niedrigeren Nominalzins anzusehen sei und daher bei vorzeitiger Vertragsbeendigung vom Darlehensnehmer gem. § 812 BGB anteilig zurückverlangt werden könne." Damit gehört das Disagio im Regelfall zu den Zinsen.

350.

Gibt es heute noch eine Zinsbindung (z. B. an amtliche Höchstsätze)?

Nein. Amtliche Höchstsätze würden dem an Vertragsfreiheit orientierten Leitbild des BGB widersprechen und nicht zu einer Marktwirtschaft passen. Der Kreditpreis ist also ein Marktpreis, er bildet sich frei.

351.

War das schon immer so?

Nein. Es gab eine Reihe von Preisregulierungen auch innerhalb unseres Jahrhunderts. Am 22. 12. 1936 wurde auf der Basis des KWG das Habenzinsabkommen geschlossen. Dieses Höchstzinsabkommen wurde am 1. 3. 1965 durch die Zinsverordnung abgelöst. Die Zinsverordnung eröffnete im Kreditgeschäft einen Wettbewerb zwischen den Kreditinstituten, ließ ihn im Einlagengeschäft aber praktisch nicht zu. Erst am 21. 3. 1967 wurde die Zinsverordnung aufgehoben.

352.

Im Bereich des mittel- und langfristigen Kreditgeschäfts sind Zinsanpassungen aufgrund der sich ständig ändernden Refinanzierungsmöglichkeiten geschäftstypisch und -notwendig. Verstoßen Zinsanpassungsklauseln gegen das AGB-Recht?

Die Frage war einige Zeit umstritten. Einigkeit bestand darin, dass kein Verstoß gegen § 309 Nr. 1 BGB vorliegt, weil Kredite Dauerschuldverhältnisse sind. Auch ein Verstoß gegen § 308 Nr. 4 BGB liegt nicht vor, weil die Bank ihre Leistung nicht ändert. Allerdings muss sich jede Zinsanpassungsklausel, die formularmäßig zugrunde gelegt wird, an § 307 BGB messen lassen, d. h. sachlich gerechtfertigt sein (BGHZ 97, 212). Seit 1. 11. 2009 müssen im ZDRV Referenzzinssätze und Änderungsmöglichkeiten vereinbart werden (§ 675 g BGB)

353.

Wie wird im Kreditbereich für Preistransparenz gesorgt?

Durch Angabe des **effektiven** Jahreszinses nach § 6 PAngV.

354.

Man hätte, um Preistransparenz zu schaffen, die Banken verpflichten können, die absoluten Preise für einen bestimmten Kredit auszuweisen. Das hätte dann zu einer ziemlich unübersichtlichen Tabelle geführt, weil man Kredite mit unterschiedlicher Höhe und unterschiedlicher Laufzeit hätte ausweisen müssen. Immerhin hätte der Verbraucher eine sehr klare Vorstellung von der Gesamtbelastung durch einen Kredit gehabt. Der Gesetzgeber ist einen anderen Weg gegangen. Welchen?

Er erlaubt eine Relation zwischen dem ausgekehrten Kredit und der jeweiligen Gesamtbelastung pro Jahr und gelangt auf diese Weise zu einem Prozentsatz (§ 6 Abs. 1 PAngV). Dieser Prozentsatz ist der **effektive Jahreszins.** Allerdings erfährt der Kreditnehmer durch den effektiven Jahreszins nicht die Höhe seiner Gesamtbelastung, also nicht den Kreditpreis. Er kann ihn aber relativ leicht errechnen.

355.

Nicht unwichtig ist, dass der effektive Jahreszins nicht auf die volle Laufzeit des Kredites, sondern jeweils nur auf **ein Jahr** bezogen ist (§ 6 Abs. 1 PAngV). Was folgt daraus?

Daraus folgt, dass man bei Krediten mit festen Konditionen über die gesamte Laufzeit die Preiswürdigkeit nicht allein am effektiven Jahreszins ablesen kann. Denn dessen Höhe ist auch von der Laufzeit abhängig. Er wird bei ansonsten gleichen Konditionen mit steigender Laufzeit geringer, da die einmalig zu zahlende Bearbeitungsgebühr auf einen längeren Zeitraum verteilt wird. Beim Vergleich von Kreditangeboten mit über die gesamte Laufzeit festen Konditionen ist also neben dem effektiven Jahreszins stets auch die Laufzeit zu berücksichtigen.

356.

Annuitätendarlehen sind solche, bei denen die geschuldete Kreditsumme in gleichmäßigen Jahresleistungen (meist monatlich) getilgt werden. Diese Form des

Kredites (Gegensatz: Festkredit, bei dem erst am Ende der Laufzeit meist durch Auszahlung einer Kapitallebensversicherung getilgt wird) ist in der Bankpraxis sehr stark vertreten. Insbesondere im Bereich der Hypothekenbanken hatte sich auf der Basis von § 20 Abs. 2 Hypothekenbankgesetz (seit 2005: PfandbriefG) eine Tilgungsverrechnung durchgesetzt, bei der Zinsen immer vom Restkapitalstand des Vorjahresendes erhoben wurden. Das galt auch dann, wenn der Kunde monatlich oder vierteljährlich tilgte. Man zahlte also Zinsen auf ein Kapital, das man teilweise gar nicht mehr schuldete. Sind Tilgungsverrechnungsklauseln dieser Art zulässig?

Ja, sofern daneben der Effektivzins angegeben wird (BGHZ 106, 42). Der BGH entwickelte in dieser von einer großen Medienöffentlichkeit begleiteten Entscheidung zunächst einen neuen materiellen Wertungsmaßstab im Rahmen des AGBG, nämlich das **Transparenzgebot (heute: § 307 Abs. 1 S. 2 BGB).** Allgemeine Geschäftsbedingungen müssten möglichst klar und durchschaubar dargestellt werden. Abzustellen sei dabei auf die Verständnismöglichkeiten des Durchschnittskunden. Dessen Vorstellung werde von dem Grundsatz geprägt, dass bereits zurückgezahlte Darlehensbeträge bei der Zinsberechnung nicht mehr berücksichtigt würden. Wenn die Bank durch AGB hiervon abweichen wolle, so müsse sie dem Kunden die zinserhöhende Wirkung der gewählten Tilgungsverrechnungsklausel deutlicher machen, statt sie zu verschleiern. Hierzu hätte es genügt, den ohnehin von § 6 PAngV zwingend vorgeschriebenen **Effektivzins** anzugeben.

Die Erwägungen sind richtig und haben zu einem völlig neuen Instrument bei der Beurteilung von AGB, dem Transparenzgebot geführt. Rückschauend betrachtet ist es erstaunlich, dass es überhaupt zu Streitigkeiten über Tilgungsverrechnungsklauseln kommen konnte. Denn ab 1985 war § 4 PAngV (heute: § 6) zwingendes Recht und verpflichtete jede Bank, auch bei einem Hypothekenkredit, zur Angabe des Effektivzinses (so ausdrücklich *BGH* WM 1991, 1944).

IV. Schutzpflichten der Bank bei Vergabe von Darlehen

357.

Muss die Bank den Darlehensnehmer über etwaige Gefahren des geplanten, mit dem Kredit finanzierten Geschäfts aufklären?

Grundsätzlich nicht, *BGH* WM 1988, 1225. Allerdings sind davon Ausnahmen zu machen, so etwa bei finanzierten Geschäften, sofern mit diesen, für die Bank erkennbar, besondere Gefahren für die Kunden verbunden sind und der Kunde diese Risiken nicht übersehen kann. Eine weitere Ausnahme ist zu machen, wenn die Bank durch ihr eigenes Verhalten einen besonderen, zusätzlichen Gefährdungstatbestand geschaffen hat oder wenn sie bezüglich des Geschäfts über einen konkreten Wissensvorsprung verfügt.

358.

Der Unternehmer U wollte sich an der Firma F beteiligen. Da er nicht über hinreichende finanzielle Mittel verfügte, bat er die mit ihm bekannten Eheleute E, bei der B-Bank ein Darlehen aufzunehmen und ihm dadurch die Beteiligung an F zu ermöglichen. Für die Stellung der Sicherheit sollten die E von U eine Provision zur Deckung ihrer laufenden Verbindlichkeiten erhalten. Die E nahmen den Vorschlag des U an und die Darlehensvaluta floss der F zu. Nachdem diese in Konkurs gefallen ist, verlangt die B-Bank von den E die Rückzahlung des Darlehens. Die E machen dagegen geltend, die B habe sie „ins offene Messer" laufen lassen; sie sei verpflichtet gewesen, sie vor Abschluss des Vertrages wegen des besonderen Risikos des beabsichtigten Geschäfts zu warnen und auf die ihr bekannten schlechten finanziellen Verhältnisse des H hinzuweisen. Die E verweigern daher die Rückzahlung des Darlehens. Haben sie Recht?

Nein (*BGH* WM 1987, 1546). Zwar ist eine Aufklärungs- und Warnpflicht der Bank ausnahmsweise gegeben, wenn ein besonderes Aufklärungs- und Schutzbedürfnis des Darlehensnehmers besteht, etwa weil die Bank selbst einen zu den allgemeinen Risiken des Geschäfts hinzutretenden Gefährdungstatbestand für den Kunden geschaffen hat oder ihm gegenüber einen konkreten Wissensvorsprung hat. Ein solches Schutzbedürfnis der E war hier jedoch nicht gegeben. Nicht die B, sondern die E selbst, beraten durch U, veranlassten die Umstände, unter denen der streitige Kredit gewährt und verwandt wurde. Die B hat dabei das sich aus dem Geschäft ergebende Risiko für die E durch keinerlei Eigeninitiative erhöht. Auch hatte sie gegenüber den E keinerlei Wissensvorsprung. Die E haben vielmehr Sorgfaltspflichten sich selbst gegenüber verletzt, indem sie es unterließen, sachkundigen Rat einzuholen und von U Sicherheiten zu verlangen. Es ist nicht Aufgabe einer Bank, ihre Kunden vor derartigen leichtfertigen Rechtsgeschäften mit Dritten zu bewahren.

359.

In bestimmten Fällen, so entscheidet es der BGH in std. Rspr., haben die Vertragsparteien, auch soweit sie entgegengesetzte Interessen verfolgen, Schutzpflichten. In welchen Fällen ist dies so?

Wenn eine Partei über Informationen verfügt, die den Vertragszweck der anderen Partei vereiteln könnte und daher für sie von wesentlicher Bedeutung ist, sofern die Mitteilung nach der Verkehrsauffassung erwartet werden darf (*BGH* WM 1987, 562).

360.

Dies ändert nichts daran, dass die kreditgebende Bank grundsätzlich nicht verpflichtet ist, den Darlehensnehmer über die Risiken der von ihm beabsichtigten Darlehensverwendung aufzuklären. Es gilt der Grundsatz caveat creditor: Der Gläubiger schütze sich selbst. Allerdings hat der BGH in einer Reihe von Fällen die Grenzen dieses Grundsatzes aufgezeigt. Entstanden sind einige Fallgruppen – welche?

– konkreter Wissensvorsprung
– Bank schafft Gefährdungstatbestand für den Kunden
– Bank nutzt Unerfahrenheit des Kunden aus
– Bank befindet sich in einem schwerwiegenden Interessenkonflikt
– Bank ist das Verhalten Dritter zuzurechnen

361.

Der 19 Jahre alte A wollte 1976 zusammen mit seiner Ehefrau eine Eigentums-wohnung zum Preis von DM 153.862 erwerben. Er nahm daher bei der B-Bank ein mit 7% zu verzinsendes Darlehen über DM 257.400 auf, wovon DM 92.000 auf ein mit 1% zu tilgendes Darlehen und DM 165.400 auf die Zwischen-finanzierung eines bei der Bausparkasse S abzuschließenden Bausparvertrages entfielen. Die Kreditsumme sollte an B in monatlichen Raten zu DM 1.279 zurückbezahlt werden. A verdiente zu diesem Zeitpunkt DM 20.000 brutto jähr-lich. In der Folgezeit zahlte der A nur insgesamt DM 6.400 in Raten an die B. Auf deren Drängen verkaufte er schließlich 1978 die Wohnung für DM 172.000; der Kaufpreis wurde an die B überwiesen und dem A gutgeschrieben. B verlangt nun von A den Betrag, den er ihr unter Berücksichtigung der angefallenen Zinsen und Nebenkosten aus dem Kreditvertrag von 1976 noch schulde, zu Recht?

Nein (*OLG Düsseldorf* WM 1984, 157). Nach Ansicht des Gerichts bestand eine Aufklärungspflicht der B ausnahmsweise, da es sich bei A um einen jüngeren, geschäftsungewandten Kreditbewerber der sozial schwächeren Bevölkerungsschicht gehandelt habe, der zur selbstständigen rechtlichen und wirtschaftlichen Beurteilung der Finanzierungsfragen nicht fähig war. Sein Entschluss zum Abschluss des Kredit- und Kaufvertrages hing deshalb von einer sachkundigen und gewissenhaften Bera-tung durch die B ab. Dabei war insbesondere die genaue monatliche Belastung maßgeblich. Da der A nicht in der Lage war, sich diese Belastung selbst auszurech-nen, hat die B diese Aufgabe übernommen. Eine dauerhafte monatliche Belastung von DM 1.279 war bei einem Einkommen von monatlich ca. DM 1.666 brutto nicht tragbar. A war dadurch so eindeutig überfordert, dass die B ihm nicht nur dringend vom Abschluss der Verträge hätte abraten müssen, sondern sogar den Abschluss des Kreditvertrages hätte ablehnen müssen. Dass sie dies nicht getan hat, war ein Verstoß gegen die guten Sitten (§ 138 BGB).

362.

Die Bausparkasse Badenia finanzierte Eigentumswohnungen. Von den Vermitt-lern der Eigentumswohnungen wurde den Käufern und späteren Eigentümern vorgegaukelt, dass man aus einem Mietpool erhebliche Ausschüttungen zu erwar-ten habe. Später stellte sich das Ganze als Täuschung heraus. Die Käufer fochten den Kaufvertrag wegen arglistiger Täuschung (§ 123 BGB) an und verlangten

gleichzeitig von der Badenia Rückzahlung der bis dahin eingezahlten Kaufpreis-
raten unter Rückgabe der Wohnung. Die Badenia verwies darauf, dass sie mit
dem Wohnungskaufgeschäft gar nichts zu tun habe und dass der Kredit mit dem
Wohnungskauf nicht verbunden sei. Zu Recht?

Ja und nein. Der BGH bestätigte zunächst, dass der Immobilien-Kaufvertrag mit
dem finanzierenden Darlehen in der Regel keine wirtschaftlich-rechtliche Einheit
bildet – dies seien zwei voneinander völlig getrennte Geschäfte (BGHZ 168, 1 Tz.
21). Allerdings dürfen sich Anleger in Fällen eines **institutionalisierten Zusammen-
wirkens** der Bank mit dem Verkäufer auf einen die Aufklärungspflicht der Bank
auslösenden konkreten Wissensvorsprung der Bank im Zusammenhang mit einer
arglistigen Täuschung des Anlegers durch unrichtige Angaben des Vermittlers über
das Anlageobjekt berufen. In einem solchen Fall wird die Kenntnis der Bank von der
arglistigen Täuschung widerleglich vermutet, wenn die Unrichtigkeit der Angaben
des Verkäufers nach den Umständen des Falls **evident** ist, so dass sich aufdrängt, die
Bank habe sich der Kenntnis der arglistigen Täuschung geradezu verschlossen.
Konsequenz: der Kunde hat einen Anspruch auf Schadensersatz gegen die Bank
wegen Verletzung der Aufklärungspflicht bei institutionalisiertem Zusammenwirken
mit dem Verkäufer.

V. Sittenwidrige Darlehen

1. Der Vertrag mit dem Kreditnehmer

363.

Der Kreditsachbearbeiter einer Bank, der den hausinternen Wettbewerb als erfolg-
reichster Kreditvermittler gewinnen will, überredet den völlig unerfahrenen 19-
jährigen M zur Aufnahme eines Existenzgründungsdarlehens in Höhe von
€ 100.000, um damit im Bayerischen Wald einen Waschsalon zu eröffnen. Es
werden marktübliche Zinsen vereinbart. Schon kurze Zeit nach Eröffnung des
Waschsalons muss Insolvenz angemeldet werden, weil im Bayerischen Wald alle
Haushalte über eigene Waschmaschinen verfügen und überhaupt kein Bedarf für
einen Waschsalon besteht. M, der sich vor der auf ihn zurollenden Zinslawine
fürchtet, meint, der Kredit sei sittenwidrig gewährt worden, man habe seine
Unerfahrenheit ausgenutzt. Die Bank weist darauf hin, dass dies allein nach § 138
Abs. 2 BGB nicht reicht, es müsse noch ein auffälliges Missverhältnis zwischen
Leistung und Gegenleistung hinzukommen. Daran fehle es aber, sodass der
Kreditvertrag wirksam sei. Wirklich?

Nein, aber auf den ersten Blick hat die Bank nicht Unrecht. Der Wuchertatbestand
(§ 138 Abs. 2 BGB) hat tatsächlich eine subjektive und eine objektive Seite. Objektiv muss ein auffälliges Missverhältnis zwischen Leistung und Gegenleistung bestehen und subjektiv muss z. B. die Ausnutzung der Unerfahrenheit des Geschäftspartners hinzukommen. Die Frage war, ob der Vorwurf der Sittenwidrigkeit bereits
dann entfällt, wenn eine der Voraussetzungen des § 138 Abs. 2 BGB nicht vorliegt
(wie hier). Im Grundsatz lässt die Rechtsprechung heute den Rückgriff auf die

Generalklausel (§ 138 Abs. 1 BGB) zu, wenn ein neues, außerhalb des Tatbestands von Abs. 2 liegendes Sittenwidrigkeitselement hinzutritt (*BGH* NJW 1951, 397). Häufig ist dies eine verwerfliche Gesinnung, es kann aber auch die Verletzung einer Standespflicht sein. Es ist aber nicht völlig auszuschließen, dass überhaupt nur ein Element des Wuchertatbestandes verwirklicht ist, wie das hier gebildete Beispiel zeigt. In solchen Fällen ist der Lehre zuzustimmen, die die Sittenwidrigkeit auch jetzt noch bejaht, wenn der Verstoß gravierend war. Denn nach der Gesetzesgeschichte ist der Wuchertatbestand in § 138 BGB zur Konkretisierung und nicht zur Einschränkung der Generalklausel ins Gesetz gekommen. Danach genügt es, wenn der Kreditsachbearbeiter einer Bank die Unerfahrenheit eines Kunden ausnutzt und einen Kredit für einen Zweck vermittelt, für den es ersichtlich keinen Bedarf gibt.

364.

Welche drei Voraussetzungen müssen (kumulativ!) vorliegen, um die Sittenwidrigkeit eines Kredites nach § 138 Abs. 1 BGB zu bejahen?

(1) Objektiv: auffälliges Missverhältnis zwischen Leistung und Gegenleistung;
(2) Subjektiv: bewusste Ausnutzung der wirtschaftlich schwächeren Lage des Darlehensnehmers oder ein leichtfertiges Hinwegsetzen über dessen Lage;
(3) Verwerfliche Gesinnung des Kreditgebers.

Beachte: Geht es, wie im Waschsalonfall, nicht um die Sittenwidrigkeit der Zinshöhe, so ist das Merkmal „auffälliges Missverhältnis" im Einzelfall verzichtbar.

365.

Wann bejaht die Rechtsprechung ein auffälliges Missverhältnis in aller Regel?

Wenn der vereinbarte Zins etwa doppelt so hoch ist wie der Marktzins (BGHZ 104, 105). Die **100%-Grenze** ist aber nicht starr anzuwenden. Auch geringere Abweichungen können ein auffälliges Missverhältnis begründen, z. B. wenn der Vertragszins den Marktzins absolut um mehr als 12% übersteigt (*BGH* NJW 1990, 1595). Es kommt also auf eine **Gesamtwürdigung** aller Umstände an, die 100%-Grenze hat eher Signalfunktion für Sittenwidrigkeit.

366.

Sie wissen inzwischen, dass sich der Zins frei am Markt bildet. Daraus folgt, dass es in aller Regel nicht einen festen Zinssatz gibt, sondern eher so etwas wie eine Bandbreite, innerhalb derer sich verschiedene Zinshöhen ansiedeln. Schon aufgrund dieser Unbestimmbarkeit des jeweils geltenden Zinssatzes ist die 100%-Grenze problematisch. Außerdem fragt sich natürlich, von welchem der verschiedenen am Markt vorgefundenen Zinssätze eigentlich auszugehen ist, wenn man die 100%-Grenze anwenden will. Wissen Sie, worauf die Rechtsprechung abstellt?

Berechnungsgrundlage war früher der **Schwerpunktzins,** wie er sich aus den Monatsberichten der Deutschen Bundesbank ergab (BGHZ 80, 153). Heute ergibt sich der Marktzins aus der **EWU-Zinsstatistik** (Konsumentenkredite an private Haushalte mit anfänglicher Zinsbindung von über einem Jahr bis 5 Jahre).

367.

Was verstehen Sie unter **iustum pretium**?

Es handelt sich um die mittelalterliche Lehre vom gerechten Preis, die zumindest teilweise Preisfestsetzungen oder Preismargen erlaubte. Diese für eine Marktwirtschaft untypische Lehre wirkt heute noch dort fort, wo Preise staatlich beeinflusst werden, wie z. B. im Bereich der Preise für Strom und Gas.

368.

Neben der Lehre vom gerechten Preis stand im gemeinen Recht die **laesio enormis**, die heute noch das österreichische BGB (§ 934 ABGB) enthält. Was ist damit gemeint?

Es handelt sich um die Einrede der übermäßigen Benachteiligung, die beim Kauf bei 50%-iger Preisüberhöhung als Grund für den einseitigen Rücktritt verwendet werden konnte. Die laesio enormis passt nicht in eine Marktwirtschaft, weil Preise sich im freien Spiel von Angebot und Nachfrage bilden. Die 100%-Formel des BGH erinnert aber doch stark an die laesio enormis.

369.

Eine Bank hatte einen, wie sich später herausstellte, sittenwidrigen Ratenkredit gegeben. Bevor dieser Kreditvertrag abgewickelt war, vereinbarten die Parteien, um die Raten zu senken, eine Umschuldung auf einen neuen Kreditvertrag. Die Bedingungen für diesen neuen Vertrag waren nicht sittenwidrig. Bevor dieser neue Vertrag endgültig abgewickelt war, stellte sich die Sittenwidrigkeit des Erstvertrages heraus, der Kreditnehmer verweigerte die weitere Zahlung und die Bank klagte gegen ihn. Im Prozess wandte der Kreditnehmer ein, die Sittenwidrigkeit des Erstvertrages erstrecke sich auch auf den Zweitvertrag, sodass er auch in Bezug auf diesen zweiten niemals Zinsen geschuldet habe. Wirklich?

Nein (*BGH* JZ 1987, 677). Der BGH hat entschieden, dass ein solcher Automatismus zwischen der Sittenwidrigkeit des ersten und des zweiten Vertrages nicht bestehe. Vielmehr müsse auch in Bezug auf diesen Zweitvertrag eine Vereinbarkeit mit § 138 Abs. 1 BGB ausdrücklich untersucht und bejaht werden. Eine prinzipielle Zinslosigkeit ginge jedenfalls zu weit. Allerdings müsse der Zweitvertrag nun nach den Grundsätzen über das Fehlen der Geschäftsgrundlage angepasst werden. Das ergebe sich aus dem gegenseitigen Irrtum von Bank und Kreditnehmer über die Wirksamkeit des Erstvertrages. Bei der Umschuldung wurde der als wirksam behandelte Erstvertrag rechnerisch mit den viel zu hohen Zinsen in den Zweitvertrag eingebracht. In Wirklichkeit schuldete der Kunde diese hohen Zinsen nicht. Folglich brauchte er sie auch nicht umzuschulden. Die nach dem Zweitvertrag zu zahlende Summe war mithin zu hoch. Die als Folge der Vertragsanpassung eintretende Ermäßigung des zurückzuzahlenden Betrages im Rahmen des Zweitvertrages führte im vorliegenden Fall zur Abweisung der Klage der Bank.

370.

Anfang 2006 wollte A einen Kredit aufnehmen. Er wandte sich deshalb an den Kreditvermittler K und bat um einen Hausbesuch. K, der sehr beschäftigt war, bat die mit ihm geschäftlich verbundene Bank B, sich des Falles anzunehmen. Die Bank entsandte den Kreditsachbearbeiter S. Aufgrund der Verhandlungen zwischen A und S kam ein langfristiger Kreditvertrag zwischen A und der Bank B zustande. Kurzfristig später konnte A den Kredit nicht mehr bedienen, die Bank kündigte und verlangte Rückzahlung inklusive der Kosten und Zinsen. A meint, der Kreditvertrag sei nichtig gewesen, weil er den S nicht bestellt habe. Die Bank meint, darauf komme es nicht an, weil jedenfalls der Kreditvermittler K bestellt gewesen sei. Hat die Bank Recht?

Nein (*BGH* NJW 1983, 868). Nach § 56 Abs. 1 Nr. 6 GewO ist es im Reisegewerbe verboten, entgeltliche Darlehensgeschäfte zu vermitteln. Geschäfte, die auf diese Art und Weise zustande kommen, sind nach § 134 BGB wegen Verstoßes gegen ein gesetzliches Verbot nichtig. Allerdings setzt die Anwendbarkeit von § 56 GewO voraus, dass das Darlehen wirklich im Reisegewerbe vermittelt wurde. Das ist immer dann nicht der Fall, wenn der Vermittler zuvor bestellt gewesen ist. Im vorliegenden Fall hatte A den Kreditvermittler K zuvor bestellt. Es kam dann aber nicht K, sondern absprachewidrig der Kreditsachbearbeiter S der kreditgewährenden Bank. Dieser (S) war von A nicht bestellt worden. Dass der Kreditvermittler den Bankvertreter zu dem Hausbesuch veranlasst hatte, spielte, so der BGH, keine Rolle, denn die Bestellung muss vom späteren Verhandlungs- und Vertragspartner ausgehen, nicht von irgendeinem interessierten Dritten.

371.

Welche Rolle spielt das Haustürwiderrufsrecht neben § 56 GewO?

Nach dem Haustürwiderrufsrecht (§ 312 BGB) besteht ein Recht auf Widerruf nicht, wenn der Kunde den Vermittler vorher bestellt hatte (§ 312 Abs. 3 Nr. 1 BGB). Bestellt also jemand den späteren Verkäufer in seine Wohnung, so sind daraufhin abgeschlossene Verträge mit sofortiger Wirkung voll wirksam, auch ein Widerrufsrecht besteht nicht. Fehlt es dagegen an einer Bestellung, so sind nicht alle Geschäfte nach § 56 GewO nichtig. Wer Versicherungen, Zeitschriften oder Wein beispielsweise unbestellt an der Haustür anbietet, darf das nach der Gewerbeordnung tun.

2. Mithaftung Dritter

372.

Eine in der Ausbildung befindliche Friseurin F hatte für den von ihrem Freund (Nettoeinkommen DM 1.500 monatlich) 1983 aufgenommenen Autokredit von DM 12.300, der in 36 Monatsraten zu DM 443 rückzahlbar war, die Mithaftung übernommen. Sie verdiente damals DM 350 monatlich. Ist die Übernahme der Mithaftung sittenwidrig?

Im konkreten Fall hat das LG Lübeck (*LG Lübeck* WM 1988, 966) die Mithaftung für sittenwidrig gehalten. Das Gericht rechnete vor, dass selbst nach Ablauf der Lehre bei einem zugrunde zu legenden Nettoeinkommen der F von DM 800 monatlich der pfändungsfreie Betrag ab April 1984 lediglich DM 32 betragen hätte. Dagegen wären, wenn der Kredit notleidend geworden wäre, bereits monatliche Verzugszinsen in Höhe von DM 217 angefallen. Die F hätte sich somit in der Zwangslage befunden, entweder freiwillige Mehrleistungen zu erbringen, somit also unter die Armutsgrenze zu geraten, oder aber sich – unter Umständen durch kriminelle Handlungen – weitergehende Mittel zu beschaffen. Wer solche Verträge schließe und den Vertragspartner in dieser Weise in Not und Elend stoße, handele sittenwidrig i. S. d. § 138 I BGB. Demgegenüber hat der BGH in einem ähnlich gelagerten Fall (*BGH* NJW 1990, 1034) entschieden, dass der Schuldbeitritt der Lebensgefährtin nicht sittenwidrig sei. Die Lebensgefährtin hatte ein eigenes Interesse an der Finanzierung, da sie in der Regel mit ihrem Freund aus einem Topf wirtschaftete. Ihr geringes Einkommen war unerheblich, weil beide Partner zusammen über hinreichendes Kapital verfügten.

373.

Zwei eben volljährige, ansonsten vermögenslose Söhne waren, der eine als Abiturient, der andere als junger Student, für ihren Vater, einen zuvor mit einer GmbH in Konkurs geratenen Architekten, für ein Bauvorhaben in Höhe von DM 350.000 eine Bürgschaftsverpflichtung eingegangen. Das als Berufungsgericht angerufene OLG Braunschweig hielt die Bürgschaft für nichtig, weil die eben erst volljährig gewordenen Beklagten aufgrund ihrer familiären Bindung zum Hauptschuldner (Vater) unter einem erkennbaren moralischen Druck gestanden hätten und vermögenslos gewesen seien. Reicht das aus, um die Nichtigkeit eines Bürgschaftsvertrages zu bejahen?

Es handelte sich bis 1993 um eine der streitigsten Fragen im Kreditrecht überhaupt. Der IX. Zivilsenat des BGH hielt den Bürgschaftsvertrag für wirksam (*BGH* ZIP 1989, 219). Ein Volljähriger sei im Allgemeinen auch ohne besondere Erfahrung in der Lage zu erkennen, dass die Abgabe einer Bürgschaft ein riskantes Geschäft sei . . . Die Freiheit der Vertragsgestaltung als Teil der Privatautonomie umfasse für jeden voll Geschäftsfähigen auch die Rechtsmacht, sich zu Leistungen zu verpflichten, die er nur unter besonders günstigen Bedingungen erbringen könne . . . Es möge sein, dass sich die Bank leicht über die Vermögensverhältnisse der Beklagten hätte vergewissern können ... Wenn sie jedoch auf die Bonitätsprüfung der Bürgen wenig Wert gelegt habe, so könne daraus die Sittenwidrigkeit des Rechtsgeschäfts nicht hergeleitet werden, zumal sie den Bürgen gegenüber keine Aufklärungspflichten gehabt habe. Gegen diese Entscheidung wurde Verfassungsbeschwerde eingelegt. Gegenargumente waren, dass § 310 BGB (heute: § 311 b Abs. 2 BGB) seinem Sinn und Zweck nach erfüllt sei, wenn der Schuldner im Zeitpunkt des Abschlusses des Kreditvertrages kein gegenwärtiges, pfändbares Vermögen habe und seine persönlichen Verhältnisse den Erwerb künftigen, sein Existenzminimum überschreitenden Vermögens als Folge des Vertragsschlusses nicht erwarten lasse. In diesen Fällen würde man den Bürgen in eine lebenslange Schuldenspirale stürzen, ohne dass je die Möglichkeit bestünde, sich wirtschaftlich zu erholen. Diesen Argumenten hat das *BVerfG* (ZIP 1993, 1775) im wesentlichen zugestimmt. Die Zivilgerichte müssen danach bei der Konkretisierung von §§ 138, 242 BGB die grundrechtliche Gewährleistung der Privatautonomie in Art. 2 Abs. 1 GG beachten. Daraus ergibt sich die Pflicht zur Inhaltskontrolle von Verträgen, die einen der Vertragspartner stark belasten und das Ergebnis strukturell ungleicher Verhandlungsstärke sind.

3. Veräußerung notleidender Kredite – Grenzen der Abtretbarkeit

374.

Im Jahre 2004 hat die Hypo Real Estate-Bank an die LoneStar Gruppe ein Darlehenspaket von mehr als 3,6 Mrd. Euro abgetreten. In diesem Paket befanden sich zur Hälfte notleidende Kredite, also solche, bei denen die Kreditnehmer in Verzug geraten waren. Bei der anderen Hälfte handelte es sich um ordnungsgemäß bediente Darlehen. Die Tochtergesellschaften der LoneStar Gruppe begannen mit der Verwertung. Bei den notleidenden Krediten wurden die Schuldner zur Zahlung des offenen Darlehensbetrags aufgefordert – wenn sie nicht zahlen konnten, wurden die Grundstücke unverzüglich verwertet. Die Kreditnehmer meinten, die Zwangsvollstreckungen seien unzulässig, weil LoneStar die Forderungen im Wege der Abtretung gar nicht habe erwerben können. Zu Recht?

Nein. Mit Urteil vom 27. 2. 2007 hat der BGH entschieden, dass Abtretungen von Darlehensforderungen generell zulässig sind (*BGH* NJW 2007, 2106). Allerdings hat der BGH die Frage, ob die Abtretung einer Darlehensforderung an eine Nicht-Bank (wie LoneStar) möglicherweise zu einer Inhaltsänderung der Forderung und damit zu einem Ausschluss der Abtretbarkeit nach § 399 Alt. 1 BGB führt nicht gestellt. Es spricht aber eine Menge dafür, dass die Abtretung von einer Forderung von einer Bank an eine Nicht-Bank zu einer Inhaltsänderung der Forderung führt, denn schon in den Protokollen zum BGB heißt es, dass eine Forderung nicht abgetreten werden kann, wenn „deren Inhalt durch die Leistung an einen anderen Gläubiger verändert werden würde" – genauso ist es hier gewesen.

375.

Scheitert die Abtretung in diesen Fällen nicht sowieso schon am Bankgeheimnis?

Der BGH meint nein, denn das Bankgeheimnis (Nr. 2 AGB/B) verkörpere eine rein schuldrechtliche Verschwiegenheitspflicht. Sie berühre aber nicht das dingliche Verfügungsgeschäft, die Abtretung (*BGH* NJW 2007, 2106).

376.

Überzeugt Sie das – kann man die abgetretene Forderung vom schuldrechtlichen Teil des Kredites, auf den sich das Bankgeheimnis bezieht, trennen?

Wohl kaum, denn dann müsste man eine Forderung abtreten können, ohne zu verraten, wer der Forderungsinhaber ist oder wo er wohnt, um welches Darlehen es geht, wie viel davon bereits abgelöst ist, welche Sicherheit besteht, ob der Darlehensnehmer sich der sofortigen Zahlungsvollstreckung unterworfen hat und welcher Zinssatz vereinbart wurde.

377.

Wenn man dem BGH nicht folgt, so verletzt die Bank durch Abtretung der Darlehensforderung das Bankgeheimnis. Heißt das, dass der Forderungserwerber (LoneStar) die Zwangsvollstreckung in die sichernde Immobilie unterlassen muss?

Nein. LoneStar hat wirksam erworben, kann also auch verwerten. Nur die Bank hat das Bankgeheimnis verletzt, dies kann einen schuldrechtlichen Schadensersatzanspruch (§ 280 Abs. 1 BGB) des Kunden gegen die Bank auslösen. Das Haus ist folglich weg – möglicherweise bekommt der Kunde eine Geldentschädigung von der Bank. Der Prozess gegen die Bank wird ihm schwer fallen, weil er ja ohnehin in Schwierigkeiten ist und der einzige Vermögensgegenstand, den er noch hatte, die Immobilie, nicht mehr zur Verfügung steht.

378.

Angenommen, eine Bank tritt die von der Forderung isolierte Grundschuld an einen Investor ab. Der Investor betreibt aus der Grundschuld die Zwangsvollstreckung. Auf den Einwand des Kunden, er habe doch bereits einen Teil des Darlehens zurückgeführt und sei nicht in Verzug, erwidert der Investor, dass ihn das nicht berühre, weil die Grundschuld gegenüber der zugrunde liegenden Forderung abstrakt sei. Kann der Investor vollstrecken?

Früher war das möglich, weil die Grundschuld gegenüber der gesicherten Forderung völlig abstrakt war. Im Jahre 2008 hat der Gesetzgeber reagiert und in § 1192 BGB einen neuen Absatz 1 a eingefügt. Danach können Einreden, die dem Eigentümer aufgrund des Sicherungsvertrags mit dem bisherigen Gläubiger gegen die Grundschuld zustehen, jedem Erwerber der Grundschuld entgegengesetzt werden.

K. Verbraucherdarlehen

379.

Am 11. 6. 2010 ist das neue Verbraucherkreditrecht in Kraft getreten. Auf welchen Grundlagen beruht es und wo ist es geregelt?

Es beruht auf der Verbraucherkreditrichtlinie vom 23. 4. 2008 (RL 2008/48/EG) und ist in den §§ 491–512 BGB geregelt.

380.

Sind nur Verbraucherdarlehen erfasst oder auch andere Formen des Zahlungsaufschubs?

Auch der Zahlungsaufschub (§ 506 BGB) und das Teilzahlungsgeschäft (§ 507 BGB) sind erfasst.

381.

Welches sind die allerwichtigsten Regelungen aus der Sicht des Darlehensnehmers?

Für ihn ist das Widerrufsrecht (§ 495 BGB) sehr wichtig und die Tatsache, dass sich der im Vertrag festgelegte Sollzinssatz auf den gesetzlichen Zinssatz ermäßigt, wenn die Angabe des Sollzinssatzes, des effektiven Jahreszinses oder des Gesamtbetrages fehlt (§ 494 Abs. 2 BGB).

382.

Wie hoch ist denn der gesetzliche Zinssatz und wo steht das?

4% (§ 246 BGB) – Das ist also ein sehr niedriger Zinssatz. In der Regel liegt der effektive Jahreszins eines Verbraucherdarlehens eher doppelt so hoch.

383.

Was folgt für den Darlehensgeber aus dieser scharfen gesetzlichen Rechtsfolge?

Für den Darlehensgeber ist es von größter Bedeutung, bei den Angaben über den Sollzinssatz, den effektiven Jahreszins und den Gesamtbetrag keine Fehler zu machen, damit eine Absenkung auf den gesetzlichen Zinssatz nicht eintritt.

384.

Fallen eigentlich auch Immobiliendarlehen unter das Verbraucherkreditrecht (z. B. das Darlehen für das Eigenheim)?

Ja, mit leichten Modifikationen (§ 503 BGB).

385.

Welches sind die wichtigsten Fragenkreise, die das Verbraucherdarlehensrecht auslöst?

– Schriftlichkeit (§ 492 Abs. 1 BGB)
– persönlicher Anwendungsbereich (Verbraucher/Unternehmer: § 491 BGB)
– Informationen über das Darlehen (§§ 491 a, 492, 493 BGB)
– Gültigkeit sowie Absenkung auf den gesetzlichen Zinssatz (§ 494 BGB)
– Widerrufsrecht (§ 495 BGB)
– Rückzahlungsmodi bei Verzug (§§ 497, 498 BGB)

I. Persönlicher Anwendungsbereich

386.

Der Darlehensvertrag nach § 491 Abs. 1 BGB ist ein Verbraucherdarlehensvertrag, wenn er persönlich zwischen einem Unternehmer und einem Verbraucher geschlossen wird. Was heißt das?

Der Darlehensgeber muss Unternehmer (§ 14 BGB) sein. Für den Kreditvermittler gelten die Sonderregelungen in §§ 655 a–e BGB. Der Kunde muss Verbraucher (§ 13 BGB), also eine natürliche Person sein, die den Darlehensvertrag weder zu ihrer gewerblichen noch zu ihrer selbstständigen beruflichen Tätigkeit schließt.

387.

Das Verbraucherdarlehensrecht ist auf Verbraucherkredite anwendbar. Darlehen für gewerbliche oder selbständige berufliche Tätigkeiten sind damit nicht gemeint. Warum?

Weil mit Krediten für gewerbliche und berufliche Tätigkeiten Geld verdient wird. Die insoweit für eine Beratung anfallenden Informationskosten können damit in die gewerbliche Kostenrechnung eingehen und über den Markt wieder eingebracht werden. Hier besteht kein Schutzbedarf für die Betroffenen.

388.

Allerdings heißt es in § 512 BGB, dass das Gesetz auf Kredite für eine gewerbliche oder selbständige berufliche Tätigkeit keine Anwendung findet, wenn es um mehr als € 75.000 geht. Unterhalb dieser Größenordnung fallen Kredite also unter den Schutzbereich, jedenfalls dann, wenn es sich um Kredite zur Existenzgründung (§ 512 BGB) handelt. Liegt hierin ein Bruch des Schutzkonzeptes des Verbraucherdarlehensrechts?

Nein. Existenzgründungskredite werden zu einer Zeit genommen, in der gerade nicht sicher ist, ob sich darauf die Existenz dauerhaft begründen lässt oder nicht. Geht die Sache schief, so befindet sich der Kreditnehmer in genau derselben Lage, in der er sich als Verbraucher bei Aufnahme eines rein privaten Kredites befunden hätte. Deshalb ist es richtig, ihm für diese komplizierte und manchmal nicht ungefährliche Grundentscheidung in seinem Leben den Schutz des Verbraucherdarlehensrechts zu gewähren (*BGH* ZIP 2005, 622).

II. Sachlicher Anwendungsbereich

389.

Der Anwendungsbereich des § 491 Abs. 1 BGB ist nicht nur persönlich, sondern auch sachlich begrenzt. Wie?

Es muss sich um einen entgeltlichen Darlehensvertrag handeln. Zinslose Darlehen können keine Verbraucherdarlehensverträge sein.

390.

Somit fällt das Gelddarlehen unter § 491 Abs. 1 BGB. Welches Darlehen ist nicht erfasst?

Das Sachdarlehen (§ 607 BGB).

391.

Fällt auch der Einsatz einer Kreditkarte unter das Verbraucherdarlehensrecht?

Ja, aber nur dann, wenn der Kreditkartenvertrag ein Zahlungsziel gegen Zins einräumt. Wird die Kreditkarte lediglich als Zahlungsmittel verwendet, sodass der Rechnungsbetrag sofort nach Belastung durch das Kartenunternehmen zu begleichen ist, findet kein Verbraucherdarlehensrecht Anwendung.

392.

Fällt auch der Krediteröffnungsvertrag unter das Verbraucherdarlehensrecht?

Wenn Bereitstellungszinsen – wie üblich – zu leisten sind: Ja.

393.

Wie ist das mit Bürgschaften, die, anders als der Schuldbeitritt oder die Schuldübernahme, keine Verpflichtung aus dem Kreditvertrag bewirken. Der Bürge gewährt keinen entgeltlichen Kredit, sondern sichert die Hauptverbindlichkeit eines anderen.

Der BGH hat die Anwendbarkeit des Verbraucherdarlehensrechts abgelehnt (*BGH* ZIP 1997, 642). Auch der EuGH hat entschieden, dass der Bürgschaftsvertrag nicht in den Schutzbereich der Verbraucherkreditrichtlinie (damals 87/102 EWG) fällt (*EuGH* EuZW 2000, 340).

394.

Auf einige wenige Fälle findet das Verbraucherkreditrecht keine Anwendung. Welche sind gemeint?

– Nettodarlehensbetrag bis € 200
– Arbeitgeberdarlehen unter marktüblichen Zinsen
– Dreimonatsdarlehen mit geringen Kosten (§ 491 Abs. 2 Nr. 3 BGB)

III. Das Informationsmodell (§§ 491 a, 492, 493 i. V. m. Art. 247 EGBGB)

395.

Welches Ziel wird mit den Regelungen der §§ 491 a–493 BGB verfolgt?

Die nach diesen Normen erforderlichen Angaben soll dem Verbraucher vor allem seine Kostenbelastung bei Kreditaufnahme vor Augen geführt und somit seine Entscheidung transparenter gemacht werden.

396.

Erstmals seit dem 11. 6. 2010 wird im Gesetz zwischen vorvertraglichen, vertragsbezogenen und Informationspflichten während des Vertragsverhältnisses differenziert. Finden Sie alle Informationen, um die es geht, in den §§ 491 a–493 BGB?

Nein. Der Gesetzgeber hat eine große Zahl der Informationspflichten in Art. 247 EGBGB ausgelagert. Das heißt, das gesamte Informationsmodell des Verbraucherdarlehensrechtes erschließt sich erst, wenn man Art. 247 EGBGB mit in seine Überlegungen einbezieht.

1. Vorvertragliche Informationspflichten (§ 491 a BGB)

397.

Nach § 491 a Abs. 1 BGB hat der Darlehensgeber den Darlehensnehmer über die sich aus Art. 247 EGBGB ergebenden Einzelheiten in der dort vorgesehenen Form zu unterrichten. Welche wichtigen Einzelheiten sind damit gemeint?

– Unterrichtung rechtzeitig vor Abschluss in Textform (§ 1)
– effektiver Jahreszins, Sollzinssatz und Gesamtbetrag (§ 3)

398.

Nach Art. 247 § 1 EGBGB muss die Unterrichtung rechtzeitig vor Vertragsschluss erfolgen. Was bedeutet rechtzeitig?

Rechtzeitig ist die Unterrichtung, wenn der Darlehensnehmer die Information vor Vertragsschluss auch in Abwesenheit des Darlehensgebers eingehend zur Kenntnis nehmen und prüfen kann (BT-Drs. 16/11643, S. 197). Eine präzise zeitliche Eingrenzung ist nicht möglich. Entscheidend geht es darum, ob die Information dem Darlehensnehmer eine fundierte Entscheidung ermöglicht.

399.

Angenommen, die Unterrichtung erfolgte nicht rechtzeitig. Welche Konsequenzen hat das?

Die Rechtsfolgen ergeben sich aus § 494 Abs. 1 BGB; daneben kommen Schadensersatzansprüche nach § 280 Abs. 1 BGB in Betracht, wenn der Kunde durch nicht rechtzeitige Information eine Fehlentscheidung getroffen und dadurch Schaden erlitten hat.

400.

Nach Art. 247 § 3 Abs. 1 Nr. 3 EGBGB muss der effektive Jahreszins angegeben werden. Was ist damit gemeint?

Der effektive Jahreszins (§ 6 PAngV) beschreibt die vom Darlehensnehmer zu entrichtenden Zinsen und Kosten, die für das Darlehen jährlich zu entrichten sind in einem Prozentsatz. Einzubeziehen sind alle Kosten, einschließlich etwaiger Vermittlungskosten, die im Zusammenhang mit dem Kreditvertrag zu entrichten und die dem Kreditgeber bekannt sind (§ 6 Abs. 3 PAngV).

401.

Wie wird der effektive Jahreszins genau berechnet?

Das ergibt sich aus einer europaweit gleichen mathematischen Formel, die Sie in Anhang 2 zu § 6 Nr. 3 PAngV finden.

402.

Außerdem ist der Sollzinssatz anzugeben (Art. 247 § 3 Abs. 1 Nr. 5 EGBGB). Was ist damit gemeint?

Der Sollzinssatz entspricht dem Nominalzins – also den Zinsen, die auf das Kapital erhoben werden ohne Kostenbelastung.

403.

Schließlich muss der Gesamtbetrag angegeben werden (Nr. 8). Was ist gemeint und warum ist diese Angabe so wichtig?

Die Angabe des Gesamtbetrages ist deshalb so wichtig, weil man nur auf diese Weise erfährt, wie viel Geld man insgesamt aufwenden muss, um ein Darlehen zurückzuzahlen. Der effektive Jahreszins sagt ja nur, wie viel Zinsen und Kosten man für ein einziges Jahr bezahlt. Der Gesamtbetrag addiert alle Jahre.

404.

Außerdem ist der Darlehensnehmer zwingend über das Widerrufsrecht zu unterrichten (Art. 247 § 9 EGBGB). Muss man ihn darüber auch noch belehren?

Nein. Die Angabe über das Widerrufsrecht ersetzt die früher für den Beginn der Widerrufsfrist maßgebliche Belehrung (BT-Drs. 16/11643, S. 130).

405.

Schließlich muss die vorvertragliche Information (Art. 247 § 9 Abs. 1 S. 2 EGBGB) einen deutlichen Hinweis darauf enthalten, ob Forderungen aus dem Darlehensvertrag abgetreten werden können. Warum ist das so wichtig?

Hintergrund der Regelung ist die Entscheidung des BGH vom 27. 2. 2007 (*BGH* WM 2007, 643), wonach Abtretungen von Darlehensforderungen generell zulässig sind. Es spielt auch keine Rolle, ob die Forderung an eine Bank oder an eine Nicht-Bank abgetreten wird. Der Abtretung steht auch nicht das Bankgeheimnis oder das Bundesdatenschutzgesetz entgegen. Folge: Eine Bank kann beispielsweise an eine Nichtbank eine Darlehensforderung abtreten, sodass der Darlehensnehmer bei Ablauf des Darlehens über eine Verlängerung plötzlich nicht verhandeln kann. Deshalb verlangt das Gesetz einen deutlich gestalteten Hinweis darauf, ob die Bank berechtigt ist, die Forderung auch ohne Zustimmung des Darlehensnehmers an einen Dritten zu übertragen (§ 503 BGB).

406.

Nach Abschluss der Verhandlungen mit der Bank bittet der Kunde um einen Vertragsentwurf. Die Bank meint, das gehe zu weit, das sei zu viel Bürokratie und kostet zu viel. Hat sie Recht?

Nein. Der Kunde hat einen Anspruch auf Übermittlung eines Vertragsentwurfs (§ 491 a Abs. 2 BGB).

2. Vertragsbezogene Informationen (§ 492 BGB)

407.

Kann man einen Verbraucherdarlehensvertrag in Textform abschließen?

Nein. Schriftform oder qualifizierte elektronische Signatur sind zwingend vorgeschrieben (§ 492 Abs. 1 BGB).

408.

Heißt das, die Bank muss durch ihren Vorstand oder durch einen Prokuristen persönlich unterschreiben?

Nein. Sie darf die Unterschrift mithilfe einer automatischen Einrichtung tätigen (§ 492 Abs. 1 S. 2 und 3 BGB).

409.

Unterliegt auch die Vollmacht zum Abschluss eines Verbraucherdarlehensvertrages den Schriftformanforderungen?

Ja (§ 492 Abs. 4 BGB), damit der bezweckte Schutz in Vertretungsfällen nicht leer läuft.

410.

Muss der Vertrag selbst die vorvertragliche Informationen (z. B. über den Effektivzins und den Gesamtbetrag) nicht enthalten?

Doch. Diese Informationen werden im Vertrag wiederholt und auf diese Weise auch vertraglich bindend (§ 492 Abs. 2 BGB i. V. m. Art. 247 §§ 6, 3 EGBGB). Die

Angaben können in bestimmten Fällen (§ 492 Abs. 6 BGB) auch nachgeholt werden.

3. Informationen während des Vertragsverhältnisses

411.

Bei Darlehen mit einer Zinsbindung gibt es eine wichtige zusätzliche Informationspflicht. Wissen Sie, welche?

Spätestens drei Monate vor Ende der Zinsbindung erklärt die Bank, ob sie zu einer neuen Zinsabrede bereit ist und informiert über den angebotenen Zinssatz (§ 493 Abs. 1 BGB). Auf diese Weise erhält der Kunde die Möglichkeit, sich am Markt zu informieren und zu entscheiden, ob er ein Angebot seiner Bank oder einer anderen Bank für die Fortführung annehmen möchte.

412.

Kann die Bank während des Vertragslaufes auch den Zinssatz ändern?

Wenn ein Festzins vereinbart wurde: nein – wenn ein variabler Zins vereinbart wurde: unter bestimmten Voraussetzungen ja.

413.

Welches sind die Voraussetzungen, unter denen ein variabler Zins angepasst werden kann?

Zunächst einmal muss die Möglichkeit der Änderung im Vertrag vereinbart sein. Außerdem muss der Darlehensgeber in Ausübung seines Leistungsbestimmungsrechts eine Erklärung nach § 315 Abs. 2 BGB abgegeben haben, die den formellen Anforderungen des § 492 Abs. 5 BGB (Textform) genügt.

414.

Ist das die einzige Möglichkeit der Anpassung des Sollzinssatzes?

Nein. Die Parteien können auch die Anlehnung an einen Referenzzinssatz vereinbaren. In diesen Fällen muss der Vertrag eine Pflicht des Darlehensgebers vorsehen, den Darlehensnehmer in regelmäßigen Zeitabständen zu unterrichten. Außerdem muss der Darlehensnehmer die Höhe des Referenzzinssatzes in den Geschäftsräumen des Darlehensgebers einsehen können (Art. 247 § 15 Abs. 2 EGBGB).

IV. Rechtsfolgen von Formmängeln (§ 494 BGB)

415.

Angenommen, die Schriftform für das Verbraucherdarlehen ist nicht eingehalten. Welche Rechtsfolge hat das?

Der Vertrag und die dafür erteilte Vollmacht sind nichtig (§ 494 Abs. 1 BGB).

416.

Gilt dies auch dann, wenn eine der in Art. 247 §§ 6 und 9–13 EGBGB vorgeschriebenen Angaben fehlt?

Ja.

417.

In vielen Fällen stellt sich ein Mangel erst später heraus – zwischenzeitlich hat der Darlehensnehmer das Darlehen empfangen und in Anspruch genommen. Was nun?

Jetzt bleibt der Verbraucherdarlehensvertrag gültig. Jedoch ermäßigt sich der zugrunde gelegte Zinssatz auf den gesetzlichen Zinssatz (§ 246: 4%). – Voraussetzung: Sollzinssatz, effektiver Jahreszins oder Gesamtbetrag fehlen (§ 494 Abs. 2 BGB).

418.

Angenommen, die Bank hatte für die Kreditbearbeitung € 300 in Rechnung gestellt, dies aber nicht angegeben. Was ist die Konsequenz?

Die nicht angegebenen Kosten werden nicht geschuldet (§ 494 Abs. 4 BGB).

419.

Wie ist es, wenn der effektive Jahreszins zu niedrig angegeben wurde?

Dann vermindert sich der dem Vertrag zugrunde gelegte Zinssatz um den Prozentsatz, um den der effektive Jahreszins zu niedrig angegeben ist (§ 494 Abs. 3 BGB).

V. Das Widerrufsrecht (§ 495 BGB)

420.

Nach § 495 Abs. 1 BGB steht dem Darlehensnehmer bei einem Verbraucherdarlehensvertrag ein Widerrufsrecht nach § 355 BGB zu. Was heißt das?

Das heißt, dass der Verbraucher, nachdem er über sein Widerrufsrecht in Textform belehrt worden ist, den Vertrag innerhalb von zwei Wochen widerrufen kann.

421.

Muss der Kunde über sein Widerrufsrecht belehrt werden?

Nein. An die Stelle der Belehrung ist die Pflichtangabe über das Widerrufsrecht nach Art. 247 § 6 Abs. 2 EGBGB getreten – d. h. diese Pflichtangabe ersetzt die Belehrung (§ 495 Abs. 2 Nr. 1 BGB).

422.

Wann beginnt die Widerrufsfrist zu laufen?

Nach Vertragsabschluss und Erhalt des Vertragsinhalts durch den Darlehensnehmer (§ 495 Abs. 2 Nr. 2 i. V. m. § 355 BGB).

423.

Auf welche Darlehen findet das Widerrufsrecht keine Anwendung? (§ 495 Abs. 3 BGB)

Auf Dispokredite nach §§ 504, 505 BGB, sowie die in § 495 Abs. 3 Nr. 1 und 2 BGB genannten Darlehen.

424.

Angenommen, der Verbraucher widerruft das Darlehen binnen zwei Wochen. Woraus ergeben sich die Rechtsfolgen?

Aus § 357 BGB. Dieser erklärt die Vorschriften über den gesetzlichen Rücktritt für entsprechend anwendbar. Nach § 346 Abs. 1 BGB sind die empfangenen Leistungen zurückzugewähren und die gezogenen Nutzungen herauszugeben.

425.

Kritiker sagen, durch dieses Rechtsfolgenkonzept wird das Widerrufsrecht praktisch wertlos. Warum?

Weil der Verbraucher in der Regel nicht in der Lage ist, das schon verwendete Darlehen mit Zinsen zurückzuzahlen. – Er wird deshalb nicht widerrufen.

426.

Was müsste man tun, damit das Widerrufsrecht nicht leer läuft?

Man müsste dem Verbraucher das Widerrufsrecht einräumen, bevor man ihm das Darlehen auszahlt (so macht man das in Frankreich).

427.

Ein Verbraucher schloss am 1. 7. 2011 einen formunwirksamen Kreditvertrag. Am 4. 7. 2011 nahm er das Darlehen in Empfang und wurde ordnungsgemäß über die Möglichkeit des Widerrufs belehrt. Am 8. 7. 2011 widerrief der Verbraucher den Kredit, konnte aber die inzwischen verbrauchte Valuta nicht zurückzahlen. Die Bank verlangt für die Gebrauchsüberlassung des Geldes den Marktzins. Zu Recht?

Nein. Es handelte sich um einen wegen Formfehlern nichtigen Kreditvertrag (§ 492 Abs. 1 BGB), der nach § 494 Abs. 2 BGB gültig wurde, weil der Verbraucher das Darlehen empfangen hatte. Als Folge davon ermäßigte sich der dem Kreditvertrag zugrunde gelegte Sollzinssatz (§ 494 Abs. 2 BGB) auf den gesetzlichen Zinssatz (4%: § 246 BGB), wenn die Angabe des Sollzinssatzes, des effektiven Jahreszinses oder des Gesamtbetrags fehlte.

428.

Angenommen, der Verbraucherdarlehensvertrag ist mit einem Kaufvertrag (für Möbel) verbunden. Welche Regeln gelten dann?

Die §§ 358, 359 BGB. Der Verbraucher ist an seine auf den Abschluss des Verbraucherdarlehensvertrages gerichtete Willenserklärung nicht mehr gebunden, wenn er seine auf Abschluss des Liefervertrages gerichtete Willenserklärung wirksam widerruft.

429.

Warum gibt es die Regel über die verbundenen Geschäfte?

Damit der Verbraucher durch Aufspaltung eines einheitlichen Geschäfts in zwei rechtlich selbstständige Verträge nicht seine Gewährleistungsrechte verliert.

430.

Was verstehen Sie unter der Lehre vom Einwendungsdurchgriff?

Sie ist in § 359 BGB geregelt. Der Verbraucher kann die Rückzahlung des Darlehens verweigern, soweit Einwendungen aus dem verbundenen Vertrag ihn gegenüber dem Unternehmer, mit dem er den verbundenen Vertrag geschlossen hat, zur Verweigerung seiner Leistung berechtigen würde.

431.

Was verstehen Sie unter einem Rückforderungsdurchgriff?

Dass der Verbraucher das zum Zwecke der Erfüllung einer Verbindlichkeit Geleistete (hier: Raten auf das Darlehen) auch dann zurückfordern kann, wenn dem Anspruch (aus dem Darlehensvertrag) eine Einrede entgegensteht, durch welche die Geltendmachung des Anspruchs dauernd ausgeschlossen wurde (§ 813 Abs. 1 BGB).

VI. Schutz bei Zahlungsverzug (§§ 497, 498 BGB)

432.

Kommt der Verbraucher mit der Rückzahlung eines Kredites in Verzug, so stellen sich zwei Fragen. Zum einen, ob sich der Kreditgeber durch fristlose Kündigung vom Vertrag lösen darf, sodass der Gesamtkapitalbetrag fällig wird, und zum anderen, in welcher Weise der Verzugsschaden zu berechnen und zu verrechnen ist. Wie sieht das Kündigungskonzept des BGB aus?

Sie finden es in § 498 Abs. 1 BGB. Gekündigt werden kann nur, wenn
(1) der Verbraucher mit mindestens zwei aufeinander folgenden Teilzahlungen ganz oder teilweise (!) in Verzug ist und (kumulativ)
(2) der Rückstand mindestens 10% (bei einer Laufzeit von mehr als drei Jahren: 5%) des Nennbetrags des Kredites oder Teilzahlungspreises beträgt und (kumulativ!)
(3) eine Frist von zwei Wochen zur Zahlung des rückständigen Betrages fruchtlos verstrichen ist.

Der Kreditgeber soll dabei dem Verbraucher spätestens mit der Fristsetzung ein Gespräch über die Möglichkeiten einer einverständlichen Regelung anbieten.

433.

Kommt der Darlehensnehmer in Verzug, so hat er den geschuldeten Betrag gemäß § 288 Abs. 1 BGB zu verzinsen. Was heißt das?

Der Verzugszinssatz beträgt für das Jahr 5%-Punkte über dem Basiszinssatz. Der Basiszinssatz ergibt sich aus § 247 BGB und kann sich zum 1. Januar und 1. Juli eines jeden Jahres verändern. Für grundpfandrechtlich gesicherte Verbraucherdarlehen beträgt der Verzugszinssatz für das Jahr nur 2,5%-Punkte über dem Basiszinssatz (§ 503 Abs. 2 BGB).

434.

Die nach Eintritt des Verzugs anfallenden Zinsen sind gem. § 497 Abs. 2 BGB auf einem gesonderten Konto zu verbuchen und dürfen nicht in ein Kontokorrent mit dem geschuldeten Betrag eingestellt werden. Warum?

Die getrennte Verbuchung soll Zinseszinseffekte verhindern.

435.

Hierneben steht eine Tilgungsbestimmung, die von § 367 BGB abweicht (§ 497 Abs. 3 BGB). Nach § 367 BGB sind Teilleistungen des Schuldners zunächst auf Kosten, dann auf Zinsen und zum Schluss erst auf die Hauptforderung zu verrechnen. Damit bleibt in der Regel für eine Reduzierung der Hauptforderung nichts oder nur sehr wenig übrig, was dazu führt, dass die Hauptschuld praktisch nicht abgebaut wird. Da der Schuldner in diesen Fällen immer nur auf Zinsen zahlt, gerät er in eine lebenslange Schuldenspirale. Ihm gelingt die Abzahlung des Kredites nicht mehr. Um hier zu helfen, hat der Gesetzgeber jetzt die Tilgungsreihenfolge grundlegend verändert. Wissen Sie, wie?

Eine Verrechnung erfolgt:
(1) zunächst auf die Kosten der Rechtsverfolgung
(2) dann auf die Hauptsache und
(3) zuletzt auf die Zinsen.

436.

Genau besehen würde aber auch dieses Modell nur wenig weiterhelfen, weil die jeweils aufgelaufenen Zinsrückstände praktisch zu Kapital werden und ihrerseits verzinst werden müssen (§ 288 Abs. 1 BGB). Auch insoweit hat das BGB eine Entlastung gebracht. Welche?

In § 497 Abs. 2 BGB heißt es, dass auf Zinsen nur noch Schadensersatz bis zur Höhe des gesetzlichen Zinssatzes, also in Höhe von 4% (§ 246 BGB) verlangt werden kann.

437.

Nach § 498 BGB darf der Darlehensgeber einen Verbraucherdarlehensvertrag vorzeitig kündigen, wenn der Kunde in Zahlungsverzug gerät und eine Nachfrist mit Androhung der Gesamtfälligstellung erfolglos geblieben ist. Welche drei Kündigungsvoraussetzungen müssen kumulativ vorliegen?

– Schuldnerverzug
– Mindestrückstand (zwei aufeinander folgende Raten)
– Ablauf der Nachfrist mit Androhung der Gesamtfälligstellung

VII. Überziehungskredite (§ 504 BGB)

438.

Gem. § 504 BGB gilt das Gesetz mit einigen Ausnahmen nicht für Überziehungskredite. Unter welchen Voraussetzungen ist diese Ausnahmevorschrift anwendbar?

(1) Es muss sich um ein **laufendes** Konto des Verbrauchers handeln. Darunter fallen alle Konten, auf denen regelmäßige Zahlungseingänge des Kunden verbucht werden. Nicht erfasst werden Konten, die ausschließlich auf Kreditbasis geführt werden, sodass die jeweiligen Zahlungseingänge nur für die Kredittilgung, aber nicht für Guthabenbildung verwendet werden.
(2) Die Zinsbelastungsperiode muss mindestens 3 Monate betragen.
(3) Außer den Zinsen dürfen keine weiteren Kosten in Rechnung gestellt werden.

439.

Welche Überziehungskredite werden von § 504 BGB erfasst?

Ausdrücklich eingeräumte Dispositionskredite (Abs. 1). Geduldete Überziehungen werden von § 505 BGB erfasst.

440.

Gem. § 493 Abs. 1 BGB hat der Kreditgeber den Kreditnehmer während der Kreditinanspruchnahme fortlaufend schriftlich über Zinsänderungen zu unterrichten. Genügt dazu ein entsprechender Vermerk auf dem Kontoauszug?

Ja, wenn der Vermerk deutlich vom übrigen Inhalt des Auszuges abgehoben und für den Kunden erkennbar ist (§ 493 Abs. 1 S. 5 BGB).

441.

Wird der Kunde unangemessen benachteiligt, wenn das Kreditinstitut für stillschweigend geduldete Kontoüberziehungen grundsätzlich mehr Zinsen verlangt als für vorher ausdrücklich vereinbarte Kredite?

Nein (*BGH* ZIP 1992, 751, 754). Nach Ansicht des BGH liegt in solchen Fällen keine unangemessene Benachteiligung vor. Die Kreditinstitute können grundsätzlich die Höhe der zusätzlichen Kreditkosten selbst bestimmen und im Preisaushang ausweisen.

442.

Kann man sein Konto auch überziehen, obwohl die Überziehungsmöglichkeit vertraglich nicht eingeräumt wurde?

Ja, es gibt eine geduldete Überziehung (§ 505 BGB). Diese Möglichkeit der Duldung muss allerdings im Vertrag vereinbart sein.

443.

Erfährt der Kunde, wie hoch die Zinsen bei geduldeter Überziehung sind?

Ja. Sie müssen ihm in regelmäßigen Abständen mitgeteilt werden (§ 505 Abs. 1 BGB). Überzieht der Kunde sein Konto erheblich (mehr als ein Monat), so wird er von der Bank unverzüglich über die Angaben (z. B. Sollzinssatz) informiert, die Art. 247 § 17 EGBGB vorschreibt.

VIII. Zahlungsaufschub – Teilzahlungsgeschäfte (§§ 506, 507 BGB)

444.

In § 506 BGB ist der Zahlungsaufschub geregelt. Was ist damit gemeint?

Der häufigste Fall ist das Teilzahlungsgeschäft (§§ 507 f. BGB).

445.

Man kann den Preis für eine Ware oder Dienstleistung auf mehrere Monate verteilen (z. B. Zahlung in 12 Monatsabschnitten). Ist das Zahlungsaufschub?

Nein. Ein Zahlungsaufschub liegt erst dann vor, wenn für die monatliche Zahlungsweise ein Entgelt erhoben wird. So ist es z. B. bei vielen Versicherungsverträgen, die vierteljährliche oder monatliche Zahlung gegen zusätzlichen Zins erlauben. In solchen Fällen muss dann allerdings auch der Effektivzins angegeben werden – der

Sollzins genügt nicht (*LG Bamberg*, Urt. v. 8. 2. 2006 – 20764/04; vom *BGH* durch Anerkenntnisurteil am 29. 7. 2009 – I ZR 22/07 inhaltlich bestätigt).

446.

Für Teilzahlungsgeschäfte gelten einige Sonderregelungen (§ 506 Abs. 3 BGB). Was ist ein Teilzahlungsgeschäft?

Ein Geschäft, dass die Lieferung einer bestimmten Sache oder die Erbringung einer bestimmten Leistung gegen Teilzahlungen zum Gegenstand hat (§ 506 Abs. 3 BGB).

447.

Auch ein Teilzahlungsgeschäft bedarf der Schriftform. Außerdem sind die Informationen, etwa über den Effektivzins, anzugeben (§ 507 Abs. 2 BGB). Angenommen, die Informationen sind mangelhaft – die Sache (z. B. das Auto) ist dem Verbraucher aber übergeben worden und wird von diesem auch weiter benutzt. Wie regeln sich die Rechtsfolgen dann?

In einem solchen Fall wird das Teilzahlungsgeschäft gültig, jedoch ist der Barzahlungspreis höchstens mit dem gesetzlichen Zinssatz (§ 246 BGB: 4%) zu verzinsen, wenn die Angabe des Gesamtbetrags oder des effektiven Jahreszinses fehlt (§ 507 Abs. 2 BGB).

IX. Abweichende Vereinbarungen – Umgehungsverbot (§ 511 BGB)

448.

Nach § 511 BGB darf von den Vorschriften der §§ 491–510 BGB nicht zum Nachteil des Verbrauchers abgewichen werden. Wann findet diese Vorschrift außerdem Anwendung?

Wenn sie durch anderweitige Gestaltungen *umgangen* werden sollen (§ 511 Satz 2 BGB). Damit ist das Umgehungsverbot (*fraus legis*) erstmals im BGB ausdrücklich verankert worden.

Zweiter Teil. Kapitalmarktrecht

A. Überblick

I. Grundfragen

449.

Im Wettbewerbs- und Kartellrecht gibt es zwei Gesetze, die das Marktrecht für die Unternehmen grundlegend klären, nämlich das GWB und das UWG. Gibt es vergleichbare Gesetze für das Kapitalmarktrecht?

Nein. Es gibt zwar viele Gesetze, die etwas mit dem Bank- und Kapitalmarktrecht zu tun haben (z. B. das KWG und das WpHG), aber Kodifikationen, die die ausschließliche Aufgabe haben, den Kapitalmarkt als solchen vor Funktionsstörungen zu schützen, gibt es nicht.

450.

Was meint man eigentlich mit Kapitalmarktrecht – welche Regelungsziele hat dieses Rechtsgebiet?

Es geht um die Funktionsfähigkeit des Kapitalmarktes auf der einen Seite und um den Anlegerschutz auf der anderen Seite.

451.

Wenn man also wissen will, welche Gesetze das Kapitalmarktrecht enthalten, so muss man danach fragen, in welchen Gesetzen die Funktionsfähigkeit des Kapitalmarktes einerseits und der Anlegerschutz andererseits verwirklicht werden. In welchen Gesetzen ist das der Fall?

Die Funktionsfähigkeit es Kapitalmarktes wird vor allem durch das Aufsichtsrecht (KWG) geschützt und durch das Wertpapierhandelsrechtgesetz (WpHG). Im WpHG ist auch der Anlegerschutz verwirklicht (§§ 31 ff.). Neben diesen beiden großen Kodifikationen stehen eine Reihe kleinerer, zu denen vor allen das BörsenG gehört, aber auch das InvestmentG, das VerkaufsprospektG, das WertpapierübernahmeG oder das DepotG, um einige wichtige Kodifikationen zu nennen.

452.

Letztlich geht es beim Kapitalmarkt darum, dem volkswirtschaftlichen Faktor Kapital einen funktionsfähigen Markt so zur Verfügung zu stellen, dass Unternehmensanteile (Aktien/Schuldverschreibungen) jederzeit frei und ungehindert gehandelt werden können (institutionelle Funktionsfähigkeit) und dass dabei die Transaktionskosten für die Marktteilnehmer so gering wie möglich bleiben (operationale Funktionsfähigkeit). Schließlich soll anlagefähiges Kapital dorthin fließen, wo der dringendste Bedarf an Investitionen und damit die höchste Rendite bei hinreichender Sicherheit entstehen (allokative Funktionsfähigkeit). Wie werden die Schutzziele aus der Sicht des Anlegers differenziert?

Auf der einen Seite steht der institutionelle Anlegerschutz – d. h. es geht um den Schutz der Gesamtheit der Anleger, etwa durch die Verhängung von Bußgeldern oder durch Erlaubnisvorbehalte für Banken und Finanzdienstleister (§ 32 KWG). Daneben geht es um den individuellen Anlegerschutz, d. h. darum, dass jeder einzelne Anleger, der durch die am Kapitalmarkt tätigen Akteure in seinem Vermögen geschädigt wird, tatsächlich auch Schadensersatz erlangt.

453.

Ist das Kapitalmarktrecht weitgehend deutsches Recht?

Nein. Es ist stark europäisiert – mehr als 80% der kapitalmarktrechtlichen Vorschriften beruhen inzwischen auf Entscheidungen des europäischen Gesetzgebers, also entweder auf Richtlinien oder Verordnungen. Dies spielt bei der Auslegung der nationalen Normen eine große Rolle (europarechtskonforme Auslegung) und kann auch dazu führen, dass eine nationale Regelung aufgehoben werden muss, weil sie gegen europäisches Primärrecht verstößt.

454.

Ist es nicht so, dass auch das Gesellschaftsrecht – insbesondere das Aktienrecht – zum Kapitalmarktrecht gehören müsste?

Ja, das Gesellschaftsrecht wird stark vom Kapitalmarktrecht überlagert, denn es geht um die Unternehmensanteile (Aktien/GmbH-Anteile), die am Kapitalmarkt gehandelt werden. Allerdings regelt das Gesellschaftsrecht noch sehr viel mehr, zum Beispiel auch die Verhaltenspflichten des Vorstands oder des Aufsichtsrates oder des Aktionärs in der Hauptversammlung.

455.

Auf welchem Feld gibt es weitere starke Überschneidungen zwischen dem Gesellschaftsrecht und dem Kapitalmarktrecht?

Bei den Meldepflichten, etwa nach §§ 20 f. AktG. Kapitalmarktrechtliche Meldepflichten müssen bei Beteiligungsveränderungen eingehalten werden (§ 21 Abs. 1 WpHG). Es muss gemeldet werden, wenn man 3%, 5%, 10%, 15%, 20%, 25%,

30%, 50% oder 75% der Stimmrechte an einer Aktiengesellschaft hält. Meldebehörde ist die BaFin.

456.

Auch das Delisting ist ein Beispiel für die Verknüpfung zwischen Kapitalmarkt- und Gesellschaftsrecht. Was ist damit gemeint?

Der Rückzug eines börsennotierten Unternehmens von der Börse, etwa nach einem Squeeze-out (§§ 327 a ff. AktG), also einem Zwangsausschluss der letzten 5% Aktionäre durch die Mehrheit.

457.

Der deutsche Kapitalmarkt ist in einen organisierten und einen grauen Kapitalmarkt aufgespalten. Was meint man damit?

Mit dem organisierten Markt (§ 2 Abs. 5 WpHG) wird nicht nur, aber vor allem, der Handel an der Börse (regulierter Markt) bezeichnet. Der graue Kapitalmarkt meint den Handel an einem nicht reglementierten Markt, etwa den Handel mit Anteilen an KGen, die für geschlossene Immobilienfonds gegründet wurden. Anteile an diesen Gesellschaften können, anders als Aktien, nicht nach §§ 929 ff. BGB übertragen werden, sondern nur durch Abtretung vom Alt- auf den Neugesellschafter (§§ 398, 413 BGB).

II. Kreditwesengesetz (KWG)

458.

Das Kreditwesengesetz ist nicht Teil des klassischen Kapitalmarktrechtes. Warum?

Weil es nicht die Marktbeziehungen der Akteure regelt, sondern die Regeln für die Aufsicht des Staates über die Akteure enthält.

459.

Wer nimmt die Aufsicht wahr?

Die Bundesanstalt für Finanzdienstleistungsaufsicht (BaFin) nach § 6 Abs. 1 KWG.

460.

Welche Aufgabe, hat die BaFin?

Sie hat die Aufgabe, Missständen im Kredit- und Finanzdienstleistungswesen entgegenzuwirken (§ 6 Abs. 2 KWG).

461.

Angenommen, Sie wollen eine Bank eröffnen – könnten Sie das so ohne weiteres?

Nein. Dazu ist eine Erlaubnis nach § 32 KWG erforderlich.

462.

Wer benötigt noch eine solche Erlaubnis?

Jeder, der Finanzdienstleistungen erbringen will.

463.

Wenn Sie wissen wollen, welche Geschäfte eigentlich Bankgeschäfte sind, wo finden Sie die Antwort?

In § 1 Abs. 1 Nr. 1–12 KWG. Typische Bankgeschäfte sind beispielsweise das Kreditgeschäft, das Depotgeschäft oder das Einlagengeschäft.

464.

Welche Geschäfte bezeichnet man als Finanzdienstleistungen?

Die Definitionen finden Sie in § 1 Abs. 1a KWG. Dazu gehört die Anlagevermittlung und die Anlageberatung, aber auch die Finanzportfolioverwaltung und das Sortengeschäft.

465.

Anlagevermittlung oder Anlageberatung beziehen sich auf Finanzinstrumente. Was ist damit gemeint?

Wertpapiere, Geldmarktinstrumente, Devisen oder Rechnungseinheiten sowie Derivate (§ 1 Abs. 11 KWG).

466.

Welche Funktion hat das Handelsbuch?

Im Handelsbuch werden die Risikopositionen, die ein Institut eingeht, gelistet (§ 1 a Abs. 1 KWG).

467.

Welche Institute gelten nicht als Kreditinstitut?

Zum Beispiel Kapitalanlagegesellschaften oder Versicherungsunternehmen (§ 1 KWG).

468.

Sind Versicherungsunternehmen evtl. Finanzdienstleistungsinstitute?

Nein (§ 2 Abs. 6 KWG). Private und öffentlich-rechtliche Versicherungsunternehmen werden überhaupt nicht nach dem KWG, sondern ausschließlich nach dem VAG beaufsichtigt. Das gilt übrigens auch für Kapitalanlagegesellschaften nach dem InvG.

469.

Welche Norm im KWG ist von allergrößter Bedeutung für die Praxis?

§ 10 KWG, der die Anforderungen an die Eigenmittelausstattung regelt.

470.

Bei der Deutschen Bundesbank wird eine Evidenzzentrale geführt. Was ist dieser Zentrale vierteljährlich anzuzeigen?

Alle Kredite, die ein Volumen von € 1,5 Mio. oder mehr betragen (Millionenkredite: § 14 KWG).

471.

Was passiert, wenn jemand ohne Erlaubnis Bankgeschäfte betreibt oder Finanzdienstleistungen erbringt?

Dann wird er mit Freiheitsstrafe bis zu fünf Jahren oder mit Geldstrafe bestraft (§ 54 KWG). Außerdem kann die BaFin die sofortige Einstellung des Geschäftsbetriebs anordnen (§ 37 KWG).

III. Wertpapierhandelsgesetz (WpHG)

472.

Das WpHG enthält die Grundregeln für den Handel mit Wertpapieren. Können Sie einige dieser Grundregeln nennen?

Das Verbot von Insidergeschäften (§ 14 WpHG), das Verbot der Marktmanipulation (§ 20 a WpHG, die Wohlverhaltensregeln in den §§ 31 ff. WpHG.

473.

Auf wen ist das WpHG anzuwenden?

Auf die Erbringer von Wertpapierdienstleistungen, Wertpapiernebendienstleistungen, auf den börslichen und außerbörslichen Handel mit Finanzinstrumenten, den Abschluss von Finanztermingeschäften, auf Finanzanalysen sowie auf Veränderungen der Stimmrechtsanteile von Aktionären an börsennotierten Gesellschaften (§ 1 Abs. 1 WpHG).

474.

Die Bundesanstalt für Finanzdienstleistungsaufsicht (BaFin) übt die Aufsicht nach dem WpHG aus. Welche Aufgabe hat sie?

Sie soll Missständen entgegenwirken, welche die ordnungsgemäße Durchführung des Handels mit Finanzinstrumenten oder von Wertpapierdienstleistungen oder Wertpapiernebendienstleistungen beeinträchtigen oder erhebliche Nachteile für den Finanzmarkt bewirken können. Sie kann Anordnungen treffen, die geeignet und erforderlich sind, diese Missstände zu beseitigen oder zu verhindern (§ 4 Abs. 1 WpHG).

IV. Börsengesetz (BörsG)

475.

Wie ist der Begriff der Börse definiert?

Nach § 2 Abs. 1 BörsG sind Börsen teilrechtsfähige Anstalten des öffentlichen Rechts, die nach Maßgabe des Börsengesetzes multilaterale Systeme regeln und überwachen, welche die Interessen einer Vielzahl von Personen am Kauf und Verkauf von dort zum Handel zugelassenen Wirtschaftsgütern und Rechten innerhalb des Systems nach festgelegten Bestimmungen in einer Weise zusammenbringen oder das Zusammenbringen fördern, die zu einem Vertrag über den Kauf dieser Handelsobjekte führt.

476.

Können Sie einfach eine Börse eröffnen?

Nein. Dies bedarf der schriftlichen Erlaubnis der Börsenaufsichtsbehörde (§ 4 Abs. 1 BörsG).

477.

Welche Rechtsnatur hat eine Börse?

Börsen sind teilrechtsfähige Anstalten des öffentlichen Rechts (§ 2 Abs. 1 BörsG). In verwaltungsgerichtlichen Verfahren kann die Börse unter ihrem Namen klagen und verklagt werden (§ 2 Abs. 4 BörsG).

478.

Wer leitet die Börse?

Die Leitung obliegt der Geschäftsführung in eigener Verantwortung. Sie kann aus einer oder mehreren Personen bestehen (§ 15 BörsG).

479.

Wird die Geschäftsführung überwacht?

Ja. Zum einen unterliegt die Börse der Börsenaufsicht durch die oberste Landesbehörde (§ 3 Abs. 1 BörsG). Zum anderen wird die Geschäftsführung durch den Börsenrat überwacht (§ 12 BörsG). Der Börsenrat hat die Funktion eines Aufsichtsrates einer AG. Er besteht aus höchstens 24 Personen. Ihm obliegt der Erlass der Börsenordnung, die Bestellung und Abberufung der Geschäftsführer im Einvernehmen mit der Börsenaufsichtsbehörde, die Überwachung der Geschäftsführung, der Erlass einer Geschäftsordnung für die Geschäftsführung und die Bestellung des Leiters der Handelsüberwachungsstelle (§ 12 Abs. 2 BörsG).

480.

Sie wollen eine Börse besuchen und am Börsenhandel teilnehmen. Geht das?

Zum Besuch der Börse, zur Teilnahme am Börsenhandel und für Börsenhändler ist eine Zulassung durch die Geschäftsordnung erforderlich (§ 19 Abs. 1 BörsG).

481.

Welche Aufgabe hat die Handelsüberwachungsstelle (§ 7 BörsG)?

Es handelt sich um eine börseninterne Selbstüberwachung zur Kontrolle des Tagesgeschäftes.

482.

Keine gesonderte Börsenzulassung benötigen die **Skontroführer**. Was ist damit gemeint?

Dies sind die bei der Präsenzbörse zur Feststellung des Börsenpreises zugelassenen Unternehmen (§ 27 BörsG). An der Frankfurter Wertpapierbörse ist seit Mai 2011 an die Stelle des von Skontroführern getragenen Parketthandels der Spezialistenhandel für Aktien und Anleihen auf Xetra getreten.

483.

Man unterscheidet den Präsenzhandel vom elektronischen Handel. Wo finden die größeren Umsätze statt?

Im elektronischen Handel. Das bedeutendste elektronische Handelssystem ist XETRA, wo ca. 90% des Börsenhandels der DAX-Werte abgewickelt werden.

484.

Wertpapiere, die im **regulierten Markt** an einer Börse gehandelt werden sollen, bedürfen entweder der **Zulassung oder der Einbeziehung** durch die Geschäftsführung. Kann man Wertpapiere auch noch anderswo handeln?

Ja, im Freiverkehr (§ 48 BörsG). Die Börse kann den Betrieb eines Freiverkehrs zulassen, wenn durch Geschäftsbedingungen eine ordnungsgemäße Durchführung des Handels und der Geschäftsabwicklung gewährleistet erscheint. Emittenten, deren Wertpapiere ohne ihre Zustimmung in den Freiverkehr einbezogen worden sind, können durch Handelsrichtlinien nicht dazu verpflichtet werden, Informationen in Bezug auf diese Wertpapiere zu veröffentlichen (§ 48 Abs. 1 BörsG). Der Freiverkehr findet allein auf privatrechtlicher Grundlage statt. Der Freiverkehr der Frankfurter Wertpapierbörse kennt den Teilbereich des sog. **Entry Standards**.

V. Wertpapierprospektgesetz

485.

Das WpPG setzt die europäischen Vorgaben der Prospektrichtlinie (2003/71/EG vom 4. 11. 2003) in deutsches Recht um. Welchen Anwendungsbereich hat das Gesetz?

Es ist anzuwenden auf die Erstellung, Billigung und Veröffentlichung von Prospekten für Wertpapiere, die öffentlich angeboten oder zum Handel an einem organisierten Markt zugelassen werden sollen (§ 1 Abs. 1 WpPG).

486.

Die Prospektpflicht bezieht sich auf Wertpapiere, dies sind übertragbare Papiere, die an einem Markt gehandelt werden können, z. B. Aktien, Schuldverschreibungen oder Zertifikate (§ 2 Abs. 1 WpPG). Worauf ist das WpPG nicht anzuwenden?

Etwa auf Investmentfondsanteile oder auf bestimmte Wertpapiere, die von einem Staat des EWR ausgegeben oder garantiert werden (§ 1 Abs. 2 WpPG). Diejenigen, die außerhalb des Anwendungsbereichs des WpPG sind, dürfen aber freiwillig Prospekte herausgeben, wenn Wertpapiere öffentlich angeboten oder zum Handel an einem organisierten Markt zugelassen werden (Opt-in-Klausel: § 1 Abs. 3 WpPG).

487.

Was muss der Prospekt enthalten?

Er muss in leicht analysierbarer und verständlicher Form sämtliche Angaben enthalten, die im Hinblick auf den Emittenten und die zugelassenen Wertpapiere notwendig sind, um dem Publikum ein zutreffendes Urteil über die Vermögenswerte und Verbindlichkeiten, die Finanzlage, die Gewinne und Verluste, die Zukunftsaussichten des Emittenten und jedes Garantiegebers sowie über die mit diesen Wertpapieren verbundenen Rechte zu ermöglichen (§ 5 Abs. 1 WpPG).

488.

Nach § 6 WpPG können für bestimmte Wertpapiere Basisprospekte erstellt werden. Die genauen Angebotsbedingungen können später, kurz vor dem öffentlichen Angebot, festgesetzt werden. Für welche Papiere sind Basisprospekte zulässig?

Für Hypothekenpfandbriefe, Kommunalschuldverschreibungen und sonstige Anleihen sowie Optionsscheine aller Art, derivative Wertpapiere wie Aktienanleihen, Zertifikate und strukturierte Wertpapiere.

489.

Ein Prospekt darf vor seiner Billigung nicht veröffentlicht werden. Wer entscheidet über die Billigung?

Die BaFin nach Abschluss einer Vollständigkeitsprüfung einschließlich der Prüfung der Kohärenz und Verständlichkeit der vorgelegten Informationen (§ 13 WpPG). Die Billigungsfrist beträgt 10 Werktage; sie verlängert sich auf 20 Werktage bei Erstemissionen (Initial Public Offerings: IPO's).

490.

Billigt die BaFin einen Prospekt, so ist der Handel mit dem Wertpapier auch grenzüberschreitend im europäischen Wirtschaftsraum zulässig. Es bedarf keiner erneuten Billigung durch eine Behörde des Aufnahmestaates (§ 17 Abs. 1 WpPG). Wie nennt man dieses Verfahren?

Europäischer Pass.

491.

Angenommen, der Prospekt ist unrichtig oder unvollständig. Wer haftet dann dafür?

Nach § 44 Abs. 1 BörsG derjenige, der für den Prospekt die Verantwortung übernommen hat und derjenige, der den Erlass des Prospektes veranlasst hat. Beide haften als Gesamtschuldner auf Übernahme der Wertpapiere gegen Erstattung des Erwerbspreises.

492.

Was verstehen Sie unter einem Prospektveranlasser?

Gemeint sind etwa die Konzernmutter oder der maßgeblich steuernde Großaktionär oder der Aufsichtsrat oder ein Vorstandsmitglied. Prospektveranlasser sind aber nicht alle, die am unrichtigen Prospekt mitgewirkt haben. Wirtschaftsprüfer, Abschlussprüfer, Rechtsanwälte oder die BaFin scheiden aus.

493.

Was passiert, wenn der Erwerber nicht mehr Inhaber der Wertpapiere ist?

Dann kann er die Zahlung des Unterschiedsbetrages zwischen dem Erwerbspreis und dem Veräußerungspreis der Wertpapiere verlangen (§ 44 Abs. 2 BörsG).

494.

Das Risiko der Haftung wird nach § 45 BörsG reduziert. Was ist dort geregelt?

Die Haftung nach § 44 BörsG besteht nicht, wenn nachgewiesen wird, dass der Verantwortliche die Unrichtigkeit oder Unvollständigkeit der Angaben des Prospektes nicht gekannt hat und die Unkenntnis nicht auf grober Fahrlässigkeit beruht (§ 45 Abs. 1). Darüber hinaus enthält § 45 Abs. 2 BörsG eine Reihe von Fällen, in denen keine Prospekthaftung besteht, z. B. weil die Wertpapiere nicht aufgrund des Prospektes erworben wurden.

495.

In welcher Zeit verjährt der Anspruch nach § 44 BörsG?

In einem Jahr, seit dem Zeitpunkt, zu dem der Erwerber von der Unrichtigkeit oder Unvollständigkeit der Angaben des Prospektes Kenntnis erlangt hat, spätestens jedoch in drei Jahren seit der Veröffentlichung des Prospekts (§ 46 BörsG).

VI. Wertpapier-Verkaufsprospektgesetz (VerkProspG)

496.

Angenommen, Sie wollen eine Unternehmensbeteiligung an den Markt bringen – z. B. Anteile an einer KG, die einen geschlossenen Immobilienfonds verwaltet. Ist dies prospektpflichtig?

Ja, aber nicht nach dem WpPG, weil dort nur Wertpapiere erfasst sind, sondern nach dem Verkaufsprospektgesetz. In § 8 f VerkProspG heißt es, dass für im Inland öffentlich angebotene Anteile, die eine Beteiligung am Ergebnis eines Unternehmens gewähren, für Anteile an einem Treuhandvermögen oder für Anteile an sonstigen geschlossenen Fonds der Anbieter einen Verkaufsprospekt veröffentlichen muss. Dies gilt auch für Namensschuldverschreibungen.

497.

Damit erfasst die Prospektpflicht öffentlich angebotene Unternehmensbeteiligungen an handelsrechtlichen Personengesellschaften, Anteile einer GmbH oder GbR sowie stille Beteiligungen. Woraus ergibt sich der **Prospektinhalt**?

Aus § 8 g VerkProspG. Der Verkaufsprospekt muss danach alle tatsächlichen und rechtlichen Angaben enthalten, die notwendig sind, um dem Publikum eine zutreffende Beurteilung des Emittenten und der Vermögensanlagen im Sinne des § 8 f Abs. 1 VerkProspG zu ermöglichen.

498.

Wie wird für fehlerhafte Prospekte gehaftet?

Sind wesentliche Angaben in einem Prospekt unrichtig oder unvollständig, so sind die §§ 44–47 BörsG mit gewissen Modifizierungen anzuwenden (§ 13 Abs. 1 Verk-ProspG).

499.

Was passiert, wenn ein Prospekt völlig fehlt?

Dann kann der Erwerber von dem Emittenten die Übernahme der Wertpapiere gegen Erstattung des Erwerbspreises verlangen (§ 13 a Abs. 1 VerkProspG).

VII. Wertpapiererwerbs- und Übernahmerecht (WpÜG)

500.

Das WpÜG betrifft die Übernahme einer Zielgesellschaft durch ein Unternehmen. Berühmtester Fall ist Mannesmann/Vodafone. Was ist mit der Übernahme gemeint?

Gemeint sind Angebote zum Erwerb von Wertpapieren, die von einer Zielgesellschaft ausgegeben werden und zum Handel an einem organisierten Markt zugelassen sind (§ 1 Abs. 1 WpÜG). Es handelt sich also um öffentliche Übernahmeangebote (Take-over-Bids).

501.

Wann liegt ein Übernahmeangebot vor?

Ein Übernahmeangebot ist ein Angebot, das auf den Erwerb der Kontrolle über eine Zielgesellschaft gerichtet ist (§ 29 Abs. 1 WpÜG).

502.

Wann kann man von Kontrolle sprechen?

Kontrolle ist das Halten von mindestens 30% der Stimmrechte an der Zielgesellschaft (§ 29 Abs. 2 WpÜG).

VIII. Investmentgesetz (InvG)

503.

Grundgedanke des Investmentgeschäfts ist die breite Streuung des Kapitals in verschiedene Anlagen. Der Anleger investiert nicht unmittelbar in einen einzigen

Wert, sondern in einen Anteil am Sondervermögen des Investmentfonds. Wie heißt die Gesellschaft, die den Investmentfonds verwaltet?

Kapitalanlagegesellschaft nach den Anforderungen der Richtlinie 85/611/EWG vom 20. 12. 1985 (§ 2 InvG).

504.

Die Anlage der beim Investmentgeschäft vereinnahmten Gelder hat zum Schutz der Anleger nach dem Grundsatz der Risikomischung zu erfolgen. Wo findet sich dieser Grundsatz?

In § 1 Satz 2 InvG. Danach sind Investmentvermögen solche zur gemeinschaftlichen Kapitalanlage, die nach dem Grundsatz der Risikomischung in Vermögensgegenständen angelegt sind.

505.

In welche Vermögensgegenstände darf ein Investmentfonds anlegen?

Das ergibt sich aus § 2 Abs. 4 InvG. Genannt sind Wertpapiere, Geldmarktinstrumente, Derivate, Bankguthaben, Grundstücke, Beteiligungen an Gesellschaften, Anteile an Investmentvermögen in verschiedenen Variationen.

506.

Hedge-Fonds sind im InvG ebenfalls geregelt. Wissen Sie, wo?

In den §§ 112 ff. InvG.

507.

Was versteht man unter einem Hedge-Fonds?

Gemeint sind Sondervermögen mit zusätzlichen Risiken, die den Grundsatz der Risikomischung beachten und im Übrigen im Rahmen ihrer Anlagestrategien keinen Beschränkungen bei der Auswahl der Vermögensgegenstände unterworfen sind (§ 112 Abs. 1 InvG).

508.

Was verstehen Sie unter einem Dach-Hedge-Fonds?

Ein Dach-Hedge-Fonds ist ein Investmentfonds, der im Wesentlichen in Single-Hedge-Fonds (§ 112 InvG) investiert (§ 113 InvG).

509.

Gibt es für Investmentfonds auch eine Prospekthaftung?

Ja (§ 127 InvG). Ist der Verkaufsprospekt in wesentlichen Aspekten unrichtig und unvollständig, so haften die Kapitalanlagegesellschaft und gewerbliche Verkäufer, bei Bösgläubigkeit auch Vermittler und Handelsvertreter als Gesamtschuldner.

510.

In der Praxis sehr verbreitet ist der Investmentsparplan. Was ist damit gemeint?

Der Anleger investiert während einer im Voraus festgelegten Laufzeit, z.B. mit monatlichen Sparraten, die in Investmentanteile angelegt werden. Investmentsparpläne werden von § 125 InvG reglementiert. Von jeder für das erste Jahr vereinbarten Zahlung darf höchstens ein Drittel für die Deckung von Kosten verwendet werden. Die restlichen Kosten müssen auf alle späteren Zahlungen gleichmäßig verteilt werden.

B. Kapitalmarktrelevante Bankgeschäfte

I. Das Depotgeschäft

511.

A gibt seiner Bank ein versiegeltes Paket mit Wertpapieren zur Verwahrung. Liegt ein Depotgeschäft vor?

Ja. Die Art der Verwahrung ist für den Begriff des Depotgeschäftes grundsätzlich unerheblich. Auch das sog. verschlossene Depot fällt also unter den Begriff des Depotgeschäfts. Das Gesetz über die Verwahrung und Anschaffung von Wertpapieren (DepotG) ist in diesen Fällen allerdings nicht anwendbar, da es nach § 1 Abs. 2 voraussetzt, dass die Wertpapiere unverschlossen zur Verwahrung anvertraut werden. Das trifft nur auf das offene Depot zu.

512.

Erläutern Sie den Begriff „Sonderverwahrung".

Nach § 2 DepotG muss die Bank die Wertpapiere des einzelnen Kunden grundsätzlich gesondert von ihren eigenen Beständen und von denen Dritter aufbewahren, wobei die Bezeichnung des Hinterlegers äußerlich erkennbar sein muss. Üblicherweise wird dafür das Paket des Kunden mit einem Streifband umgeben, auf dem der Name des Hinterlegers steht. Diese Art der Verwahrung wird daher auch „Streifbanddepot" genannt. Rechtlich zeichnet sich die Sonderverwahrung dadurch aus, dass das Eigentum an den Papieren beim Hinterleger bleibt, während die Bank nur Besitz erlangt.

513.

Wie unterscheidet sich die Sammelverwahrung von der Sonderverwahrung?

Im Gegensatz zur Sonderverwahrung werden bei der Sammelverwahrung die Wertpapiere nicht nach Hinterlegern getrennt verwahrt. Stattdessen bildet die Bank aus Papieren gleicher Art einen Sammelbestand, der auch ihre eigenen Papiere umfassen kann (§ 5 DepotG). Diese in der Praxis vorherrschende Verwahrungsart ist nur zulässig, wenn der Hinterleger die Bank ausdrücklich und schriftlich dazu ermächtigt hat (§ 5 Abs. 1 DepotG). Nach § 6 Abs. 1 DepotG verliert der Hinterleger mit Eingang der Papiere beim Verwahrer das Eigentum und erwirbt stattdessen einen Miteigentumsanteil nach Bruchteilen an den zum Sammelbestand gehörenden Papieren derselben Art.

514.

Buchhalter B übergibt die dem A unterschlagenen Inhaberaktien zur Sammelverwahrung an die eigene Bank. Verliert A sein Eigentum an den Aktien?

Ja (*BGH* WM 1957, 676). Mit dem Zeitpunkt des Eingangs der Aktien beim Sammelverwahrer verliert der bisherige Eigentümer A sein Eigentum. Nach § 6 Abs. 1 DepotG erwirbt er aber statt dessen einen entsprechenden Miteigentumsanteil an den zum Sammelbestand des Verwahrers gehörenden Papieren derselben Art. Dabei handelt es sich um einen Erwerbstatbestand sui generis. Miteigentümer wird nicht der Hinterleger B, sondern A, unabhängig davon, ob B zur Hinterlegung ermächtigt war.

515.

A hat bei der B-Bank 50 Aktien der C-AG in Sammelverwahrung. Er möchte diese herausverlangen und wissen, ob dazu die Aufhebung der Miteigentumsgemeinschaft nach § 749 BGB erforderlich ist.

Nein. Die Sonderbestimmungen des DepotG über das Verhältnis der Miteigentümer zueinander gehen den allgemeinen Vorschriften (§§ 741 ff., 1008 ff. BGB) vor. Nach § 7 Abs. 1 DepotG ist die Bank auf Verlangen des A verpflichtet, ihm aus dem Sammelbestand Aktien in Höhe des Nennbetrages auszuliefern. Nach § 6 Abs. 2, S. 1 DepotG ist die Zustimmung der übrigen Miteigentümer dazu nicht erforderlich.

516.

A will der F durch einen Vertrag zugunsten Dritter nach § 328 BGB mit seiner Bank sein Wertpapierdepot übertragen. Kann er das?

Eine Übereignung der Wertpapiere durch einen Vertrag zugunsten Dritter nach § 328 BGB scheitert nach h. M. an der Unzulässigkeit dinglicher Verträge zugunsten Dritter (RGZ 98, 279, 282). Der *BGH* (BGHZ 41, 95, 96) hat jedoch die Möglichkeit eines schuldrechtlichen Vertrages zugunsten des Dritten und eine daraus herrührende Pflicht zur Übereignung des Depots anerkannt. Die Übereignung selbst könnte dann durch ein Überbringen des Einigungsangebots durch die Bank als Botin des A, die Erteilung einer Vollmacht zur Übereignung der Effekten an F oder durch Ermächtigung der Bank gemäß § 185 BGB erfolgen.

517.

Besteht bei der Drittverwahrung von Wertpapieren die Möglichkeit, im guten Glauben an das Eigentum des Zwischenverwahrers Eigentum an den Papieren zu erlangen?

Nein. Nach § 4 Abs. 1, S. 1 DepotG wird die Fremdheit der Wertpapiere unwiderleglich vermutet. Ein gutgläubiger Erwerb des Eigentums vom Zwischenverwahrer ist daher grundsätzlich nicht möglich. Lediglich im Fall einer Eigenanzeige nach § 4 Abs. 2 DepotG und gegenüber einem Verwahrer, der nicht Bank- oder Sparkassengeschäfte betreibt, findet die Fremdheitsvermutung keine Anwendung.

518.

A lässt sich von der B-Bank Aktien einer amerikanischen Aktiengesellschaft besorgen, die die Bank für ihn verwahrt. Als nach einem Jahr eine umfangreiche Reorganisation des Managements erfolgt, verlieren die Aktien erheblich an Wert. Die geplante Umorganisation war der ausländischen Fachpresse zu entnehmen. A verlangt von B Schadensersatz, da diese ihn nicht über die geplanten Veränderungen unterrichtet hat, wozu sie aufgrund des Depotvertrages verpflichtet gewesen sei. Zu Recht?

Nein (*OLG* Karlsruhe WM 1992, 577). Der Depotvertrag verpflichtet den Verwahrer zwar zur Überwachung und Benachrichtigung über die Ausübung und Verwertung der Anlegerrechte und -pflichten, wie z. B. Bezugsrechte, Einzahlungspflichten, Abfindungs- und Übernahmeangebote. Weitergehende Warn- und Aufklärungspflichten über alle für die Wertentwicklung relevanten Umstände sind aber wegen der Vielzahl von Faktoren weder bestimmbar, noch wirtschaftlich praktikabel. Deshalb fällt die Wertentwicklung der Anlage grundsätzlich in die Risikosphäre des Kunden. Ohne zusätzlich übernommene Verpflichtung zur Depotüberwachung ist B daher nicht ersatzpflichtig.

519.

Was ist unter dem Depotstimmrecht zu verstehen?

Der Depotinhaber kann die Bank beauftragen, das ihm zustehende Stimmrecht in der Hauptversammlung der Gesellschaft für ihn auszuüben (§ 135 AktG). Für die Ausübung dieses Depotstimmrechts kann der Hinterleger der Bank Weisungen erteilen. Tut er das nicht, stimmt die Bank nach ihren Vorstellungen ab, wobei sie ihm aber grundsätzlich vorher mitteilen muss, wie sie abzustimmen beabsichtigt; dabei muss sie sich vom Interesse des Aktionärs leiten lassen (§§ 128, 135 AktG).

520.

Wie wird der Hinterleger im Fall der Sonder- oder Sammelverwahrung beim Konkurs der Bank geschützt?

Da der Hinterleger im Fall der Sonderverwahrung Eigentümer der Papiere bleibt und bei der Sammelverwahrung Miteigentümer am Sammelbestand ist, hat er bei Konkurs des Verwahrers ein Aussonderungsrecht nach § 47 InsO. Hat die Bank das Eigentum bzw. das Miteigentum des Kunden durch eine rechtswidrige Verfügung verletzt und so dessen Aussonderungsrecht zerstört, so hat dieser das Konkursvorrecht des § 32 Abs. 1, Ziff. 2 DepotG.

II. Swap-Geschäft

521.

Swaps sind die wohl erfolgreichste Finanzinnovation der 80iger Jahre. Die Umsätze auf den Swapmärkten erreichen täglich Milliardenhöhe. Swaps treten in zwei Grundformen auf, dem Zins- und dem Devisenswap, sowie diversen Kombinationen hieraus. Können Sie den Zinsswap beschreiben?

Bei einem Zinsswap vereinbaren die Parteien, während der vereinbarten Laufzeit Geldzahlungen in derselben Währung auszutauschen. Dabei übernimmt es die eine Partei, der anderen „Zins"zahlungen in Höhe eines fest vereinbarten Zinssatzes auf einen – fiktiven – Nominalbetrag zu zahlen. Im Gegenzug verpflichtet sich diese, der ersten Partei auf den gleichen – fiktiven – Nominalbetrag „Zins"zahlungen zu leisten, die anhand eines variablen Zinssatzes, wie z. B. Libor (London Interbank Offered Rate) oder Euribor (European Interbank Offered Rate) – häufig zuzüglich eines festen Prozentsatzes – bestimmt werden.

522.

Von Zinsswaps als „Tausch" von Zinsverbindlichkeiten innerhalb derselben Währung sind Devisenswaps zu unterscheiden. Hier sind grundsätzlich zwei verschie-

dene Währungen beteiligt. Wie lautet die Vereinbarung bei einem Währungs-
swap?

Die Parteien vereinbaren den periodischen Austausch von Kapital- und/oder Zinszahlungen verschiedener Währungen.

523.

Unterstellt, eine Großbank bemüht sich um eine Finanzierung zu variablen
Konditionen, während das Industrieunternehmen Festzinsen wünscht. Das Industrieunternehmen kann sich variable Zinsen zu EURIBOR + 0,5% besorgen,
während die Bank dafür nur EURIBOR zahlen muss. Es besteht also eine Zinsdifferenz von 0,5%. Für fixe Zinsen muss das Industrieunternehmen 5%, die
Bank dagegen nur 3,75% zahlen. Es besteht eine Zinsdifferenz von 1,25%.
Können Sie sich vorstellen, wie es nun zu einem Zinsswapgeschäft kommen
kann?

Zwischen Bank und Industrieunternehmen besteht ein Bonitätsunterschied. Das
Unternehmen muss in jedem Fall höhere Zinsen zahlen als die Bank. In dieser
Situation beschafft sich die Bank Festzinsmittel zu 3,75% und das Industrieunter-
nehmen variable verzinsliche Mittel zu EURIBOR + 0,5%, d. h. beide Parteien
verhalten sich zunächst entgegengesetzt. Im anschließenden Zinsswap vereinbaren
die Parteien gegenseitige Zinszahlungen. Die Vereinbarung könnte beispielsweise so
aussehen, dass die Bank variable Zinszahlungen in Höhe des EURIBOR an das
Unternehmen zahlt, während sie vom Industrieunternehmen Festzinszahlungen in
Höhe von 4,25% erhält. Im Ergebnis zahlt die Bank 3,75% Festzinsen sowie
EURIBOR an das Unternehmen und erhält 4,25% vom Unternehmen. Für die
Bank entstehen also Nettokosten: EURIBOR + (3,75% − 4,25% = EURIBOR −
0,5%). Der Vorteil des Zinsswaps für die Bank beträgt folglich 0,5%.

Das Unternehmen zahlt EURIBOR + 0,5% an den Kapitalgeber sowie 4,25% an die
Bank. Umgekehrt erhält es EURIBOR von der Bank.

Das Unternehmen hat folglich Nettokosten in Höhe von 4,75%, während der
Marktpreis für ein festverzinsliches Darlehen bei 5% läge. Das Unternehmen hat also
einen Vorteil in Höhe von 0,25% durch den Zinsswap.

524.

Swap als Tauschgeschäft: Es wurde mehrfach gezeigt, dass die Parteien das Zinsswapgeschäft dadurch realisieren, dass sie die dem eigenen Kreditgeber geschuldeten Zinsbeträge gegenseitig austauschen. Bedeutet das, dass man es beim Swap
rechtlich mit einem Tausch zu tun hat?

So wird es in der – spärlichen – Literatur gelegentlich vertreten (*Fülbier*, ZIP 1990,
544; dag. *Schäfer*, ZIP 1986, 1304). Obwohl die Parteien Geldbeträge gegenseitig
austauschen, liegt darin kein Tausch im Rechtssinne, weil dieser einen **unveränder-**

ten Austausch von Leistungen voraussetzen würde. Gerade das ist aber nicht der Fall, weil sich sonst der Swap nicht lohnen würde.

III. Finanztermingeschäfte

525.

Finanztermingeschäfte sind Derivate und Optionsscheine (§ 37 e i. V. m. § 2 Abs. 2 a WpHG). Was meint man damit?

Derivate sind als Festgeschäfte oder Optionsgeschäfte ausgestaltete Termingeschäfte und Devisentermingeschäfte, wenn sie an einem organisierten Markt gehandelt werden sowie Devisenoptionsgeschäfte, Währungsswapgeschäfte, Devisenswapgeschäfte und Devisenfutureoptionsgeschäfte (§ 2 Abs. 2 WpHG).

526.

Finanztermingeschäfte können sowohl an der Börse als auch außerhalb abgeschlossen werden. Wie werden sie häufig genannt, wenn sie außerhalb abgeschlossen werden?

OTC-Geschäfte (*Over-the-counter*-Geschäfte).

527.

Finanztermingeschäfte können nach ihrer Form als Options- oder Festpreisgeschäft unterschieden werden. Was heißt das?

Bei einem Optionsgeschäft zahlt die eine Seite der anderen Seite eine Prämie dafür, dass sie berechtigt (nicht aber verpflichtet) ist, von der anderen Seite den Verkauf (*Call*-Option) bzw. Kauf (*Put*-Option) von Waren oder Wertpapieren zu einem festgesetzten Zeitpunkt und Preis (den Basiswert) zu verlangen. Der aus der Option Berechtigte zahlt dem Optionsschuldner (Stillhalter) für die Eingehung der Verpflichtung eine Optionsprämie. Im Gegensatz hierzu sind bei einem Festpreisgeschäft (auch Future-Geschäft genannt) beide Parteien verpflichtet, zu einem späteren Zeitpunkt die beiderseits eingegangenen Verpflichtungen zu erfüllen.

528.

In welchen Formen kommen Finanztermingeschäfte vor?

Als Warentermingeschäft (Edelmetalle, Orangen, Schweinebäuche) und als Finanztermingeschäft. Hier werden drei Gruppen unterschieden, die Termingeschäfte auf Aktien und Aktienindizes, solche auf (existierende oder synthetische) festverzinsliche

Wertpapiere oder Zinsindizes und Termingeschäfte auf Währungen bzw. Rechnungseinheiten.

529.

A hat tausend Siemens-Aktien, die zurzeit € 350 wert sind. Er will in drei Monaten verkaufen, weil er dann das Geld braucht, befürchtet aber, dass der Kurs bis dahin fällt. Was raten Sie ihm?

Er kann entweder die tausend Aktien heute auf Termin verkaufen, schließt also ein *Future*-Geschäft. Alternativ kann er eine *Put*-Option erwerben, also das Recht, die Aktien zum Fälligkeitszeitpunkt dem Stillhalter für € 350 anzudienen.

530.

Warum ist der Stillhalter bereit eine solche *Put*-Option einzugehen?

Weil er daran glaubt, dass der Kurs der Siemens-Aktie steigt, sodass er im Fälligkeitszeitpunkt für € 350 sehr preiswerte Aktien bekommt.

531.

Jetzt möchte A in drei Monaten tausend Siemens-Aktien erwerben, weil er erst dann Geld zur Verfügung hat. Er rechnet aber mit steigenden Kursen und möchte deshalb den heutigen Kurs von € 350 absichern. Was raten Sie ihm?

Er soll eine *Call*-Option auf Lieferung in drei Monaten abschließen. Der Stillhalter geht dieses Geschäft ein, weil er glaubt, dass die Siemens-Aktie in drei Monaten unter € 350 gehandelt wird, sodass er die Optionsprämie verdient.

532.

Mithilfe von *Put*- und *Call*-Optionen kann man sich also gegen fallende Kurse und gegen steigende Kurse absichern. Wie nennt man diesen Vorgang?

Hedging.

533.

Neben dem Hedging gibt es eine weitere klassische Nutzung von Finanztermingeschäften – welche?

Die Arbitrage. Bei dieser werden mithilfe von Finanztermingeschäften Preisdifferenzen zwischen dem Kassa- und Terminmarkt ausgenutzt.

534.

Schließlich können Finanztermingeschäfte zum Trading bzw. zur Spekulation genutzt werden. Können Sie ein Beispiel bilden?

Wenn A die tausend Siemens-Aktien, die er in drei Monaten verkauft, gar nicht hat (Leerverkauf), so spekuliert er darauf, sich im Zeitpunkt seiner Lieferverpflichtung billiger am Markt eindecken zu können und so praktisch ohne Kapitaleinsatz einen Gewinn zu erzielen. Steigen bis zu diesem Zeitpunkt die Kurse, muss er sich teurer eindecken und erleidet folglich einen Verlust.

535.

Beim Festpreisgeschäft ist das Risiko für beide Vertragspartner symmetrisch. Demgegenüber ist bei Optionen das Risiko asymmetrisch verteilt. Was meint man damit?

Der Optionskäufer begrenzt sein Verlustrisiko auf die eingesetzte Optionsprämie. Demgegenüber geht der Optionsverkäufer ein theoretisch unbegrenztes Risiko ein, während sein Gewinn auf die Höhe der Optionsprämie begrenzt ist.

536.

Gelten auch die Regeln des WpHG, insbesondere die Verhaltenspflichten (§§ 31–37 a WpHG) für Finanztermingeschäfte?

Ja. Nach § 2 Abs. 2 WpHG werden Termingeschäfte als Derivate erfasst, deren Börsen- oder Marktpreis unmittelbar oder mittelbar von der Entwicklung des Börsen- oder Marktpreises von Wertpapieren oder ausländischen Zahlungsmitteln oder der Veränderung von Zinssätzen abhängt. Für Finanztermingeschäfte gelten daher die Regelungen des WpHG in vollem Umfang, insbesondere auch § 37 e WpHG.

537.

Welche Merkmale prägen ein Finanztermingeschäft?

– hinausgeschobener Erfüllungszeitpunkt
– geringer Kapitaleinsatz/Hebelwirkung
– Leveraging
– Risiko des Totalverlustes
– Möglichkeit der Schließung der Risikoposition durch ein Gegengeschäft oder Verkauf der Risikoposition im Sekundärmarkt

538.

Finanztermingeschäfte treten in vielfältiger Form auf, z. B. als OTC-Optionen oder Swaps, Caps, Floors, Collars oder Forward Rate Agreements (FRAs). Gibt es noch weitere Formen von Finanztermingeschäften?

Ja, Leerverkäufe (Short Sales).

539.

Ist auch Day Trading ein Finanztermingeschäft?

Nein. Es handelt sich nicht um Termin-, sondern um Kassageschäfte. Die Parteien schließen eines Tages zahlreiche Wertpapiergeschäfte und verabreden, dass keine Lieferung erfolgen, sondern nur Spekulationsgewinne durch Gutschriften ausgeglichen werden sollen.

IV. Finanzkommissionsgeschäfte

540.

Durch die 6. KWG-Novelle wurde mit Wirkung ab Januar 1998 der Begriff *Effektengeschäft* aus dem KWG gestrichen und durch den Begriff *Finanzkommissionsgeschäft* (§ 1 Abs. 1 Nr. 4 KWG) ersetzt. Was sind das für Geschäfte?

Es geht um die Anschaffung und die Veräußerung von Finanzinstrumenten im eigenen Namen für fremde Rechnung. Finanzinstrumente sind Wertpapiere, Geldmarktinstrumente, Devisen oder Rechnungseinheiten sowie Derivate (§ 1 Abs. 11 KWG).

541.

Vom Finanzkommissionsgeschäft zu trennen ist das Emissionsgeschäft. Worin liegt der entscheidende Unterschied?

Das Emissionsgeschäft befasst sich mit der *Erstausgabe* von Wertpapieren. Mit der Ausgabe werden durch die Wertpapiere repräsentierte Kapitalbeträge aufgebracht

542.

Für die Anschaffung und Veräußerung von Wertpapieren für Dritte bieten sich vier verschiedene Rechtsformen an. Welche?

– offene Stellvertretung
– Kommission (§ 383 HGB)

– Kommission mit Selbsteintritt (§ 400 HGB)
– Eigengeschäft

543.

Banken beschaffen und veräußern Wertpapiere nur selten in der Form der offenen Stellvertretung. Wenn davon Gebrauch gemacht wird, dann kommt ein Kaufvertrag unmittelbar zwischen dem Anleger und dem Verkäufer zustande. Wann findet man diese Form?

Besonders bei der Platzierung oder dem Erwerb größerer Bestände an Wertpapieren von einem bzw. für einen Kunden der Bank außerhalb der Börse. Ansonsten ist die offene Stellvertretung unüblich, weil Börsenteilnehmer sonst ein erhebliches Insolvenz- und Abwicklungsrisiko tragen müssten.

544.

Seit dem 1. 1. 1995 gibt es Sonderbedingungen für Wertpapiergeschäfte (Stand 07/2007). Wie führt die Bank Kundenaufträge zum Kauf oder Verkauf von Wertpapieren nach diesen Sonderbedingungen aus?

Als Kommissionärin (§ 383 HGB), oder sie tätigt mit dem Kunden Festpreisgeschäfte (Nr. 1 Sonderbedingungen). Direktbanken führen Kundenorder in der Regel als Kommissionsgeschäfte aus (*BGH* BKR 2002, 736).

545.

Im Rahmen des Kommissionsgeschäftes ist die Bank verpflichtet, den ihr erteilten Auftrag am Markt für Rechnung des Kunden auszuführen und diesem auf Wunsch über das konkrete Ausführungsgeschäft Rechnung zu legen. Wo ist der Unterschied zur Kommission mit Selbsteintritt (§ 400 HGB)?

Anders als bei der Kommission mit Selbsteintritt muss die Bank in der Lage sein, in nachprüfbarer Weise jedem Kundengeschäft ein Ausführungsgeschäft konkret zuzuordnen. Eine entsprechende Dokumentationspflicht obliegt ihr auch nach § 34 Abs. 1 WpHG.

546.

Kann die Bank mehrere Kundenorder zu einer Sammelorder zusammenfassen (Blockorder) und einen Durchschnittspreis bilden?

Kommissionsrechtlich ist dies *nicht zulässig*.

547.

Wenn die Bank Wertpapiere in Kommission für einen Kunden kauft, so kommt das Geschäft mit dem Kunden zustande. Der Veräußerer trägt also das Insolvenzrisiko des Kunden. Wie wird der Verkäufer geschützt?

Durch Nr. 9 der Sonderbedingungen – danach übernimmt die Bank die Haftung für die ordnungsgemäße Erfüllung des Ausführungsgeschäftes durch den Dritten bzw. den Vertragspartner eines Zwischenkommissionärs (*Delcredere*-Haftung).

548.

Ein Kunde erteilt der Bank den Auftrag, für ihn Wertpapiere zu erwerben. Wo wird die Bank diesen Auftrag ausführen?

Soweit möglich im Inland (Nr. 10 und 11 Sonderbedingungen).

549.

Unter welchen Voraussetzungen ist die Bank nicht verpflichtet, den Kundenauftrag auszuführen?

Wenn das Guthaben des Kunden oder ein für Wertpapiergeschäfte nutzbarer Kredit oder der Depotstand des Kunden nicht zur Ausführung ausreicht (Nr. 4 Sonderbedingungen). Die Bank hat einen Anspruch auf Vorschuss gemäß § 669 BGB.

550.

Bei einem Kommissionsgeschäft schuldet der Kunde eine Provision grundsätzlich nur erfolgsabhängig (§ 396 Abs. 1 HGB). Gilt das auch für Zeichnungsgebühren?

Nein (*BGH* ZIP 2003, 617). Wenn eine Bank bei einer Neuemission für einen Kunden vorsichtshalber zeichnet, so ist nicht sicher, ob und in welchem Umfang der Anleger beteiligt wird. Folglich könnten die Banken keine Zeichnungsaufträge mehr annehmen, weil sie nie sicher wären, ob sie dafür ein Entgelt bekommen.

551.

Der Kunde muss der Bank keinen Kommissionsauftrag geben, er kann auch einen anderen Weg wählen – welchen?

Er kann ein Festpreisgeschäft (Kaufvertrag) mit der Bank schließen (Nr. 1 Abs. 3 Sonderbedingungen).

552.

Beim Festpreisgeschäft verpflichtet sich die Bank sofort zu einer festen Lieferung gegen einen bestimmten Preis. Kann sie zusätzlich Gebühren oder Provisionen berechnen?

Nein. Die zwischen dem Kunden und der Bank getroffene Preisvereinbarung setzt sich aus dem Kurs des Wertpapiers sowie einem Entgelt der Bank zusammen.

553.

In der Praxis treten häufiger Probleme mit unrichtigen Kursen für An- oder Verkauf der Wertpapiere auf, insbesondere, wenn diese Derivate verbriefen und ihr den Kurs determinierender innerer Wert nicht ohne Zuhilfenahme mathematischer Formeln bestimmt werden kann. Kann die Bank in diesem Fall wegen Irrtums anfechten?

Regelmäßig nein, weil ein einseitiger Irrtum über den *richtigen* Börsenkurs ein als Motivirrtum unbeachtlicher Kalkulationsirrtum ist. Nur wenn der Anleger den Kalkulationsirrtum erkennt und bei verständiger Würdigung des Falles seine Kauferklärung nicht abgegeben haben würde, muss er die Bank auf den Kalkulationsfehler hinweisen. Tut er es nicht, so haftet er auf Schadensersatz (*BGH* WM 1998, 2375).

554.

Nach Nr. 3 Abs. 1 Sonderbedingungen gelten für die Ausführungsgeschäfte der Bank, die für den Wertpapierhandel geltenden Rechtsvorschriften und Geschäftsbedingungen (Usancen). Was bedeutet das?

Dass Börsengeschäfte am zweiten Tag nach dem Tag des Geschäftsabschlusses zu beliefern sind (§ 15 Abs. 1 Satz 1 Geschäftsbedingungen). Das gilt auch für den Freiverkehr und für den Wertpapierhandel außerhalb von Börsen (§ 346 HGB: Handelsbrauch).

555.

Dem Kommissionär steht nach § 397 HGB ein Pfandrecht an den Wertpapieren wegen aller Kosten, Provisionen oder Vorschüsse zu. Hat er noch weitere Rechte?

Ja. Das Zurückbehaltungsrecht nach § 273 BGB und das erweiterte kaufmännische Zurückbehaltungsrecht nach § 369 HGB. Ferner sieht § 19 DepotG vor, dass der Kommissionär berechtigt ist, die Übersendung des Stückeverzeichnisses auszusetzen, wenn Forderungen von ihm ausstehen.

556.

Eine Bank hat Wertpapiere für den Kunden im Kommissionsgeschäft erworben und das Kundenkonto bereits entsprechend belastet. Bevor der Kunde Eigentum oder Miteigentum an den Wertpapieren erworben hat, wird die Bank insolvent. Wie ist der Kunde geschützt?

Nach §§ 32 Abs. 1, 18 Abs. 1 DepotG hat er ein Recht auf bevorzugte Befriedigung. Das ist kein Aus- oder Absonderungsrecht im Sinne von §§ 47 ff. InsO, sondern nur ein Insolvenzvorrecht. Eine entsprechende Vorschrift enthält § 30 PfandBG für die Befriedigung der Pfandbriefgläubiger an den von der Hypothekenbank erworbenen Hypotheken, die zur Deckung der Pfandbriefe bereitgestellt werden sollten.

557.

Kann die Bank gleichzeitig als Einkaufskommissionärin für den einen Bankkunden und als Verkaufskommissionärin für einen anderen Kunden dieselben Wertpapiere kaufen bzw. verkaufen?

Ja. Zwar besteht für sie der unüberbrückbare Interessenkonflikt, für den Einkaufskommittenten einen möglichst niedrigen und für den Verkaufskommittenten einen möglichst hohen Preis zu erzielen. Sofern die Papiere jedoch einen amtlich notierten festen Börsenkurs haben, wird die Abrechnung zu diesem Kurs beiden Parteien gerecht. In diesem Fall sind auch doppelseitige Kommissionsaufträge möglich.

558.

Am 21. 2. 2006 bat ein Kunde telefonisch seine Bank, Hartmann & Braun-Aktien zum Nennwert von € 5.000 zu kaufen. Von dieser Gesellschaft gab es sowohl Stamm- als auch Vorzugsaktien. Die Stammaktien hatten damals einen Kurs um € 600, die Vorzugsaktien um € 360. Bei Auftragserteilung wurde nicht darüber gesprochen, ob Stamm- oder Vorzugsaktien gemeint seien, auch ein Kurs oder ein Limit wurden nicht genannt. Die Bank erwarb 50 Stammaktien (Nennwert € 100) zum Preis von € 30.000 und belastete das Konto des Kunden entsprechend. Der Kunde reklamierte, dass er nicht Stamm-, sondern Vorzugsaktien (zum nahezu halben Preis) habe kaufen wollen; er habe gar nicht gewusst, dass es zwei verschiedene Kategorien am Markt gab. Die Bank meinte, der Kunde hätte sich klarer ausdrücken müssen und hielt an der Belastung des Kontos fest. Zu Recht?

Nein (*OLG* Köln WM 1970, 892), denn ein Kommissionsvertrag nach § 383 HGB sei nicht zustande gekommen, da es an der hierzu erforderlichen Einigung gefehlt habe. Wegen versteckten Dissenses (§ 155 BGB) scheitere ein Vertrag, wenn die Parteien glaubten, sie hätten sich bereits über alle für sie bedeutsamen Punkte geeinigt, während sie in Wahrheit einen Punkt übersehen hätten. Bei der Wertpapierkommission gehöre eine Bestimmung über die Art der getroffenen Papiere zu den Punkten, über die die Parteien eine Einigung herbeiführen wollen. Das gelte auch, wenn Stamm- oder Vorzugsaktien einer Gesellschaft mit erheblichen Kursunterschieden in Betracht kämen. Allerdings wäre das unschädlich gewesen, wenn beide Stammaktien gemeint hätten, was aber nicht der Fall gewesen sei. Die mangelnde Einigung dem Wortlaut nach wäre ferner unschädlich, wenn es eine Verkehrssitte gäbe, wonach mit der Bezeichnung Aktien für eine Gesellschaft, von der es sowohl Stamm- als auch Vorzugsaktien gibt, grundsätzlich Stammaktien gemeint seien. Eine solche Verkehrssitte gibt es aber nicht. Da auch ansonsten nicht anzunehmen ist, dass die Parteien den Vertrag auch ohne eine Bestimmung über diesen Punkt geschlossen hätten, ist ein Kommissionsvertrag nicht wirksam zustande gekommen. Die Bank war mithin nicht berechtigt, das Konto des Kunden mit dem Gegenwert der erworbenen Stammaktien zu belasten.

559.

Am 3. 8. 2006 verkaufte eine Bank Wertpapiere zum Preis von ca. € 77.000. Die Wertpapiere waren kurz zuvor bei einer anderen Bank gestohlen worden. Dieses war in einer den Banken zugänglichen Sammelliste entsprechend vermerkt, d. h. die Wertapapiere erschienen in „Opposition". Als alles herauskam, gab der Erwerber (E) die Papiere an die bestohlene Bank zurück, weil er – das war unstreitig sich nicht auf gutgläubigen Erwerb (§§ 935 Abs. 2, 932 Abs. 2 BGB) berufen konnte. Gleichzeitig machte er die verkaufende Bank (B) schadensersatzpflichtig, weil diese ihre kaufvertragliche Verpflichtung, ihm das Eigentum an den Papieren zu verschaffen, schuldhaft verletzt habe (§ 433 BGB). Die Bank widersprach, sie selbst habe nämlich gutgläubig Eigentum an den Wertpapieren erworben, sodass auch E Eigentümer geworden sei. Wirklich?

Nein (*LG Wiesbaden* NJW 1991, 45 f.). Gutgläubiger Erwerb an gestohlenen Wertpapieren ist zwar nach § 935 Abs. 2 BGB ausnahmsweise möglich. Auch die für Banken wichtige Sondervorschrift des § 367 HGB stand hier nicht im Wege, da der Verlust des Papiers nicht im Bundesanzeiger bekannt gemacht worden war. Dennoch hat die B letztlich kein Eigentum erworben, da sie ihrerseits beim Erwerb der Papiere nicht gutgläubig war. Unstreitig war der Diebstahl der Wertpapiere im Zeitpunkt des Verkaufs in der Sammelliste mit Opposition belegter Wertpapiere bekannt gemacht worden. Dies hätte die B beim Ankauf der Papiere überprüfen und feststellen müssen. Die Verletzung dieser Pflicht rechtfertigt den Vorwurf der groben Fahrlässigkeit. Folglich scheiterte der Eigentumserwerb seitens B an § 932 Abs. 2 BGB. Der Schadensersatzanspruch der E wegen schuldhafter Nichterfüllung des Wertpapierkaufvertrages bestand mithin zu Recht.

560.

A beauftragt den Prokuristen P der B-Bank, Inhaberschuldverschreibungen für € 300.000 zu erwerben. Die Geschäfte sollen als „Tafelgeschäfte", also zur Wahrung der Anonymität durch Barzahlung getätigt werden. P notiert die Aufträge auf Kaufantragsformularen der B-Bank. Nach Erwerb der Papiere hob P – wie mit A besprochen – die für den Effektenkauf nötigen Geldbeträge vom Konto des A in bar ab und zahlte sie sofort wieder auf ein Konto der B-Bank ein. A erhielt lediglich die Mäntel der Inhaberschuldverschreibungen, nicht aber die dazugehörigen Zinsscheine, die von P unterschlagen wurden und nicht mehr auffindbar sind. A verlangt von B den Ersatz der fälligen Stückzinsen. B ist der Meinung, A habe die Wertpapiere von P und nicht von ihr gekauft, deshalb schulde sie keinen Schadensersatz. Wirklich?

Nein (*BGH* WM 1984, 197). A hat gegenüber B einen Schadensersatzanspruch wegen teilweiser Nichterfüllung des Effektengeschäfts. Vertragspartner ist die B geworden und nicht ihr Prokurist P selbst. Da keine Umstände erkennbar sind, dass P im eigenen Namen handeln wollte, gilt die Auslegungsregel, dass unternehmensbezogene Geschäfte im Zweifel mit dem Unternehmer selbst abgeschlossen werden. Dass zur Erfüllung dieses Tafelgeschäfts P im eigenen Namen auftreten musste, ist unschädlich. Entscheidend ist, dass P beim Verpflichtungsgeschäft im Namen der B aufgetreten ist.

561.

Der börsenerfahrene A beauftragte die B-Bank telefonisch mit dem Erwerb von 50 Tiger-Aktien ohne Limit. Der Anlageberater der B äußerte dabei die Vermutung, der Eröffnungskurs betrage zwischen € 1.210 und € 1.260. Tatsächlich betrug dieser jedoch € 1.400. Zu diesem Preis erwarb B für A die Aktien. A ist der Meinung, angesichts des höheren Kurses sei B vor Tätigung des Kaufs zur Rücksprache verpflichtet gewesen, und verlangt Rückzahlung des Kaufpreises Zug um Zug gegen Rückgabe der Aktien. Hat er damit Erfolg?

Nein (*OLG Karlsruhe* WM 1988, 411; *OLG Köln* WM 1989, 402). Angesichts des unlimitierten Kaufauftrags hat die B den Auftrag auftragsgemäß ausgeführt. Auch ein Schadensersatzanspruch des A aus § 280 Abs. 1 BGB besteht nicht. Zwar ist die Bank vor und bei Abschluss von Effektengeschäften zu einer umfassenden und sachgemäßen Beratung des Kunden verpflichtet. Sie muss daher auch den Kunden vor erkennbar falschen oder übermäßig gefährlichen Geschäften warnen. Der Inhalt dieser Pflichten hängt aber ganz erheblich von den Umständen des Einzelfalls ab. Bei einem erfahrenen Börsenkunden wie A, der seinen Auftrag hätte limitieren können, bestand für die B bei einer Kurssteigerung von rund 11% noch keine Pflicht, entgegen den Anweisungen des Kaufauftrages den Auftrag anzuhalten und Rücksprache zu nehmen. Angesichts des enormen Haftungsrisikos der Banken bei Verletzung von Nebenpflichten sind an derartige Warnpflichten hohe Anforderungen zu stellen.

562.

A beauftragt die B-Bank mit dem Kauf von 1.000 spanischen Aktien der Y-AG. Beide gehen irrtümlich von einem Kurswert von € 13.000 aus. Als sich herausstellt, dass die Aktien tatsächlich € 59.000 kosten, ist A sehr ungehalten. Ohne Rücksprache mit A storniert die B den Verkauf. A äußert sich dazu nicht. Nach einem Monat, als der Kurs erheblich gestiegen ist, verlangt A Schadensersatz für die Stornierung. Zu Recht?

Nein *(LG Frankfurt* WM 1988, 1366). Zwar könnte sich ein Anspruch aus § 280 BGB wegen schuldhafter Verletzung des Vertrages durch die Stornierung ergeben. Denn bei einem beiderseitigen Irrtum steht nach § 242 BGB lediglich dem benachteiligten Vertragspartner, also A, ein Rücktrittsrecht zu. Auch ein Schweigen des A auf die Stornierung hat keinen rechtlichen Erklärungswert. B war also zur Stornierung nicht berechtigt. A hat aber dadurch, dass er zunächst die weitere Kursentwicklung abgewartet hat und dann zu einem ihm günstigen Zeitpunkt mit Schadensersatzforderungen an B herangetreten ist, seinen Anspruch nach § 242 BGB verwirkt. Gerade im Effektengeschäft gebietet die Gefahr einer Spekulation zu Lasten der Banken mit Schadensersatzansprüchen aus Aufträgen, dass der Kunde Einwendungen unverzüglich geltend macht. Angesichts der Kursschwankungen ist daher schon ein Abwarten von einem Monat zu lang.

563.

A beauftragt die B-Bank, für ihn 50 Aktien der Adler-AG zu erwerben, und zahlt die dafür nötige Summe an B. Als auch zwei Wochen nach Erwerb der Aktien die B noch immer kein Stückeverzeichnis an A übersandt hat, will A, der von seinem ungünstigen Geschäft loskommen möchte, wissen, ob er an dieses noch gebunden ist?

Ja. Sofern die B das Stückeverzeichnis nicht nach § 18 Abs. 1 S. 1 DepotG dem A binnen einer Woche übersendet, muss A sie nach § 25 Abs. 1 S. 1 DepotG dazu auffordern. Erst wenn B dieser Aufforderung nicht binnen 3 Tagen nachkommt, ist A berechtigt, das Geschäft als nicht für seine Rechnung geschlossen zurückzuweisen, sofern B ein Verschulden trifft. Nach § 35 Abs. 2 DepotG verliert die Aufforderung ihre Wirkung, wenn A nicht binnen 3 Tagen nach Ablauf der Nachholungsfrist erklärt, dass er von seinem Rücktrittsrecht Gebrauch machen will.

564.

A vereinbarte mit seiner Bank (B), dass diese seine Wertpapiere nach einem Kursgewinn von 10% bzw. einem Kursverlust von 3,5% wieder verkaufen soll. B unterlässt das, so dass A die Papiere erst sehr viel später, nachdem er das Fallen der Kurse bemerkt hat, mit erheblichen Verlusten verkaufen kann. A verlangt die Differenz von B ersetzt. B ist der Meinung, den A treffe ein überwiegendes Mitverschulden, da er die Kurse hätte verfolgen müssen, um den Verkauf zu kontrollieren. Wer hat Recht?

A hat Recht *(BGH* WM 1981, 712). Eine Verpflichtung der Bank zum Schadensersatz ergibt sich aus positiver Verletzung des Depotvertrages (§ 280 BGB). B ist schuldhaft der Pflicht nicht nachgekommen, die Papiere bei den verabredeten Kursveränderungen zu verkaufen. Diese Abrede sollte A selbst von der Überwachung der Kurse entbinden. Es kann ihm daher nicht als Mitverschulden zur Last gelegt werden, die Kurse nicht täglich verfolgt zu haben.

C. Insiderverbote – Directors' Dealing – Ad-hoc-Mitteilungen

I. Insiderverbote

565.

Das WpHG enthält in den §§ 12–14 Insiderhandelsverbote. Worum geht es?

Im Kern um das Verbot, bei Wertpapiertransaktionen Sonderwissen über kapitalmarkrelevante Vorgänge in unlauterer Weise auszunutzen.

566.

Warum ist es einem Insider verboten, seine Kenntnisse auszunutzen?

Weil sonst die Möglichkeit besteht, risikolos Gewinne – zu Lasten der Nicht-Wissenden – zu machen, wenn die zunächst geheime Information später öffentlich bekannt wird.

567.

Darf ein Dritter, der von einer Insidertatsache Kenntnis erlangt, diese für sich verwerten?

Nein. Auch einem Dritten ist es verboten, unter Ausnutzung dieser Kenntnis Insiderpapiere für eigene oder fremde Rechnung zu erwerben oder zu veräußern (§ 14 Abs. 1 Nr. 2/3 WpHG).

568.

Der Insider selbst und der Dritte, der Kenntnis von der Insidertatsache erlangt, dürfen also keine Insidergeschäfte machen. Wie heißen diese beiden Gruppen?

Primärinsider und Sekundärinsider.

569.

Insiderregeln sorgen dafür, dass der Kapitalanleger ein stärkeres Vertrauen in die Fairness und die Integrität von Wertpapiermärkten hat. Gibt es Insiderregeln auch in anderen Rechtsordnungen?

Ja. In den USA gibt es Insiderhandelsverbote seit den 40er Jahren des vorigen Jahrhunderts; in Frankreich seit 1970 und in Großbritannien seit 1980.

570.

Können Sie einige Beispiele für Insiderpapiere (§ 12 WpHG) nennen?

Aktien, Anleihen, Bezugsrechte, Optionsscheine, Aktien-, Zins- oder Devisenoptionen, Terminkontrakte, Warenderivate oder Swaps.

571.

Die Insiderinformation muss nach § 13 Abs. 1 S. 1 WpHG *konkret* sein. Ahnungen oder grundlose Vermutungen reichen nicht aus. Allerdings können nach Ansicht der BaFin Gerüchte durchaus hinreichend konkrete Informationen sein, wenn sie einen Tatsachenkern enthalten (Emittentenleitfaden vom 15. 7. 2005, III 2.1.1.2.). Können Sie beispielhaft Insiderinformationen nennen?

Das Gesetz nennt die Information über Kauf- oder Verkaufsaufträge anderer Personen (§ 13 Abs. 1 S. 4 Nr. 1 WpHG).

572.

Wann liegt keine Insiderinformation vor?

Bei einer Bewertung, die ausschließlich auf öffentlich bekannten Tatsachen beruht (§ 13 Abs. 2 WpHG). Denn eine solche Bewertung ist das Produkt eigener Leistung. Damit sind insbesondere Finanzanalysten, Börsenjournalisten und Wirtschaftsprüfer freigestellt.

573.

Der Chefanalyst einer bedeutenden Investmentbank erarbeitet eine Analyse zu Aktien eines kleinen Automobilzulieferers. Die Analyse mündet in einem *strong buy*. Ist das eine Insiderinformation?

Nein, denn die Analyse (§ 34 b WpHG) wurde aufgrund öffentlich bekannter Umstände erarbeitet. Wenn aber jemand Kenntnis darüber bekommt, dass die Analyse in Kürze öffentlich publiziert wird – und damit den Kurs beeinflusst – dann ist dies eine Insiderinformation.

574.

Nur eine Information über nicht öffentlich bekannte Umstände kann eine Insiderinformation sein. Öffentlich bekannt sind Umstände, von denen eine unbestimmte Anzahl von Personen Kenntnis nehmen kann. Haben Sie Beispiele?

Informationen über Zeitungen, Fernsehen oder Internet sind öffentlich bekannt. Auch eine Informationsverbreitung über das System der Deutschen Gesellschaft für Ad-hoc-Publizität (DGAP) lässt den Umstand öffentlich bekannt werden (Bereichsöffentlichkeit). Das gilt auch für Informationen, die über Systeme wie Reuters, Bloomberg oder VWD (Vereinigte Wirtschaftsdienste) abrufbar sind.

575.

Eine Information ist nur dann eine Insiderinformation, wenn sie geeignet ist, im Falle des öffentlichen Bekanntwerdens den Börsenpreis erheblich zu beeinflussen. Wann ist das der Fall?

Wenn ein verständiger Anleger die Information bei seiner Anlageentscheidung berücksichtigen würde (§ 13 Abs. 1 S. 2 WpHG).

576.

Es gibt drei Verbote, die § 14 Abs. 1 WpHG aufstellt. Welche?

Insiderinformationen dürfen
(1) nicht ausgenutzt werden
(2) nicht weitergegeben werden
(3) nicht Gegenstand von Empfehlungen sein

577.

Der Mitarbeiter einer Bank weist den Kunden A darauf hin, dass die Europäische Zentralbank in Kürze eine überraschende und signifikante Zinssenkung beschließen wird. A überträgt rasch Geld auf sein Termingeldkonto, auf dem man noch hohe Zinsen gewährt. Hat er gegen Insiderbestimmungen verstoßen?

Nein, obwohl der Umstand der Zinssenkung nicht öffentlich bekannt war. Er hat aber keine Insiderpapiere gekauft, sondern sein Geld auf dem Termingeldkonto angelegt. Das fällt nicht unter § 2 Abs. 2 b WpHG.

578.

Wäre das Ergebnis anders, wenn A Call-Optionsscheine auf Aktien gekauft hätte?

Ja, denn die Optionsscheine sind Finanzinstrumente nach § 2 Abs. 2 b WpHG.

579.

F ist Mitarbeiterin einer Bank und betreut Firmenkunden. Ein Kunde kauft in großem Stil Aktien der VW-AG. Um von den steigenden Kursen zu profitieren, deckt sich F schnell noch vor Weitergabe der Order mit VW-Papieren ein. Hat sie gegen Insiderbestimmungen verstoßen?

Ja. Der Erwerb der VW-Aktien durch F ist *Frontrunning*. F wusste von der nicht öffentlich bekannten Wertpapierorder eines anderen. Diese Insiderinformation hat sie ausgenutzt (§ 13 Abs. 1 S. 4 Nr. 1 WpHG). Die Möglichkeit der Kursbeeinflussung ergab sich aus der großen Order.

580.

Finanzanalyst A erfährt bei einem Analystentreffen *aus sicherer Quelle* von guten Halbjahreszahlen der BMW-AG. Diese sollen nächste Woche publik gemacht werden. A berichtet dies seiner Freundin F. Diese erzählt es sogleich ihrer besten Freundin. Sie erwirbt BMW-Aktien – verboten?

Ja, BMW-Aktien sind Insiderpapiere (§ 12 WpHG). Die noch geheimen Halbjahreszahlen sind Insiderinformationen (§ 13 WpHG). Sie würden bei Bekanntwerden zu steigenden Kursen der BMW-Aktie führen. Die Weitergabe von Insiderinformationen ist nach § 14 Abs. 1 Nr. 2 WpHG verboten. Sowohl A als auch F haben dagegen verstoßen. Auch die Freundin der F durfte keine Insiderpapiere erwerben (§ 14 Abs. 1 Nr. 1 WpHG).

581.

Analyst A erfährt von exzellenten Halbjahreszahlen der Porsche AG. Ohne Nennung von Gründen empfiehlt er seiner Freundin F den Erwerb von Porsche-Aktien. Verboten?

Ja. Er verstößt gegen § 14 Abs. 1 Nr. 3 WpHG, das Empfehlungsverbot. Besitzt F schon Porsche-Aktien und berichtet dem A, dass sie diese verkaufen will, so soll A nicht gegen das Empfehlungsverbot verstoßen (*Siller*, Kapitalmarktrecht, S. 16), wenn er ihr – ohne Nennung von Gründen – rät, die Aktien noch eine Weile zu behalten.

582.

Wer verbotene Insidergeschäfte vornimmt, macht sich entweder strafbar und riskiert damit eine Freiheitsstrafe von bis zu fünf Jahren oder er begeht eine Ordnungswidrigkeit, die mit einer Geldbuße von maximal € 200.000 geahndet werden kann (§§ 38, 39 Abs. 4 WpHG). Wovon hängt die Strafe bzw. Geldbuße ab?

Von dem begangenen Verstoß und von bestimmten persönlichen Eigenschaften des Täters bzw. der Art der Informationserlangung.

583.

Reinigungskraft R liest die auf dem Schreibtisch des Vorstandsmitglieds V offen liegende, mit *streng vertraulich* überschriebene Beschlussvorlage über ein geplantes Übernahmeverfahren. Sie erwirbt die betreffenden Aktien – macht sie sich strafbar?

Ja (§ 38 Abs. 1 Nr. 1 WpHG). Empfiehlt sie die Aktien ihrem Freund, begeht sie eine Ordnungswidrigkeit (§ 39 Abs. 2 Nr. 4 WpHG). Hat V die Beschlussvorlage leichtfertig liegen lassen, so hat er eine Ordnungswidrigkeit begangen, die nach § 39 Abs. 2 Nr. 3 WpHG geahndet wird.

584.

Ein Großaktionär wird vom Vorstand im Vertrauen gefragt, ob er sich an einer geplanten Kapitalerhöhung beteiligen will. G wird dadurch Primärinsider. Wie ist es mit dem Kleinaktionär K, der das Gespräch zufällig im Restaurant mithört?

K wird Sekundärinsider.

585.

Primärinsider sind Mitglieder der Geschäftsführung und Aufsichtsorgane, häufig auch Anteilseigner und Personen, die aufgrund ihres Berufs oder ihrer Tätigkeit bestimmungsgemäß Kenntnis von einer Insiderinformation erhalten. Haben Sie weitere Beispiele?

Leitende Mitarbeiter des Emittenten, kreditgebende oder beratende Banken, Wirtschaftsprüfer, Rechtsanwälte, Steuerberater, Unternehmensberater, Ratingagenturen.

586.

Wer erlangt Insiderinformationen *nicht bestimmungsgemäß* und ist somit allenfalls Sekundärinsider?

Der Chauffeur, der das Gespräch seines Chefs mithört, der Mitreisende, der das Aktenstudium des Nachbarn mitverfolgt, der Liftboy, die Putzfrau, der Kellner, der Taxifahrer, die Stewardess und wohl auch der Psychiater.

587.

D stiehlt dem Vorstandsmitglied die Aktenmappe. D liest die darin befindlichen geheimen Unterlagen. Welche Art von Insider ist er?

Primärinsider. Das gilt auch für den Postboten, der Briefe mit persönlich/vertraulich gekennzeichnet öffnet. Er verfügt über Insiderinformationen aufgrund eines Verstoßes gegen das Briefgeheimnis (§ 202 StGB), und ist somit Primärinsider.

II. Directors' Dealing

588.

Was bedeutet Directors' Dealings?

Personen mit Führungsaufgaben müssen Geschäfte in Aktien „*ihrer*" Gesellschaft ganz generell – auch ohne Kursbeeinflussung – offen legen (§ 15 a WpHG).

589.

Welchen Zielen dient die gesetzliche Offenlegungspflicht (seit 2002) von Führungskraften, die Geschäfte in Aktien *ihrer* Gesellschaft machen (Directors' Dealings)?

(1) Förderung der Kapitalmarkttransparenz, indem der Beteiligungsbesitz von Führungspersonen sichtbar wird.
(2) Führungspersonen kennen die eigene Gesellschaft besser als Außenstehende – ihre Transaktionen können Signal und Informationscharakter für die Investitionsentscheidungen anderer Anleger haben (Indikatorwirkung): Wenn drei oder mehr Führungspersonen eines Unternehmens binnen dreier Monate kaufen und keiner verkauft, entwickeln sich die Aktien in der Regel überdurchschnittlich.
(3) Durch die Pflichtveröffentlichung soll ein Informationsvorsprung der Führungspersonen gegenüber anderen Anlegern abgeschwächt werden.
(4) Stärkung des Anlegervertrauens und der Marktintegrität.

590.

§ 15 a WpHG unterstützt also die Einhaltung und Durchsetzung des Insiderhandelsverbots, indem Insidergeschäfte von Führungskräften einem erhöhten Entdeckungsrisiko ausgesetzt werden. Wie kann man erfahren, ob Führungskräfte Aktien gekauft haben?

Indem man die Internetseite der BaFin für diese Geschäfte aufruft (www.bafin.de/datenbanken/p15a.html). Die Daten sind dem Unternehmensregister zur Speicherung zu übermitteln und müssen nach §§ 3 a, b WpAIV dem Medienbündel zugeleitet werden. Eine Veröffentlichung auf der Internetseite des Emittenten ist nicht ausdrücklich vorgeschrieben, dürfte aber zu empfehlen sein. In den USA existieren spezialisierte Informationsdienste, die die Angaben kommerziell zur Verfügung stellen. Auch in Italien muss man dafür bezahlen.

591.

Am 20. Januar 2007 ist das TUG (Transparenzrichtlinie-Umsetzungsgesetz) in Kraft getreten. Dieses Gesetz enthält für die Veröffentlichungen mehrere Neuerungen. Directors' Dealings müssen im Unternehmensregister (§ 8 b HGB) gespeichert werden. Ferner muss die Gesellschaft, die eine Ad-hoc-Mitteilung veröffentlichen will, dies gegenüber einem *Medienbündel* tun. Was ist damit gemeint?

Ein Medienbündel besteht aus:
– elektronisch betriebenen Informationsverbreitungssystemen
– News Providern
– Nachrichtenagenturen
– Printmedien und
– Internetseiten

Die Einzelheiten sind in §§ 3 a ff. WpAIV geregelt. Betroffen sind alle Informationen, die nach dem WpHG zu veröffentlichen sind, also nicht nur Directors` Dealings.

592.

Die Indikatorwirkung birgt die Gefahr des Missbrauchs: Führungspersonen können sie zur Verfolgung eigener strategischer Zwecke nutzen, etwa eigene Aktien kaufen, um entgegen der tatsächlichen Lage Optimismus unter den Marktteilnehmern zu verbreiten. Was kann man dagegen tun?

Dagegen kann man ein Marktmissbrauchsverfahren nach § 20 a WpHG einleiten (Verbot der Marktmanipulation).

III. Ad-hoc-Mitteilungen

593.

Was versteht man unter Ad-hoc-Publizität?

Darunter versteht man die Veröffentlichung und Mitteilung kursbeeinflussender Tatsachen (§ 15 WpHG).

594.

Warum müssen die Emittenten börsennotierter Finanzinstrumente kursbeeinflussende Tatsachen, die nicht öffentlich bekannt sind, veröffentlichen?

(1) Erster Zweck der Ad-hoc-Publizität ist es, zur Bildung *realistischer* Wertpapierpreise beizutragen. Der *wahre Preis* ist derjenige, der dem inneren Wert des

Wertpapiers (Summe der auf den gegenwärtigen Zeitpunkt abgezinsten zukünftigen Erträge) entspricht. Durch das zeitnahe Veröffentlichen von bewertungsrelevanten Tatsachen sollen die Anleger in die Lage versetzt werden, den Wert des Unternehmens besser beurteilen zu können.

(2) Zweite Zwecksetzung der Ad-hoc-Publizität ist die Verhinderung des **Insiderhandels** (BT-Drs. 12/6679, S. 48). Das Ausnutzen kursrelevanter Informationen zur Erzielung von Überrenditen durch einen kleinen Kreis privilegierter Anleger ist nicht mehr möglich, wenn die Informationen öffentlich bekannt sind und sich in den Wertpapierpreisen widerspiegeln. Auf diese Weise verhindert Ad-hoc-Publizität Informationsasymmetrien, fördert das Vertrauen der Anleger in den Kapitalmarkt und verbessert so dessen institutionelle Effizienz.

595.

Wer profitiert am stärksten von der Ad-hoc-Publizität?

Die professionellen Marktteilnehmer, die den Kapitalmarkt täglich beobachten; aber auch das Vertrauen der Kleinanleger wird geschützt – sie erhalten zumindest gleiche Startchancen und können sich des Know-how professioneller Anleger versichern.

596.

Wer ist eigentlich verpflichtet, Ad-hoc-Informationen zu geben?

Der Inlandsemittent (Herkunftsstaat: Deutschland – Erweiterungen in § 2 Abs. 7 WpHG) von Finanzinstrumenten (§ 2 Abs. 2 b WpHG), die an einer inländischen Börse zum Handel zugelassen sind (§ 12 Abs. 1 Nr. 1 WpHG). Dazu gehört der regulierte Markt der deutschen Wertpapierbörsen. Emittenten von in den Freiverkehr einbezogenen Wertpapieren sind ebenfalls ad-hoc-pflichtig.

597.

Inlandsemittent ist z. B. eine deutsche AG, deren Aktien in Frankfurt zum Handel zugelassen sind. Gilt das auch dann, wenn die Aktien nur in London zum Börsenhandel zugelassen sind?

Ja. Jedenfalls dann, wenn die AG – weil sie ihren Sitz in Deutschland hat – nicht den Publizitätsvorschriften des englischen Rechts unterliegt (vgl. § 2 Abs. 7 Nr. 1 WpHG i. V. m. § 2 Abs. 6 WpHG).

598.

Kann auch eine AG mit Sitz in Liechtenstein Inlandsemittent sein?

Ja, weil Liechtenstein dem EWR angehört, sofern die Aktien dieser AG in Frankfurt/ M. zum Handel zugelassen sind. Diese AG muss das jährliche Dokument nach § 10 WpPG bei der BaFin hinterlegen (§ 2 Abs. 7 Nr. 2 WpHG).

599.

Gilt das z. B. auch für eine niederländische NV?

Ja, wenn ihre Aktien nur in Frankfurt/M. zum Handel zugelassen sind (§ 2 Abs. 7 Nr. 2 WpHG).

600.

Was ist eigentlich eine Insiderinformation?

Es ist eine konkrete Information über nicht öffentlich bekannte Umstände, die sich auf Insiderpapiere oder deren Emittenten bezieht und die im Falle ihrer öffentlichen Bekanntgabe geeignet ist, den Preis der Papiere erheblich zu beeinflussen (Legaldefinition: § 13 Abs. 1 S. 1 WpHG).

601.

Publizitätspflichtig sind stets Tatsachen. Was sind Tatsachen?

Unter Tatsachen versteht man alle Zustände und Geschehnisse der Vergangenheit und Gegenwart, die sinnlich wahrnehmbar in die Wirklichkeit getreten und dem Beweis zugänglich sind (*BGH* JR 1977, 28, 29).

602.

Was ist demnach nicht ad-hoc-publizitätspflichtig?

Werturteile, bloße Meinungsäußerungen und zukünftige Ereignisse (Grenze bei Ausscheiden des Vorstandsvorsitzenden: AR-Beschluss: *OLG Stuttgart* AG 2007, 250).

603.

Sind auch Prognosen Tatsachen?

Nein. Die Prognose als solche ist auf die Zukunft bezogen und deshalb nicht beweisbar. Aber die der Prognose zugrunde gelegten Tatsachen und Fakten sind ad-hoc-publizitätspflichtig (Schwark/Zimmer/*Zimmer*, Kapitalmarktrechts-Kommentar, 4. Aufl., § 15 Rn. 32).

604.

Wie ist es mit Gerüchten am Kapitalmarkt, etwa darüber, dass Fusionsgespräche laufen?

Auch hier geht es darum, ob die in dem Gerücht enthaltenen tatsächlichen Aussagen zutreffen. Wenn es richtig ist, dass Fusionsgespräche stattfinden, muss allerdings noch gefragt werden, ob auch die weiteren Voraussetzungen des § 15 WpHG vorliegen. Das ist in der Regel nicht der Fall, weil die erforderliche Auswirkung auf die Lage der Gesellschaft noch nicht feststeht.

605.

Zu veröffentlichen sind neue und nicht öffentlich bekannte Tatsachen. Was meint man damit?

Aus der Sicht des Kapitalmarktes sind alle Tatsachen neu, die nicht öffentlich sind. Öffentlich sind Tatsachen bekannt, wenn die betroffenen Personen die Möglichkeit zur Kenntnisnahme haben und unter normalen Umständen von der Tatsache auch Kenntnis nehmen (BT-Drs. 12/6679 S. 46, 48).

606.

Die Insiderinformation muss den Emittenten unmittelbar betreffen, also insbesondere in seinem Tätigkeitsbereich eingetreten sein (§ 15 Abs. 1 S. 3 WpHG). Warum?

Weil Informationen aus anderen Bereichen auch ihm regelmäßig nicht zur Verfügung stehen – dafür kann er kaum verantwortlich sein.

607.

Welche Insiderinformationen betreffen typischerweise den Tätigkeitsbereich des Emittenten?

Vorstands- und Aufsichtsratsbeschlüsse, Vertragsabschlüsse, Ergebniszahlen oder außergewöhnliche Geschäftätigkeiten.

608.

Haben Sie ein Beispiel für eine Insiderinformation, die unternehmensextern ist, aber trotzdem zum Tätigkeitsbereich des Emittenten gehört?

Z. B. die Mitteilung eines Großaktionärs über die beabsichtigte Durchführung eines Squeeze-Out. Als Faustformel kann man festhalten, dass die den Emittenten unmittelbar betreffenden Informationen, die ein Insiderhandelsverbot auslösen, zugleich als Ad-hoc-Meldung zu veröffentlichen sind (Emittentenleitfaden der BaFin vom 28. 4. 2009, IV.2.2.1. a. E.).

609.

Die BaFin hat in ihrem Emittentenleitfaden vom 28. 4. 2009 einen nicht abschließenden Katalog von veröffentlichungspflichtigen Insiderinformationen herausgegeben. Der Emittent muss im Einzelfall prüfen, ob eine Ad-hoc-Meldepflicht besteht. Können Sie einige Beispiele für veröffentlichungspflichtige Tatsachen benennen?

– Veräußerung von, Rückzug aus oder Aufnahme neuer Kerngeschäftsfelder
– Verschmelzungsverträge, Ein- und Ausgliederungen, Umwandlungen, Spaltungen
– Geplanter Squeeze-Out (§§ 327 a ff. AktG) eines Hauptaktionärs
– Abschluss von Beherrschungs- und/oder Gewinnabführungsverträgen
– Erwerb oder Veräußerung wesentlicher Beteiligungen, Übernahmeangebote
– Kapitalerhöhungen/Kapitalherabsetzungen
– Änderung der Dividende
– Hohe Verluste
– Ausfall wesentlicher Schuldner
– Abschluss, Änderung, Kündigung wesentlicher Verträge
– Bedeutende Erfindungen, Patente, Lizenzen
– Bedeutende Rechtsstreitigkeiten
– Überraschender Wechsel im Vorstand, Aufsichtsrat oder des Wirtschaftsprüfers

610.

Demgegenüber muss der Emittent Insiderinformationen, die ihn nur mittelbar betreffen, nicht veröffentlichen. In der Regel handelt es sich in diesen Fällen auch gar nicht um Insiderinformationen. Haben Sie einige Beispiele?

– Politische Ereignisse, Arbeitslosenzahlen, Naturereignisse, allgemeine Wirtschaftsdaten
– Bevorstehende Insolvenz eines Konkurrenten
– Aktiensplits
– Allgemeine Zinsentwicklungen
– Entscheidungen der Börsen- oder Marktaufsicht oder der Kartellbehörden

611.

Der zu Ad-hoc-Mitteilungen verpflichtete Emittent kann nach § 15 Abs. 3 WpHG unter Umständen berechtigt sein, die Veröffentlichung aufzuschieben. Voraussetzung ist der Schutz berechtigter Interessen des Emittenten, keine Irreführung der Öffentlichkeit und Wahrung der Vertraulichkeit der Information durch den Emittenten. Haben Sie ein Beispiel?

Die Bank des Emittenten kündigt kurzfristig einen Kredit – er gerät in Liquiditätsschwierigkeiten. Dies müsste er eigentlich als Ad-hoc-Meldung veröffentlichen. E tut dies nicht, sondern verhandelt mit anderen Banken über neue Kreditlinien. Gelingen die Verhandlungen, so ist nichts zu melden, scheitern sie, so muss der Emittent die Ad-hoc-Mitteilung unverzüglich nachholen und die BaFin über die Gründe der Befreiung informieren.

612.

Angenommen, ein Unternehmen überlegt, wie es eine Ad-hoc-Mitteilung verfassen muss. Können Sie einen Tipp geben?

Die genauen Anforderungen stehen in den §§ 3 ff. Wertpapierhandelsanzeige- und Insiderverzeichnisverordnung (WpAIV). Danach soll die Veröffentlichung kurz sein (10 bis 20 Zeilen) und keine Zitate von Organmitgliedern oder Vertragspartnern enthalten. Im Kern soll die Insiderinformation, sowie das Datum ihres Eintritts und der zugrunde liegenden Umstände benannt werden. Außerdem sind Erklärungen hinsichtlich der unmittelbaren Betroffenheit des Emittenten und zur Eignung der Kursbeeinflussung zu geben. Die Informationen sind seit dem 20. 1. 2007 (In-Kraft-Treten des TUG) einem *Medienbündel* zu übermitteln.

613.

Angenommen, jemand verstößt gegen die Ad-hoc-Publizität. Was folgt daraus?

(1) Das ist eine Ordnungswidrigkeit, die mit einer Geldbuße bis zu € 1 Mio geahndet wird (§ 39 Abs. 2 Nr. 5 WpHG i. V. m. § 30 OWiG).
(2) Außerdem ist der Emittent zum Schadensersatz verpflichtet (§§ 37 b, c WpHG).

614.

Welche beiden Fallgruppen werden in den §§ 37 b, c WpHG unterschieden?

Schadensersatz wegen unterlassener unverzüglicher Veröffentlichung kursbeeinflussender Tatsachen und Schadensersatz wegen Veröffentlichung *unwahrer* Tatsachen.

615.

Was ist bei beiden Ansprüchen ganz besonders zu beachten?

Die kurze Verjährungsfrist. Die Ansprüche verjähren ein Jahr nach Kenntnis von der nichtveröffentlichten oder unwahren Tatsache, spätestens jedoch in drei Jahren seit der Veröffentlichung bzw. Unterlassung (§ 37 b, c, Abs. 4 WpHG).

616.

Vorstand V der börsennotierten AG meldet ad hoc, dass die letzten Quartalszahlen überraschend erfreulich gewesen seien. Tatsächlich werden diese Zahlen im Unternehmen noch ermittelt. Der Abteilungsleiter des Rechnungswesens hatte lediglich mitgeteilt, die Zahlen werden wohl nicht enttäuschend ausfallen. Tatsächlich liegt die AG im Plan. Nachdem sich die von V in der Ad-hoc-Mitteilung geschönten Zahlen als unwahr erweisen, fällt der Kurs der Aktien. A, der nach der Ad-hoc-Mitteilung von der AG Aktien erworben hatte, verlangt Schadensersatz. Zu Recht?

Ja. Sein Anspruch ergibt sich aus § 37 c Abs. 1 WpHG. Die AG ist Emittent von börsenzugelassenen Aktien und wurde durch ihren Vorstand V vertreten. Dieser veranlasste vorsätzlich eine unwahre Ad-hoc-Meldung. Dies hatte einen bestimmten (erhöhten) Börsenkurs zur Folge. Dies war mitursächlich für den Erwerb der Wertpapiere durch A, der von der Unrichtigkeit nichts wusste. Folglich verlangt A zu Recht Schadensersatz von der AG.

617.

Die AG wendet sich im Wege des Regresses an V. V verweist auf seinen Anstellungsvertrag, wonach er bei Werbemaßnahmen für die AG freie Hand habe und nicht haften solle. Haftet er im Innenverhältnis?

Dann muss V seine Pflichten aus § 93 Abs. 2 AktG verletzt haben. Das Veranlassen einer falschen Ad-hoc-Mitteilung durch V stellt einen Verstoß gegen die ordnungsgemäße und gewissenhafte Geschäftsführung dar. Ein vertraglicher Ausschluss der Regressansprüche der Gesellschaft ist nach § 37 c Abs. 6 WpHG nicht möglich. V haftet der AG folglich auf Schadensersatz.

618.

Die §§ 37 b, c WpHG geben dem Anleger die Möglichkeit, vom Emittenten Schadensersatz zu verlangen. Der Anspruch wird aber wertlos, wenn der Emittent insolvent geworden ist. In diesem Fall fragt es sich, ob der Anleger die verantwortlichen Vorstände direkt in Anspruch nehmen kann. Wissen Sie, wie der BGH im Fall *Infomatec* entschieden hat?

Der BGH hat einen solchen Anspruch aus § 826 BGB zugesprochen (*BGH* ZIP 2004, 1593).

619.

Wie war der Sachverhalt im Infomatec-Fall?

Infomatec veröffentlichte die Nachricht, dass der Mobilfunkanbieter Mobilcom bei Infomatec diverse Soft- und Hardwarebausteine im Gesamtwert von € 28 Mio.

geordet habe. Tatsächlich betrug der Auftragswert lediglich knapp € 5 Mio. Eine Vielzahl von Anlegern erwarben wegen der fehlerhaften Ad-hoc-Mitteilung Aktien von Infomatec. Im Sommer 2001 wurde über die Infomatec AG das Insolvenzverfahren eröffnet. Anleger A verlangte vom Vorstand, der zugleich Großaktionär war, Schadensersatz wegen fehlerhafter Ad-hoc-Mitteilung.

620.

Über § 37 c WpHG kam A nicht weiter, weil die Infomatec insolvent war. Zu prüfen waren Ansprüche direkt gegen den Vorstand. Welche Ansprüche kommen in Betracht?

(1) Prospekthaftung: Kommt bei Ad-hoc-Mitteilungen nicht in Betracht, weil es keinen Prospekt, sondern nur Einzeltatsachen gibt.
(2) § 823 Abs. 2 BGB i. V. m. § 15 WpHG: Kommt nicht in Betracht, weil § 15 WpHG nach h. M. kein Schutzgesetz ist (BGHZ 160, 134 = NJW 2004, 2664). Sonst wäre der Verweis in § 15 Abs. 6 WpHG überflüssig.
(3) § 823 Abs. 2 BGB i. V. m. § 263 StGB: Nein, der Vorstand hatte nicht betrogen, er wollte nicht das Vermögen eines anderen schädigen.
(4) § 826 BGB: Ja, V kannte die Bedeutung der unzutreffenden Ad-hoc-Mitteilung. Diese hatte nur den Zweck, dem Anlegerpublikum einen höheren Unternehmenswert vorzuspiegeln als tatsächlich gegeben. Der Vorstand nahm den Schaden billigend in Kauf – das reicht für § 826 BGB. Das Verhalten war auch sittenwidrig und in besonderer Weise verwerflich, weil der Vorstand zugleich auch noch Großaktionär war. Durch das Pushen des Kurses wurde auch sein eigenes Vermögen gemehrt.
(5) Treuepflichtverletzung: vom BGH nicht geprüft, liegt aber vor, weil V auch in seiner Eigenschaft als (Groß-)Aktionär verpflichtet war, Schaden beim Unternehmen und den anderen (zukünftigen) Aktionären zu vermeiden (Gedanke aus § 311 Abs. 3 BGB).

621.

Der Vorstand wendet im Infomatec-Fall ein, dass der Anleger die Aktien „sowieso" gekauft hätte. Jedenfalls könnte der Anleger nicht beweisen, dass die Ad-hoc-Mitteilung für seinen Kaufentschluss kausal gewesen sei. Deshalb hafte der Vorstand auch nicht auf Schadensersatz. Wirklich?

Das kann sein, der BGH hat im Urteil Comroad IV (*BGH* ZIP 2007, 1561) entschieden, dass die für die Prospekthaftung entwickelten Grundsätze über den Anscheinsbeweis bei Vorliegen einer „Anlagestimmung" bei der deliktischen Haftung aus § 826 BGB nicht gelten. Er verlangt den Nachweis „konkreter Kausalität" (Ablehnung der US-amerikanischen fraud-on-the-market-theory: Haftung für enttäuschtes Anlegervertrauen in die Integrität der Marktpreisbildung).

D. Squeeze-out – Delisting

I. Squeeze-out

622.

Die Hauptversammlung einer AG kann auf Verlangen eines Aktionärs, dem Aktien in Höhe von 95% des Grundkapitals gehören (Hauptaktionär), die Übertragung der Aktien der übrigen Aktionäre (Minderheitsaktionäre) auf den Hauptaktionär verlangen. Wie nennt man das und was muss der Hauptaktionär tun?

Squeeze-out – der Hauptaktionär muss eine angemessene Barabfindung zahlen (§ 327 a Abs. 1 AktG).

623.

Wer legt die Höhe der Barabfindung fest?

Der Hauptaktionär (§ 327 b AktG).

624.

Ist er dabei völlig frei?

Nein. Er muss die Verhältnisse der Gesellschaft im Zeitpunkt der Beschlussfassung berücksichtigen.

625.

Wie kann der Hauptaktionär dies berücksichtigen?

Indem der Vorstand ihm alle dafür notwendigen Unterlagen zur Verfügung stellt und Auskünfte erteilt (§ 327 b AktG).

626.

Wie wird eigentlich ausgerechnet, ob jemandem 95% der Aktien an einer AG gehören?

Das richtet sich nach § 16 Abs. 2 AktG. Bei Nennbetragsaktien kommt es auf das Verhältnis des Gesamtnennbetrages der dem Aktionär gehörenden Anteile zum Nennkapital an. Bei Gesellschaften mit Stückaktien geht es um die Zahl der Aktien. Eigene Aktien der AG sind von der Zahl der Aktien abzusetzen. Das gilt auch für solche Anteile, die einem anderen *für Rechnung* des Unternehmens gehören.

627.

Der Minderheitsaktionär ist mit seiner Abfindung überhaupt nicht einverstanden. Er will deshalb den Beschluss nach § 243 Abs. 2 AktG anfechten. Geht das?

Nein. Das ist nach § 327 f AktG ausgeschlossen.

628.

Hat der Minderheitsaktionär also überhaupt keine Rechte?

Doch. Er kann das in § 2 SpruchverfahrensG bestimmte Gericht anrufen und den Antrag stellen, die angemessene Barabfindung zu bestimmen (§ 327 f S. 2 AktG).

629.

Der Hauptaktionär, der über 95% der Aktien verfügt, fragt Sie, warum er denn eigentlich einen Squeeze-out durchführen sollte – hat er davon irgendeinen Vorteil?

Ja, er hat folgende Vorteile:
– die Hauptversammlung wird zur Vollversammlung, sodass auf Versammlungsformalien verzichtet werden kann (§ 121 Abs. 6 AktG und §§ 121–128 AktG, die dann nicht eingehalten werden müssen)
– Minderheitenschutz ist nicht mehr nötig
– Anfechtungsklagen sind nicht mehr möglich
– Auskunftsrechte nach § 131 AktG sind nicht mehr möglich

630.

Handelt es sich bei einem Squeeze-out um eine Enteignung?

Nein. Aus der Sicht des BVerfG ist es eine Inhalts- und Schrankenbestimmung i. S. d. Art. 14 Abs. 1 S. 2 GG. Allerdings ist der Squeeze-out eine rechtliche Radikallösung, sodass eine Beschränkung auf börsennotierte Gesellschaften nicht abwegig gewesen wäre. Zu rechtfertigen ist der Squeeze-out nur durch die Pflicht zur Gewährung einer angemessenen Barabfindung, die vollen wirtschaftlichen Ausgleich geben muss (*BVerfG* ZIP 2000, 1670; *BVerfG* NJW 2007, 3268; *BGH* BB 2006, 2549).

631.

A hält 70% des Kapitals an der A-AG und der A-GmbH. Die A-GmbH ist ihrerseits zu 25% an der A-AG beteiligt. Das restliche Kapital der A-AG (5%)

liegt in der Hand des B. Kann A den B im Wege des Squeeze-out aus der A-AG drängen?

Ja. Zwar hat A unmittelbar nur 70%. Allerdings gelten die Anteile der A-GmbH (25%) als solche des A, weil A durch eine 70%-Beteiligung die A-GmbH beherrscht. Ihm werden deshalb die Anteile der GmbH zugerechnet (§§ 327 a Abs. 2, 16 Abs. 4 AktG).

632.

Sie suchen nach einem Maßstab für die angemessene Abfindung. Welcher bietet sich an?

Der Börsenkurs.

633.

Im Zeitpunkt der Vorbereitung des Squeeze-out steht der Börsenkurs zum Stichtag noch nicht fest. Im Zweifel wird die anzubietende Gegenleistung daher über dem zuletzt bekannten Börsenkurs liegen. Kann das auch umgekehrt sein?

Ja. Bei marktengen Werten mit sehr geringem Streubesitz ist es möglich, dass der Börsenkurs das Unternehmenseigentum zu teuer abbildet. In diesen Fällen kann die Barabfindung den Kurs auch unterschreiten. Die maßgeblichen Umstände muss der Hauptaktionär darlegen und beweisen.

634.

Der Börsekurs kann sich mit dem wahren Wert der Aktien decken, er kann aber auch niedriger oder höher sein. Er hängt von der Größe und der Enge des Marktes, von zufallsbedingten Umsätzen, von spekulativen Einflüssen und sonstigen nicht wertbezogenen Faktoren, wie politischen Ereignissen, Gerüchten, Informationen, psychologischen Momenten oder einer allgemeinen Tendenz ab. Schließt dies aus, der Berechnung der *angemessenen Abfindung* den Börsenkurs zugrunde zu legen?

Viele Jahre hat man diese Frage bejaht, nachdem der BGH im Jahre 1967 entsprechend entschieden hatte (*BGH* DB 1967, 854). Dies änderte sich grundlegend, als das BVerfG im Jahre 1999 den DAT/Altana-Fall entschied (*BVerfG* AG 1999, 566). Damals war der Börsenkurs doppelt so hoch wie der ermittelte Ertragswert. Das Bundesverfassungsgericht bezeichnete den Börsenkurs als Untergrenze der Kompensation. Der BGH hat dies bestätigt (*BGH* ZIP 2001, 734 ff.) und entschieden, dass der Durchschnittskurs der letzten **drei Monate vor dem Hauptversammlungsbeschluss** maßgeblich sei. Lediglich außergewöhnliche Tagesausschläge oder sprunghafte Entwicklungen, die sich nicht verfestigten, müssten unberücksichtigt bleiben.

In der Praxis wurde diese Rechtsprechung stark kritisiert (*Wasmann*, BB 2007, 680). Inzwischen hat der BGH seine Auffassung korrigiert. Er folgte dem OLG Stuttgart (ZIP 2007, 530, 532) und entschied, dass der zugrunde zu legende Börsenwert der Aktie grundsätzlich aufgrund eines nach Umsatz gewichteten Durchschnittskurses innerhalb einer dreimonatigen Referenzperiode vor der Bekanntmachung einer Strukturmaßnahme zu ermitteln sei (WM 2010, 1471).

635.

Zum Schutz der auszuschließenden Aktionäre muss der Hauptaktionär die Erklärung einer Bank übermitteln, in der die sich verpflichtet, die festgelegte Barabfindung zu zahlen (§ 327 b Abs. 3 AktG). Was wird in der Praxis getan?

Man arbeitet mit Bankgarantien oder Bankbürgschaften.

636.

Wie muss diese Bürgschaft ausgestaltet sein?

Als echter Vertrag zugunsten Dritter (§ 328 BGB), weil die Minderheitsaktionäre unmittelbar Ansprüche gegen das Kreditinstitut erhalten müssen (so die Gesetzesbegründung).

637.

Die Bankgarantie umfasst die vom Hauptaktionär festgelegte und durch einen Prüfer bestätigte Abfindung, nicht aber den im Spruchverfahren gerichtlich festgesetzten Mehrbetrag. Das Spruchverfahren kann mehrere Jahre dauern – der Hauptaktionär kann inzwischen insolvent werden. Der Minderheitsaktionär trägt also die Gefahr der Insolvenz der Hauptaktionärs. Ist das verfassungsrechtlich zulässig?

Ja (*BVerfG* NJW 1999, 1699). Allerdings trägt der Minderheitsaktionär nur das Risiko für den *Mehrbetrag*. Die *Bankgarantie in unbestimmter Höhe* ist in der Praxis der Kreditinstitute bisher nicht gebräuchlich (so *BGH* ZIP 2005, 2107 – Meinecke).

638.

Ein Großaktionär, der die Minderheitsaktionäre loswerden will, aber noch nicht über 95% verfügt, denkt darüber nach, wie er ein Squeeze-out hinkriegen könnte. Was könnte er tun?

Er könnte eine Kapitalerhöhung mit Bezugsrechtsausschluss durchführen lassen, um auf diese Weise das nötige Quorum zu erreichen.

639.

Ist das zulässig?

Dies wird für zulässig erachtet, wenn der Bezugsrechtsausschluss als solcher, ganz unabhängig von der beabsichtigten Durchführung des Squeeze-out, sachlich gerechtfertigt werden kann (*Pluskat*, NZG 2007, 725, 728).

II. Delisting

640.

Was verstehen Sie unter einem Delisting?

Den Rückzug einer börsennotierten Gesellschaft aus dem regulierten Markt aller Börsen, an denen ihre Aktien gehandelt werden.

641.

Wo ist das Delisting geregelt?

Der Begriff taucht im Gesetz nicht auf. Im Börsengesetz ist der Widerruf der Börsenzulassung auf Antrag der Gesellschaft möglich (§ 39 Abs. 2 S. 1 BörsG: **reguläres Delisting**).

642.

Was verstehen Sie unter dem Begriff **kaltes Delisting**?

Damit sind die Fälle gemeint, in denen durch gesellschaftsrechtliche Maßnahmen die Voraussetzungen für die Zulassung zur Börse wegfallen. So ist es z. B. bei einem Formwechsel oder einer Verschmelzung (§ 202 Abs. 1 Nr. 1 UmwG). Dann existiert die alte AG nicht mehr weiter.

643.

Schließlich kann die Zulassung auf Initiative der Börse widerrufen werden, wenn ein Handel mit den Papieren auf Dauer nicht mehr gewährleistet ist (§ 39 Abs. 1 BörsG). Wie heißt dieser Vorgang?

Zwangsdelisting.

644.

Durch Widerruf der Börsenzulassung wird die Verkehrsfähigkeit der Aktie beeinträchtigt. Sie kann nur noch im Freiverkehr veräußert werden. Dies beeinträchtigt besonders den Kleinaktionär. Kann er sich gegen die Entscheidung der AG, die Börsenzulassung zu widerrufen, wehren?

In gewissen Grenzen ja, so der BGH in der *Macrotron-Entscheidung* (*BGH* BGHZ 153, 47).

645.

Im *Macrotron-Fall* befanden sich 90% der Aktien in der Hand einer ausländischen Gesellschaft. 10% waren im Streubesitz. Der Mehrheitsgesellschafter fasste in der HV den Beschluss, die Börsenzulassung zu widerrufen. Die Minderheitsgesellschafter halten den Ermächtigungsbeschluss mangels Befristung, fehlender sachlicher Rechtfertigung und Unverhältnismäßigkeit für fehlerhaft. Zu Recht?

Grundsätzlich kann jeder Beschluss der Hauptversammlung wegen Verletzung des Gesetzes oder der Satzung durch Klage angefochten werden (§ 243 Abs. 1 AktG). Allerdings bedarf der Beschluss der Gesellschaft, sich von der Börse zurückzuziehen (reguläres Delisting) nur der einfachen Mehrheit in der HV.

646.

Woraus leitet sich die Legitimation der HV, über das reguläre Delisting zu beschließen, her?

Zwar wird die innere Struktur der Gesellschaft dadurch, dass sie sich von der Börse zurückzieht, nicht verändert. Auch das Aktionärsrecht wird, anders als beim Squeeze-out, nicht berührt. Allerdings wird die Verkehrsfähigkeit der Aktie stark verändert, wenn man sich von der Börse zurückzieht. Zwar gilt dies nicht unbedingt für einen Großaktionär oder Paketbesitzer, aber in jedem Fall für die Minderheits- und Kleinaktionäre. Für sie bringt der Wegfall der Börse wirtschaftlich gravierende Nachteile mit sich, die auch nicht durch die Einbeziehung der Aktien in den Freiverkehr ausgeglichen werden können (BGHZ 153, 47, 54). Dieser **Verkehrsfähigkeit** der Aktie ist – mit dem Bundesverfassungsgericht – für die Wertbestimmung der Anteile eine besondere Bedeutung beizumessen. Da es um den Schutz des mitgliedschaftlichen Vermögenswertes geht, ist die Hauptversammlung zuständig, da über diesen Vermögenswert nicht der Vorstand zu befinden hat.

647.

Folgt daraus, dass die HV das reguläre Delisting nicht mit Mehrheit beschließen darf?

Nein. Die HV darf das Delisting beschließen, sie muss dabei aber zugleich den Minderheitenschutz beachten. Das ergibt sich auch aus der Treuepflicht der Mehrheit. Der Schutz der Minderheitsaktionäre ist nur dann sichergestellt, wenn diesen der Wert ihrer Aktien ersetzt wird und ihnen die Möglichkeit offen steht, die Richtigkeit der Wertbemessung in einem gerichtlichen Verfahren überprüfen zu lassen (so auch BVerfGE 100, 289, 303).

648.

Wie wird ein adäquater Schutz der Minderheitsaktionäre erreicht?

Indem ihnen mit dem Beschlussantrag zum Delisting ein **Pflichtangebot** über den Kauf ihrer Aktien (die Grenzen der §§ 71 ff. AktG müssen beachtet werden!) durch den Großaktionär vorgelegt wird. Der Kaufpreis muss dem Anteilswert entsprechen (BGHZ 153, 47, 57).

649.

In welchem Verfahren kann der Aktionär überprüfen lassen, ob der ihm erstattete Betrag dem Wert des Anteils entspricht?

In Betracht kommt die Anfechtungsklage oder eine Analogie zum Spruchverfahren (§ 306 AktG). Der BGH spricht sich für das Spruchverfahren aus. Dieses Verfahren ist auf das Squeeze-out und auf das Umwandlungsrecht zugeschnitten. Beim Delisting entstehen sehr ähnliche Interessenkonflikte, sodass es sinnvoll ist, diese Konflikte nicht auf dem Weg des Anfechtungsverfahrens, sondern des Spruchverfahrens zu lösen. Eines Vorstandsberichts entsprechend § 186 Abs. 4 S. 2 AktG zum Delisting bedarf es dabei nicht.

650.

Welche Gerichte sind für das Spruchverfahren zuständig?

Nicht die ordentlichen Gerichte, sondern die Gerichte der freiwilligen Gerichtsbarkeit (FamFG). Der BGH hat deshalb im *Macrotron-Fall* das Verfahren nach § 17 a Abs. 2 GVG analog an das zuständige Gericht der freiwilligen Gerichtsbarkeit abgegeben.

E. Vermögensverwaltung

I. Begriff

651.

Wie würden Sie Vermögensverwaltung im umfassenden Sinne definieren?

Verwaltung fremden Vermögens im Interesse des Vermögensinhabers aufgrund selbständiger Anlageentscheidungen durch den Vermögensverwalter, ohne im Einzelfall Weisungen des Kunden einholen zu müssen (*BGH* WM 1998, 21).

652.

Was ist demgegenüber Finanzportfolioverwaltung i. S. d. KWG?

Es geht um die Verwaltung einzelner, in Finanzinstrumenten angelegter Vermögen für andere mit Entscheidungsspielraum. Bei der Finanzportfolioverwaltung wird das Vermögen also in Finanzinstrumenten angelegt (§ 1 Abs. 1 a S. 2 Nr. 3 KWG – die Anlageverwaltung ist in Abs. 11 erfasst).

653.

Muss sich der bankunabhängige Vermögensverwalter an die Verhaltenspflichten des WpHG halten?

Ja. Die Vermögensverwaltung ist nämlich als Wertpapierdienstleistung in das WpHG integriert (§ 2 Abs. 3 Nr. 7 WpHG). Das heißt der Verwalter muss die Verhaltenspflichten der §§ 31 ff. WpHG einhalten.

654.

Ganz entscheidend für die Vermögensverwaltung ist der Entscheidungsspielraum, den der Vermögensverwalter haben muss. Wann jedenfalls fehlt der Entscheidungsspielraum?

Wenn der Verwalter eine von ihm getroffene Anlageentscheidung erst dann wirksam umsetzen kann, nachdem der Kunde ausdrücklich zugestimmt hat (Zustimmungsvorbehalt).

655.

Fehlt der Entscheidungsspielraum auch dann, wenn dem Kunden ein Veto-Recht zusteht?

Nein, denn solange der Kunde von diesem Veto-Recht keinen Gebrauch macht, entscheidet der Verwalter allein – er hat also Entscheidungsspielraum (BaFin Merkblatt Vermögensverwaltung Ziff. 1 d).

II. Der Vermögensverwaltungsvertrag

656.

Rechtlich wird Vermögensverwaltung entweder nach dem Treuhandmodell oder nach dem in Deutschland üblichen Vertretermodell durchgeführt. Was meint man mit diesen beiden Modellen?

Dem Treuhänder wird beim Treuhandmodell das Eigentum an dem zu verwaltenden Vermögen übertragen. Der Vermögensinhaber behält lediglich einen Rückübereignungsanspruch. Beim Vertretermodell bleibt der Auftraggeber Eigentümer des zu verwaltenden Vermögens. Der Vermögensverwalter wird von ihm lediglich bevollmächtigt, das Vermögen zu verwalten und den das Vermögen verwahrenden Dritten (Depotbank) Anweisungen für Umschichtungen zu geben.

657.

Der Vermögensverwalter hat die Aufgabe, das Vermögen eines Dritten zu verwalten und zu mehren. Steht er für Letzteres ein?

Nein. Er hat nicht für den Erfolg seiner Tätigkeit einzustehen, sondern lediglich für die ordnungs- und sachgerechte Vornahme der Verwalterhandlungen. Die Tätigkeit des Vermögensverwalters ist also kein Werkvertrag, sondern *Geschäftsbesorgung*. Sie begründet ein Dauerschuldverhältnis in Gestalt eines Dienstvertrages (allg. M. seit *BGH* WM 1962, 675; zuletzt *BGH* WM 1998, 21).

658.

Benötigt ein Vermögensverwalter, der nach dem Treuhandmodell arbeiten will, eine Genehmigung nach §§ 1 Abs. 1, 32 KWG?

Ja. Mit der Annahme fremder Gelder tätigt der Treuhänder ein Einlagengeschäft (§ 1 Abs. 1 Satz 2 Nr. 1 KWG) bzw. ein Finanzkommissionsgeschäft (§ 1 Abs. 1 Satz 2 Nr. 4 KWG; vgl. auch *BGH* WM 1995, 874).

659.

Demgegenüber gehört die Tätigkeit des Vermögensverwalters im Vertretermodell nicht zu den Bankgeschäften im Sinne des KWG; warum?

Er betreibt weder das Depotgeschäft noch das Einlagen- oder Finanzkommissionsgeschäft noch das Investmentgeschäft.

660.

Bedeutet das, dass der Vermögensverwalter, der im Vertretermodell arbeitet, keine Genehmigung nach § 32 KWG benötigt?

Nein. Auch der Vermögensverwalter im Vertretermodell benötigt die Genehmigung nach § 32 KWG, weil er Finanzdienstleister ist (§ 1 Abs. 1 a Satz 2 Nr. 3 KWG).

661.

Wird Vermögensverwaltung in Deutschland in der Form des Treuhandmodells angeboten?

Nein. Nichtbanken dürfen das Treuhandmodell nicht anbieten und Banken, die dies dürften, tun es in Deutschland nicht.

662.

Vermögensverwaltungsverträge unterliegen keinen zivilrechtlichen Formerfordernissen. Ist das auch aufsichtsrechtlich so?

Aufsichtsrechtlich sind Aufträge des Kunden *aufzuzeichnen* (§ 34 Abs. 1 Nr. 1 WpHG). In der Praxis werden Vermögensverwaltungsverträge deshalb schriftlich geschlossen.

III. Pflichten des Vermögensverwalters

663.

Woraus ergeben sich die Pflichten des Vermögensverwalters?

Zum einen aus §§ 675, 663, 665–670, 672–674 und § 664 BGB analog; zum anderen aus den §§ 31 ff. WpHG.

664.

Der Vermögensverwalter ist verpflichtet, seinen Kunden zu kennen (know your customer). Woraus ergibt sich das?

Aus § 31 Abs. 2 Satz 1 Nr. 1 WpHG, wonach der Vermögensverwalter von seinen Kunden Angaben über ihre Erfahrungen oder Kenntnisse in Geschäften, die Gegenstand von Wertpapierdienstleistungen sein sollen, über ihre mit den Geschäften verfolgten Ziele und über ihre finanziellen Verhältnisse verlangen muss.

665.

Gilt das Prinzip „know your customer" nur bei Abschluss des Vermögensverwaltungsvertrages oder während der gesamten Laufzeit?

Die Kenntnis über den Kunden muss während der gesamten Laufzeit des Vertrages vorliegen. Der Vermögensverwalter hat daher in gewissen Abständen mit dem Vermögensinhaber abzuklären, ob sich wesentliche Änderungen gegenüber der Ausgangssituation ergeben haben und deshalb eine Anpassung seiner Anlagerichtlinie angezeigt ist. Dies ergibt sich aus § 31 Abs. 2 Satz 1 Nr. 2 WpHG, wonach der Vermögensverwalter dem Kunden *alle zweckdienlichen Informationen* mitzuteilen hat.

666.

Wertpapiervermögen lässt sich auf unterschiedlichste Art und Weise verwalten. Man kann das Geld mündelsicher (§ 1807 BGB) oder konservativ oder auch spekulativ anlegen. Welches Konzept zwischen Kunden und Vermögensverwalter hat sich bezüglich der Festlegung der Risikoziele durchgesetzt?

Die Vereinbarung über die Anlagepolitik erfolgt in schriftlich festgehaltenen *Anlagerichtlinien*. Die Anlagerichtlinien enthalten eine Vereinbarung über die drei klassischen Anlageziele Sicherheit (Vermögenserhaltung), Rentabilität (Vermögensmehrung) und Liquidität (Realisierbarkeit der Vermögenswerte).

667.

Regelmäßig wird konkretisierend die verfolgte Anlagepolitik definiert. So wird etwa vereinbart, das Wachstum mit gemäßigtem Risiko oder Ertrag (konservative Anlagepolitik) oder eine aggressive Anlagepolitik (Wachstum mit höherem Risiko) vereinbart sein soll. Welche Frage wird regelmäßig noch konkretisiert?

Vor allem die Zulässigkeit von Termingeschäften und die Inanspruchnahme von Krediten und gelegentlich auch die möglichen Arten der zu erwerbenden Wertpapiere. Besonders professionelle Vermögensverwalter legen häufig dar, welche Konsequenzen eine Anlagestrategie in der Vergangenheit gehabt hätte, insbesondere zu welchen Verlusten sie geführt hätte. Auf diese Weise wird das Risiko bewusst gemacht.

668.

Sind die Anlagerichtlinien für den Vermögensverwalter bindend?

Ja, ein Verstoß hiergegen verpflichtet zum Schadensersatz nach § 280 BGB.

669.

Gelegentlich werden keine Anlagerichtlinien vereinbart – dem Vermögensverwalter wird ein völlig freies Ermessen eingeräumt (so *BGH* WM 1994, 834). Welche Grundsätze gelten nun?

Der Vermögensverwalter hat von dem Grundsatz auszugehen, dass eine professionelle Vermögensverwaltung vernünftigerweise nicht ausschließlich auf hochriskante Optionsgeschäfte setzt, sondern auf eine angemessene Mischung mit konservativeren Anlageformen wie Aktien und festverzinslichen Wertpapieren (*OLG Frankfurt* WM 1996, 665: 47% in Optionsscheinen unzulässig; *OLG Hamm* WM 1996, 669: 20% in Optionsscheinen zulässig).

670.

Angenommen, es ist eine konservative Anlagepolitik vereinbart – was heißt das?

Das heißt nach *OLG Düsseldorf* (WM 1991, 490 f.), dass nicht mehr als 30% des Wertpapierbestandes in Standardaktien und mindestens 70% in festverzinslichen Wertpapieren investiert sein müssen.

671.

Überzeugt Sie der Ansatz des OLG Düsseldorf?

Nicht so ganz, denn wer Anfang 1994 in Anleihen der Bundesrepublik Deutschland mit 30jähriger Laufzeit investierte, hatte bis Ende 1994 einen (Buch-)Verlust von ca. 20% des Vermögens. Auch bei festverzinslichen Wertpapieren kann es also zu erheblichen Verlusten kommen. Die Parteien sollten deshalb besser ein *konkretes Risikomaß* vereinbaren, also z. B. dass der Vermögensverwalter bei Verlusten von 10% prinzipiell aussteigt, dass Termingeschäfte nur zur Absicherung eines Währungsrisikos eingegangen werden, dass der Anleger prinzipiell informiert wird, wenn der Bestand des eingesetzten Kapitals nicht mehr gewährleistet ist oder dass bei leicht fallenden Kursen in der Regel zugekauft wird. Vereinbart werden sollte auch die Struktur des Portfolios, konservativ: ¼ Aktien / ¼ festverzinsliche / ¼ Immobilienfonds / ¼ Gold/Edelmetalle.

672.

Nach Festlegung der Anlagerichtlinien hat der Vermögensverwalter diese nach § 31 Abs. 1 Nr. 1 WpHG mit der gebotenen *Sachkenntnis*, *Sorgfalt* und *Gewissenhaftigkeit* umzusetzen. Was ist damit gemeint?

Der Vermögensverwalter hat für eine optimale Umsetzung der ihm durch die Anlagerichtlinien vorgegebenen Ziele zu sorgen. Er hat das Risiko durch Diversifikation im größtmöglichen Umfang zu reduzieren und ihn trifft das Verbot der

Spekulation (*BGH* WM 1994, 834), soweit diese nicht ausdrücklich durch die Anlagerichtlinien zugelassen wurde. Darüber hinaus hat der Vermögensverwalter die mit dem Papier verbundenen Kreditrisiken, Produktrisiken und Marktrisiken zu kennen (*BGH* WM 1998, 21; 2002, 1177).

673.

Hat der Vermögensverwalter auch steuerliche Auswirkungen zu berücksichtigen, z. B. die Besteuerung von Spekulationsgewinnen in Deutschland oder die Börsenumsatzsteuer in der Schweiz?

Ja. Steuern, die bei Einhaltung der vereinbarten Anlagerichtlinien vermeidbar gewesen wären, sind als Schaden zu ersetzen (*OLG Karlsruhe* WM 2001, 805, 812).

674.

Es gibt eine Reihe von Pflichtverletzungen, die durch § 31 Abs. 1 WpHG untersagt sind. Eine Fallgruppe betrifft das Auskaufen, das Abladen und die Kurspflege. Was ist damit gemeint?

Beim Auskaufen erwirbt der Vermögensverwalter für sich oder für Dritte ein größeres Paket an Wertpapieren möglichst kursschonend; beim Abladen sucht er für eigene oder fremde Wertpapiere einen Abnehmer. In beiden Fällen liegt ein Verstoß gegen § 31 Abs. 1 Nr. 1 WpHG vor. In den Fällen der schlichten Kurspflege kommt ein Verstoß gegen § 31 Abs. 1 Nr. 2 WpHG in der Form der Lenkung der Preise in eine bestimmte Richtung in Betracht.

675.

Auch das Churning ist verboten. Was ist damit gemeint?

Das häufige Kaufen oder Verkaufen (Drehen) von Wertpapieren ausschließlich oder überwiegend zu dem Zweck der Erzielung von provisionspflichtigen Umsätzen (*BGH* WM 2002, 1177).

676.

Eine weitere Fallgruppe bildet das Vor-, Parallel- bzw. Gegenlaufen. Beim Vorlaufen (front running) erwirbt oder veräußert der Vermögensverwalter zunächst Wertpapiere für eigene Rechnung in der Kenntnis, dass der für das von ihm verwaltete Vermögen durchgeführte Kauf bzw. Verkauf zu einem Ansteigen bzw. Fallen der Kurse führen wird. Wie erzielt er beim Gegenlaufen Vorteile?

Dadurch, dass durch die gegenläufigen Handlungen die Transaktionen mehr oder weniger kursneutral durchgeführt werden. Die Unzulässigkeit des Verhaltens ergibt sich nicht nur aus § 280 BGB i. V. m. § 31 Abs. 4 WpHG, sondern auch aus § 14 Abs. 1 WpHG. Der Entschluss des Vermögensverwalters, Wertpapiere in einem größeren Umfang für den Vermögensinhaber zu erwerben oder zu veräußern, ist eine nicht öffentlich bekannte Tatsache, die sich auf ein Insiderpapier bezieht und geeignet ist, im Falle ihres öffentlichen Bekanntwerdens den Kurs der Insiderpapiere erheblich zu beeinflussen.

677.

Es wird vertreten, dass die Umsetzung eines eigenen Entschlusses nicht das Ausnutzen einer Kenntnis darstellt, sondern die Ausführung des Entschlusses. Deshalb soll das Vorlaufen z. B. eines Börseninformationsdienstes vor Bekanntgabe seiner Empfehlungen (Scalping) kein Insiderhandel sein. Überzeugt Sie das?

Nein. Hat die Bank Kenntnis von einer größeren Order, so ist Vorlaufen ein Insidergeschäft. Disponiert sie dagegen über das Vermögen ihres Kunden, so müsste nun dieses Insidergeschäft entfallen. Das wäre ein Wertungswiderspruch.

678.

Jeder Vermögensverwalter ist nach §§ 675, 666 BGB verpflichtet, dem Vermögensinhaber „die erforderlichen Nachrichten zu geben" und zwei weitere Pflichten zu erfüllen – welche?

Auf Verlangen über den Stand des Geschäftes *Auskunft zu erteilen* und nach Ausführung des Auftrages Rechenschaft abzulegen.

679.

In der Praxis der Vermögensverwaltung kommt es immer wieder vor, dass dem Vermögensverwalter für seine Tätigkeit von interessierter dritter Seite Provisionen rückvergütet werden (kick-backs oder Retrozessionen). Kapitalanlagegesellschaften sind häufig daran interessiert, dass das vermögensverwaltende Institut Fonds nicht nur für den Vermögensinhaber erwirbt, sondern auch möglichst lange in deren Depot belässt. Dafür werden dem Kreditinstitut *Bestandspflegeprovisionen* angeboten. Ähnlich bieten Makler den Banken Provisionsrückvergütungen für Umsätze in Wertpapieren an, die über sie geleitet wurden. Ist das zulässig?

Ja, wenn der Vermögensverwalter den Vermögensinhaber über den Erhalt dieser Provision informiert und die Provision an den Vermögensinhaber herausgibt. Letzteres gilt nur, soweit keine abweichende vertragliche Vereinbarung getroffen wurde (*BGH* WM 2001, 297; WM 2007, 487; *OLG Köln* BKR 2002, 541).

680.

Welche Rechtspflicht trifft den Vermögensinhaber?

Er ist zur Leistung eines Entgeltes nach §§ 675, 611 BGB verpflichtet. In den meisten Fällen ist eine an der Höhe des verwalteten Vermögens anknüpfende prozentuale Gebühr zu leisten. Zunehmend werden – wie in den USA – erfolgsorientierte Entgelte vereinbart.

681.

Muss der Vermögensinhaber eigentlich den Vermögensverwalter überwachen?

Nein, eine solche Pflicht besteht nicht (*BGH* WM 1998, 21). Der Vermögensverwalter kann deshalb nicht darauf hinweisen, dass Schadensersatzansprüche des Vermögensinhabers untergegangen seien, weil dieser durch regelmäßige und zeitnahe Information konkludent genehmigt habe.

F. Anlageberatung

I. Grundfragen

682.

Was verstehen Sie unter Anlageberatung?

Die Abgabe von persönlichen Empfehlungen an Kunden im Zusammenhang mit bestimmten Finanzinstrumenten (§ 1 Abs. 1a Nr. 1a KWG = § 2 Abs. 3 Nr. 9 WpHG).

683.

In welche drei Teile zerfällt die Anlageberatung?

(1) Die Bank unterrichtet den Kunden über die angebotenen Produkte
(2) Die Bank berät den Kunden darüber, ob die Produkte für ihn geeignet sind
(3) und ob die Anlagerisiken für den Kunden finanziell tragbar sind (§ 31 Abs. 4 WpHG).

684.

Was unterscheidet die Anlageberatung von einer bloßen Auskunft?

Eine Auskunft stellt eine bloße Informationsweitergabe präsenten Wissens dar, z. B. die Weitergabe von Nachrichten (Nr. 16 Sonderbedingungen für Wertpapiergeschäfte).

685.

Kann man die Anlageberatung von der *Anlagevermittlung* (§ 2 Abs. 3 Nr. 4 WpHG) abgrenzen?

Ja. Der typische Anlagevermittler will nur *seine Anlage verkaufen*, aber keine Prüfung der Geeignetheit und der Risikotragfähigkeit vornehmen. Deshalb ging die Rechtsprechung früher davon aus, dass den Anlagevermittler wesentlich geringere Aufklärungs- und Beratungspflichten treffen als den Anlageberater (*BGH* ZIP 1993, 997). Inzwischen verschwimmen die Grenzen zwischen Anlagevermittlung und Anlageberatung. Anlageberatung liegt vor, wenn eine persönliche Empfehlung an den Kunden, die sich auf Geschäfte mit bestimmten Finanzinstrumenten bezieht, gegeben wird, sofern die Empfehlung auf eine Prüfung der persönlichen Umstände des Anlegers gestützt oder als für ihn geeignet dargestellt wird und nicht ausschließlich über Informationsverbreitungskanäle oder für die Öffentlichkeit bekannt gegeben wird (§ 2 Abs. 3 Nr. 9 WpHG). Genau das tut regelmäßig auch der Vermittler.

686.

Kann man die Vermögensverwaltung klar von der Anlageberatung abgrenzen?

Ja. Bei der Vermögensverwaltung obliegt es dem Vermögensverwalter, das ihm zur Verfügung gestellte Vermögen eigenständig und ohne Rücksprache mit dem Kunden anzulegen. Demgegenüber bleibt der Vermögensinhaber bei der Anlageberatung allein dispositionsbefugt. Er trifft nach Beratung seine Entscheidung, die die Bank sodann ausführt.

II. Der zivilrechtliche Beratungsvertrag

687.

Die Anlageberatung kann sowohl aufgrund eines ausdrücklich oder konkludent geschlossenen Anlageberatungsvertrages erfolgen oder sich als Nebenpflicht aus einem das Effektengeschäft betreffenden Vertrag ergeben. Unter welchen Voraussetzungen geht die Rechtsprechung von dem Abschluss eines Beratungsvertrages aus?

Sie geht vom Abschluss eines ausdrücklichen oder konkludenten Vertrages insbesondere dann aus, wenn Auskünfte oder Ratschläge erteilt werden, die für den Empfänger von erheblicher Bedeutung sind und von diesem zur Grundlage wesentlicher Entscheidungen gemacht werden (*BGH* ZIP 1999, 275).

688.

Angenommen, ein Kunde fragt bei einem Discount-Broker, ob es sinnvoll ist, Aktien der Firma A zu erwerben. Was empfehlen Sie dem Discount-Broker, wenn dieser den Abschluss eines Beratungsvertrages verhindern will?

Er muss, bevor er eine Auskunft gibt, deutlich zum Ausdruck bringen, dass er keinen Beratungs- oder Auskunftsvertrag schließen will (*BGH* ZIP 1998, 1183) und deshalb keine Empfehlung geben kann.

689.

Die Anlageberatung erfolgt grundsätzlich formfrei. Für die Vermittlung von Londoner Warenterminoptionen, von Penny Stocks sowie von Warenmindirektgeschäften hat der BGH jedoch entschieden, dass eine wirksame Aufklärung *nur schriftlich* erfolgen kann (*BGH* ZIP 1994, 1102; 1994, 1924; 1994, 447; 1992, 612; 1992, 1614; 1991, 297). Wie hat der BGH dies begründet?

Ohne eine schriftliche Aufklärung werde der Anleger bei den schwierigen wirtschaftlichen Zusammenhängen nicht hinreichend informiert, da er typischerweise keine ausreichenden Kenntnisse vom Warenoptions- oder Warenterminhandel besäße und sich der besonderen Gefahren des Over-the-counter-Marktes für Penny Stocks nicht bewusst sei.

III. Der aufsichtsrechtliche Begriff Anlageberatung

690.

Anlageberatung ist die Abgabe von persönlichen Empfehlungen an Kunden oder deren Vertreter, die sich auf Geschäfte mit bestimmten Finanzinstrumenten beziehen (§ 1 Abs. 1 a KWG) – § 2 Abs. 3 Nr. 9 WpHG. Gibt es Einschränkungen oder Ausnahmen?

Die Empfehlung muss auf eine Prüfung der persönlichen Umstände des Anlegers gestützt oder als für ihn geeignet dargestellt sein, außerdem darf sie nicht ausschließlich über Informationsverbreitungskanäle oder für die Öffentlichkeit bekannt gegeben werden (§ 1 Abs. 1 a Nr. 1 a KWG/§ 2 Abs. 3 Nr. 9 WpHG).

691.

Warum ist es so wichtig zu wissen, was Anlageberatung ganz genau ist?

Weil diejenigen, die Anlageberatung als Dienstleistung erbringen, seit dem 1. 11. 2007 wegen der Neufassung des KWG/WpHG eine Bankerlaubnis nach § 32 KWG benötigen oder unter den Schutz eines Haftungsdaches (§ 2 Nr. 10 KWG) schlüpfen müssen.

692.

Anteile an Investmentfonds sind vom Anwendungsbereich des KWG ausgenommen (§ 2 Abs. 6 Nr. 8 KWG/§ 2 a Abs. 1 Nr. 7 WpHG). Wissen Sie, wie dies begründet wird?

Der Gesetzgeber meint, Investmentgesellschaften unterliegen ohnehin einer strengen aufsichtsrechtlichen Kontrolle, deshalb bedürfe der Berater keiner zusätzlichen Beaufsichtigung – es genüge die Erlaubnis nach § 34 c GewO.

693.

Überzeugt Sie diese Ausnahme?

Was die Produktaufsicht angeht, ja. Was die Anwendbarkeit etwa der Wohlverhaltensregeln im Interesse des Kunden angeht: nein, denn auch der Kunde, der einen Investmentfondsanteil erwirbt, ist schutzwürdig und schutzbedürftig mit Blick auf die Rechtsprechung des BGH zur anleger- und objektgerechten Beratung. Warum ihm der Schutz des WpHG ansonsten nicht gewährt wird, ist nicht leicht zu begreifen.

694.

Es gibt eine weitere Ausnahme – wissen Sie, welche?

Auch die Beratung über geschlossene Immobilienfonds fällt nicht unter das KWG/WpHG. Begründung: Diese Anteile sind keine Wertpapiere (Art. 4 Nr. 18 MiFID). Das ist formell wohl richtig, obwohl Anteile an geschlossenen Immobilienfonds neuerdings in gewissem Umfang handelbar sind. Funktional fragt man aber auch hier, wieso der Kunde, der Anteile an einem geschlossenen Immobilienfonds erwirbt, nicht den Schutz des WpHG benötigt.

695.

Die BaFin hat einen Leitfaden herausgegeben, um im Einzelnen zu klären, wie die Kriterien des Begriffs Anlageberatung insbesondere mit Blick auf die Aufsicht zu interpretieren sind. Was versteht die BaFin beispielsweise unter einer Empfehlung?

Empfehlung: wenn Anleger zu einer bestimmten Handlung in seinem Interesse liegend geraten wird. **Keine Empfehlung**: Bloße Information, z. B. Erläuterung über die Finanzinstrumente im Depot ohne konkrete Vorschläge zur Änderung der Zusammensetzung.

696.

Was ist mit dem Begriff Geschäfte, zu denen empfohlen wird, gemeint?

Gemeint sind alle Geschäfte, die die Anschaffung oder Veräußerung zum Gegenstand haben (§ 1 Abs. 11 KWG). Das sind: Kauf, Verkauf, Zeichnung, Tausch, Rückkauf, Übernahme eines bestimmten Finanzinstrumentes einschließlich der Beratung über die Rechte aus den Finanzinstrumenten.

697.

Anlageberatung liegt nur dann vor, wenn der Vermittler ein bestimmtes Finanzinstrument konkret bestimmt. Es genügt nach Auffassung der BaFin, wenn er eine Reihe konkreter Anlagevorschläge macht, auch, wenn er die Auswahl dem Kunden überlässt. Wann bestimmt der Vermittler das Finanzinstrument nicht mehr, sodass keine Anlageberatung mehr vorliegt?

Wenn der Kunde weiß, was er will und seinerseits entscheidet: dann **execution only**. Oder: Wenn Vermittler nur eine allgemeine Empfehlung etwa in dem Sinne gibt: „Zertifikate laufen gut, kann ich empfehlen" oder wenn er ein bestimmtes Institut empfiehlt, bei dem man Finanzinstrumente preiswert erwerben kann. Keine Anlageberatung liegt auch dann vor, wenn er dem Kunden empfiehlt, sich an einen zugelassenen Vermögensverwalter zu wenden (die Nachweismakelei ist aus dem Katalog der erlaubnispflichtigen Finanzdienstleistungen gestrichen).

698.

Beim Kunden stellt man sich typischerweise eine natürliche oder eine juristische Person oder auch eine Personengesellschaft vor. Sind auch die professionellen oder institutionellen Kunden vom Schutzbereich des Begriffs Anlageberatung mit erfasst?

Ja (Einschätzungen: § 31 Abs. 9 WpHG) – außerdem ist jeder Dritter (Vertreter), der im Lager des Kunden steht, mit erfasst.

699.

Der Vermittler muss die persönlichen Umstände prüfen – das tut er etwa, indem der Kunde ihn über seine finanzielle Situation unterrichtet und der Vermittler daraufhin ein bestimmtes Finanzinstrument empfiehlt. Angenommen, der Vermittler kümmert sich lieber nicht um die persönlichen Verhältnisse des Kunden – kommt er auf diese Weise aus dem Begriff Anlageberatung raus?

Nein. Nach dem Wortlaut des Gesetzes genügt es, dass der Vermittler die Empfehlung als „für den Anleger geeignet darstellt". Das ist auch dann der Fall, wenn die

Empfehlung nicht auf der Prüfung der persönlichen und finanziellen Verhältnisse des Kunden beruht, sich dies für den Kunden aber so darstellt.

700.

Keine Anlageberatung liegt nach dem Wortlaut des Gesetzes vor, wenn eine Empfehlung über Informationsverbreitungskanäle oder über die Öffentlichkeit bekannt gegeben wird. Was ist damit konkret gemeint?

Gemeint sind Ratschläge, die in Presse, Rundfunk, Fernsehen, Internet oder öffentlichen Veranstaltungen erteilt werden (oft Werbeveranstaltungen). Auch Finanzanalysen (§ 34 b WpHG) sind keine Anlageberatung, weil sie sich an einen unbestimmten Personenkreis richten. Demgegenüber sind Empfehlungen auch dann durchaus Anlageberatung, wenn sie per Post oder Internet an viele Haushalte gleich lautend gerichtet werden.

701.

Ein Anlageberater bedarf allerdings nur dann der Erlaubnis nach § 32 KWG, wenn er einen in kaufmännischer Weise eingerichteten Geschäftsbetrieb hat. Angenommen, ein solcher Berater empfiehlt, den Aktienanteil am Depot um 50% zu senken. Ist das Anlageberatung?

Nach Meinung der BaFin: Nein. Aus meiner Sicht eher ja, denn eine solche Empfehlung verändert das Depot derart stark, dass es dafür eine Begründung geben sollte. Befindet sich übrigens im Depot nur ein einziges Papier, dann bezieht sich die Empfehlung notwendigerweise auf ein bestimmtes Finanzinstrument und ist nun auch nach Auffassung der BaFin wieder erlaubnispflichtig.

IV. Verhaltenspflichten bei der Anlageberatung

702.

Die gegenüber dem Kunden zu erfüllenden aufsichtsrechtlichen Pflichten hängen seit dem 1. 11. 2007 davon ab, ob es ein Privatkunde, ein professioneller Kunde oder eine geeignete Gegenpartei ist. Worauf kommt es sachlich an?

Auf die Art der erbrachten Finanzdienstleistung, ihren konkreten Pflichteninhalt und den damit zusammenhängenden Pflichtenmaßstab.

703.

Nach § 31 Abs. 4/4 a WpHG ist eine **Geeignetheitsprüfung** (Suitability-Test) durchzuführen, wenn es um Anlageberatung und Portofolioverwaltung geht.

Demgegenüber verlangt § 31 Abs. 5 WpHG für andere Finanzdienstleistungen nur eine Angemessenheitsprüfung. Wo liegt der Unterschied?

Bei der Geeignetheitsprüfung müssen die **finanziellen Verhältnisse** und die **Anlage-ziele** des Kunden herausgefunden werden. Hinzukommen seine Kenntnisse und Erfahrungen zur Beurteilung der Anlagerisiken (§ 31 Abs. 5 WpHG). Die Geeignet-heitsprüfung ist die strengere Verhaltenspflicht für den Vermittler. Begründet wird dies damit, dass bei Anlageberatung/Portofolioverwaltung typischerweise der Ver-mittler ein Produkt empfiehlt, während in den anderen Fällen (z. B. Finanzkommis-sionsgeschäft) davon ausgegangen wird, dass der Kunde aktiv nachfragt.

704.

Die Geeignetheitsprüfung korrespondiert weitgehend mit der von der Rechtspre-chung entwickelten *anleger- und objektgerechten Beratung* des Anlegers (Bond-Urteil). Darüber hinausgehend müssen dem Kunden die für die Anlageentschei-dung erforderlichen Informationen zur Verfügung gestellt werden. Was ist damit gemeint?

Dass dem Kunden rechtzeitig und in verständlicher Form Informationen zur Ver-fügung zu stellen sind, damit er nach vernünftigem Ermessen die Art und die **Risiken** der ihm angebotenen oder von ihm nachgefragten Finanzinstrumente ver-stehen und auf dieser Grundlage seine Anlageentscheidung treffen kann (§ 31 Abs. 3, 4 WpHG).

705.

Ist es zulässig, diese Informationen auch in standardisierter Form mitzuteilen?

Nein, denn es geht um die individuelle Empfehlung. Standardisiert werden können aber die Informationen über das Produkt (§ 31 Abs. 3 S. 2 WpHG). Die standardi-sierten Informationen müssen sich auf folgende Kriterien beziehen:
(1) Das WpdU und seine Dienstleistungen
(2) Die Arten von Finanzinstrumenten und vorgeschlagene Anlagestrategien ein-schließlich damit verbundener Risiken
(3) Ausführungsplätze
(4) Kosten und Nebenkosten

706.

Was passiert, wenn der Kunde die für die Geeignetheitsprüfung erforderlichen Angaben nicht machen will?

Dann darf das WpdU im Zusammenhang mit einer Anlageberatung kein Finanz-instrument empfehlen.

707.

Was passiert, wenn das WpdU trotzdem eine Empfehlung abgibt?

Zivilrechtlich ist dann von einem Beratungsvertrag auszugehen, der das WpdU zu einer anleger- und objektgerechten Beratung verpflichtet. Diese Pflicht kann das Unternehmen praktisch nicht erfüllen, weil der Kunde nichts sagt. Das WpdU müsste nunmehr entweder von einer Empfehlung ganz Abstand nehmen oder aber darauf verweisen, dass es keine Empfehlung abgeben kann und der Kunde entscheiden solle, was er denn möchte. Empfiehlt das WpdU trotzdem, so muss es für einen daraus entstehenden Schaden nach § 280 BGB einstehen.

708.

Außerhalb der Anlageberatung (beratungsfreies Geschäft: § 31 Abs. 5 WpHG) genügt eine Angemessenheitsprüfung (appropriateness test). Gefragt wird lediglich, ob der Kunde über die erforderlichen Kenntnisse und Erfahrungen verfügt, um die Anlagerisiken beurteilen zu können. Wo liegt der Unterschied zum suitability test?

Anlageziele und finanzielle Verhältnisse, die im Rahmen der Geeignetheitsprüfung relevant sind, spielen keine Rolle. Hat der Kunde bestimmte Geschäfte schon häufiger getätigt, muss nicht bei jedem einzelnen Geschäft eine neue Angemessenheitsprüfung vorgenommen werden (BT-Drs. 16/4028, S. 68).

709.

Angenommen, das WpdU kommt zu dem Ergebnis, dass die Anlageentscheidung für den Kunden nicht angemessen ist. Was muss es tun?

Einen Warnhinweis geben. Dieser Warnhinweis kann in standardisierter Form und auch mündlich erfolgen (§ 31 Abs. 5 S. 5 WpHG).

710.

Angenommen, ein Kunde möchte seine Aktien verkaufen und bittet seine Bank darum, dies zu tun. Muss die Bank die Vermögensverhältnisse, Erfahrungen und Kenntnisse sowie Anlageziele des Kunden einholen?

Nein. Es handelt sich um ein **reines Ausführungsgeschäft**. Bei solchen reinen Ausführungsgeschäften findet keine Angemessenheitsprüfung statt, der Kunde muss darüber aber informiert werden – z. B. in standardisierter Form (§ 31 Abs. 7 WpHG).

V. Unterschiede zwischen aufsichtsrechtlichen und zivilrechtlichen Beratungsanforderungen

711.

Im Bond-Urteil hat der *BGH* (ZIP 1993, 1148) die zivilrechtlichen Anforderungen an eine ordnungsgemäße Anlageberatung entwickelt. Seit dem ist anerkannt, dass die Anlageberatung *anleger- und objektgerecht* sein muss. Was bedeutet das konkret?

In Bezug auf den Kunden ist der Wissensstand über Anlagegeschäfte der jeweils vorgesehenen Art abzufragen und der Kunde ist gegebenenfalls aufzuklären. In Bezug auf das Anlageobjekt (z. B. die Anleihe oder die Aktie) ist über marktbezogene Umstände (z. B. großer Spread zwischen Kauf- und Verkaufskursen), über produktbezogene Faktoren (z. B. die Hebelwirkung des Optionsscheins oder die Verlustteilnahme von Genussscheinen) sowie die wirtschaftliche Lage und Solvenz des Emittenten einschließlich der Bedeutung der Ratingsymbole aufzuklären.

712.

Das Konzept der anleger- und objektgerechten Beratung will den Anleger stärken und ihn zu einer selbstbestimmten, informierten Entscheidung verhelfen. Der Ansatz, den § 31 Abs. 4 WpHG mit dem Geeignetheitskonzept verfolgt, ist im Kern etwas anders – wissen Sie, wo der Unterschied liegt?

Zunächst einmal soll der Berater das Anlageziel des Kunden erfragen (es geht also nicht um das Wissen des Kunden über die Anlage) und in einem zweiten Schritt ist zu fragen, ob die Empfehlung, die der Berater gibt, finanziell tragbar ist.

713.

Beim Konzept der anleger- und objektgerechten Beratung genügte es also, den Wissensstand des Kunden zu ermitteln und ihm das Anlageobjekt richtig zu erklären. Die Frage welches Ziel der Kunde mit der Anlage eigentlich verfolgt und ob das Ziel mit der Anlage zu erreichen ist (z. B. Altersvorsorge) muss ihm nicht gestellt werden. Was war noch anders?

Der Anlageberater musste auch nicht fragen, ob die Anlage für den Anleger finanziell tragbar ist, das ist heute anders. Gibt allerdings der Kunde an, dass er das Risiko finanziell tragen kann, so ist der Berater nicht verpflichtet, seinerseits nachzurechnen, jedenfalls wenn die Angaben des Kunden plausibel erscheinen.

714.

Wie kann der Berater eigentlich die einer Anlage immanenten Risiken ermitteln?

Zunächst einmal muss der Berater dem Kunden erklären, wie sich die Anlage in der Vergangenheit entwickelt hat – er muss also das vergangenheitsbezogene (Ausfall- und Verlust-) Risiko beschreiben, z. B. bestand bei bestimmten Industrieanleihen in den Jahren 1990–2010 ein durchschnittliches Verlustrisiko von 10%. Daneben muss der Anlageberater eine worst-case-Analyse durchführen und darauf hinweisen, dass eine Anlage im schlimmsten Fall auch vollständig ausfallen kann (berühmtes Beispiel: Die Lehman-Pleite). Der Anleger muss auch dieses Vollverlustrisiko noch finanziell tragen können.

715.

Muss der Anlageberater in Zukunft die von der Rechtsprechung entwickelten Grundsätze der anleger- und objektgerechten Beratung beachten oder muss er seine Beratung an § 31 Abs. 4 WpHG ausrichten, also an den Anlagezielen des Anlegers und an dessen finanzieller Tragfähigkeit?

Nach Auffassung des BGH haben die öffentlich-rechtlichen Regelungen in § 31 Abs. 4 WpHG eine Ausstrahlungswirkung auf das Zivilrecht (*BGH* BKR 2008, 294, 295). Dogmatisch bedeutet dies, dass die öffentlich-rechtlich geschuldeten Verhaltensstandards (§ 31 Abs. 4 WpHG) in das Zivilrecht ausstrahlen, dort also zu beachten sind und somit für einen weitgehenden Gleichklang zwischen den inhaltlichen Anforderungen an die Beratungsleistung sorgen.

716.

Was bedeutet dies für die Grundsätze der anleger- und objektgerechten Beratung?

Dass diese Grundsätze um die Anlageziele und die Risikohinweise nach § 31 Abs. 4 WpHG anzureichern und entsprechend auszuformen sind.

VI. Protokollierung der Anlageberatung

717.

Das WpdU muss (§ 34 Abs. 2 a WpHG) über jede Anlageberatung bei einem Privatkunden ein schriftliches Protokoll anfertigen. Das Protokoll muss von der Person, die die Beratung durchgeführt hat, unterzeichnet werden. Außerdem ist es dem Kunden unverzüglich auszuhändigen. War das schon immer so?

Nein, das ist erst seit dem 1. 1. 2010 so. Zuvor bestand diese Dokumentationspflicht nicht. Der BGH hatte zum alten Recht noch entschieden, dass keine zivilrechtliche Pflicht zur schriftlichen Dokumentation besteht (*BGH* NJW 2006, 1429).

718.

Wissen Sie, wodurch die Dokumentationspflicht ausgelöst wurde?

Durch die Lehman-Pleite im September 2008.

719.

Wissen Sie, ob es ein Vorbild für diese Dokumentationspflicht gibt?

Ja. Eine vergleichbare Dokumentationspflicht besteht seit Mai 2007 bei der Vermittlung von Versicherungsverträgen (§ 62 Abs. 1 VVG).

720.

Wie lange sind diese Aufzeichnungen aufzubewahren?

Mindestens fünf Jahre (§ 34 Abs. 3 WpHG).

VII. Beratungsfehler

721.

Grundsätzlich gilt, dass die Bewertung und Empfehlung eines Anlageobjekts im Zeitpunkt der Beratung (ex ante) vertretbar sein muss. Was folgt daraus?

Dass der Kunde, der hiervon ausgehend eine Anlageentscheidung trifft, das Risiko trägt, dass sich diese Anlageentscheidung im Nachhinein als falsch erweist (*BGH* WM 2006, 851).

722.

Beratungsfehler liegen vor, wenn der Berater eine Empfehlung ausspricht, die mit den Interessen des Anlegers nicht übereinstimmen kann. In welchen Fällen ist das typischerweise der Fall?

Beim Front Running, Scalping oder Churning.

723.

Was verstehen Sie unter Front- oder Parallel-Running?

Das WpdU führt Eigengeschäfte vor oder parallel zur Ausführung von Kundenaufträgen in Kenntnis der Kundenorder durch, sodass die Kundenorder möglicherweise zu schlechteren Kursen abgerechnet wird.

724.

Beim Gegenlaufen stellt sich das WpdU gegen die Kundenaufträge. Ist das auch verboten?

Ja, sofern damit ein Nachteil für den Kunden verbunden ist, etwa wenn das WpdU gezielt durch Gegenorder unterschiedliche Limits ihrer Kunden abschöpft. Der Tatbestand kann zugleich eine Kursmanipulation nach § 20 a WpHG oder einen Insiderverstoß (§ 13 Abs. 1 WpHG) verwirklichen.

725.

Scalping ist das bewusste Vorlaufen in Kenntnis von bevorstehenden Veröffentlichungen von Empfehlungen, Researchberichten und Analysen, bevor Kunden selbst Gelegenheit haben, auf diese Empfehlung zu handeln. Scalping setzt voraus, dass eine Empfehlungsabsicht besteht, diese Empfehlungsabsicht geeignet ist, den Kurs des Wertpapiers zu beeinflussen und die Kenntnis der Empfehlungsabsicht für die Entscheidung über das Wertpapiergeschäft mitbestimmend war. Woraus ergibt sich das Verbot des Scalping?

Aus der Vermeidung des Interessenkonfliktes zwischen Kunden und WpdU (§ 31 Abs. 1 Nr. 2 WpHG). Sollen durch die Empfehlung zuvor erworbene Wertpapiere mit Kursgewinn wieder verkauft werden, ist zugleich der Tatbestand der Kursmanipulation (§ 20 a WpHG) erfüllt (*BGH* ZIP 2003, 2354).

726.

Unter Churning (Spesenschinderei) versteht man den durch das Interesse des Kunden nicht gerechtfertigten häufigen Umschlag eines Anlagekontos. Churning kommt häufig bei der Vermögensverwaltung vor. Woran erkennt man, ob Churning vorliegt?

Anhaltspunkte können eine besonders hohe Anzahl von Transaktionen, ein besonders hoher Umschlagsfaktor, widersprüchliche Handelsstrategien oder eine ungenügende Nettorendite sein. Solche Geschäft liegen nicht im Interesse des Kunden (§ 31 Abs. 1 Nr. 1 WpHG). Liegt Churning vor, so hat der Anleger Schadensersatzansprüche (§§ 280, 826 BGB: *BGH* NJW 2004, 3423; ZIP 1999, 1838).

727.

Bei professionellen Kunden hat der Berater rechtlich davon auszugehen, dass der Kunde über die erforderlichen Kenntnisse und Erfahrungen verfügt (§ 31 Abs. 9 WpHG). Braucht der Berater überhaupt nicht aufzuklären?

Doch. Auch der professionelle Kunde muss darüber aufgeklärt werden, welches Produkt er eigentlich vor sich hat – die Aufklärung muss also objektgerecht sein und es muss eine Geeignetheitsprüfung durchgeführt werden.

728.

Wenn eine 60-jährige selbständige Unternehmerin mit geringen gesetzlichen Anwartschaften die Ablaufleistung ihrer Lebensversicherung anlegen will, worauf ist dabei zu achten?

Darauf, dass das Kapital langfristig und sicher angelegt wird, weil es ja als Alterssicherung dienen soll, das heißt es soll eine monatliche Rentenzahlung möglich werden. Wenn ein Berater in dieser Situation das gesamte Kapital in Aktienfonds mit mittlerer und hoher Risikostufe anlegt, so ist dies nicht mehr anlegergerecht (*OLG Jena* VuR 2005, 336).

729.

Darf der Anlageberater, z. B. eine Bank, die Beratung auf hauseigene Produkte beschränken?

Ja. Der BGH meint, der Kunde könne vernünftigerweise nicht erwarten über Konkurrenzprodukte informiert zu werden (*BGH* ZIP 2007, 518). Bei Versicherungsprodukten ist das allerdings anders, hier muss der Vermittler zunächst einmal offen legen, ob er als Vertreter eines Unternehmens kommt (z. B. Allianz) oder ob er Sachwalter des Kunden, also Makler, ist.

730.

Ist der Berater verpflichtet die Wirtschaftspresse auszuwerten und negative Presseberichterstattung dem Kunden mitzuteilen?

Ja (*BGH* ZIP 2006, 891; ergänzend *BGH* WM 2009, 688).

731.

Worüber ist der Anleger bei Stripped Bonds zu informieren?

Darüber, dass er, wenn er die Papiere nicht vorzeitig verkauft, bei Fälligkeit der Anleihe grundsätzlich nur den Differenzbetrag zwischen Anlagekurs und Nennwert erhält (*BGH* WM 1997, 664).

732.

Penny-Stocks werden im amerikanischen oder kanadischen OTC-Markt gehandelt. Der Kurs liegt unter 5 Dollar. Die Spanne zwischen Kaufkurs und Verkaufskurs ist häufig sehr hoch, so dass sich erhebliche Gewinne oder auch Verluste ergeben können. Worauf ist bei Penny-Stocks besonders zu achten?

Die Gefahr der Kursmanipulation ist groß, deshalb ist über die Risiken von Penny-Stocks prinzipiell schriftlich zu informieren (*BGH* WM 1991, 315; 1991, 667).

733.

Eine Beratungspflichtverletzung kann auch bei einer fehlerhaften Verkaufsempfehlung gegeben sein (*LG Berlin* VuR 2002, 139). Allerdings sind die Hürden hoch: Ein Kunde fragte im Mai 2000, ob er seine Anlagen nicht verkaufen solle, weil der Kursverfall erheblich sei. Der Leiter der Wertpapierabteilung meinte, die Börse werde sich wieder nach oben entwickeln und riet vom Verkauf ab. Der Kursverfall setzte sich fort. Es fanden vergleichbare Gespräche im August, Oktober sowie im Januar und Februar 2001 statt. Erst im März 2001 wurde verkauft. Der Kunde verlangte Schadensersatz. Zu Recht?

Der BGH verneinte (*BGH* WM 2006, 851). Es sei objektiv nicht vorhersehbar gewesen, ob die Kurse weiter fallen würden. In einer solchen Situation handelte die Bank nicht pflichtwidrig, wenn sie ihre Erfahrung aus langjährigen Beobachtungen dem Kunden gegenüber zugrunde legt. Die Bank habe auch nicht darauf hinweisen müssen, dass unterschiedliche Meinungen über die künftige Kursentwicklung bestanden. Die Entscheidung des BGH vernachlässigt die goldene Praxisregel (Stop-loss-Klausel), Verluste bei ca. 10% zu realisieren. Legt man allerdings eine langjährige Betrachtung zugrunde, so hat der BGH nicht Unrecht – die Kurse sind im Jahre 2001 zusammengebrochen – im Jahre 2007 lagen sie aber weit über dem Niveau, das damals bestand – so gesehen hätte sich das Halten durchaus gelohnt.

734.

Gibt es nachwirkende Beratungspflichten?

Nein. Entscheidend ist der Zeitpunkt der Anlageentscheidung (*BGH* ZIP 2006, 891). Eine fortlaufende Kursbeobachtungspflicht besteht folglich nicht. Das Risiko, dass eine Anlageentscheidung im Nachhinein falsch ist, trägt der Kunde (*BGH* WM 1987, 531). Etwas anderes gilt nur, wenn eine Vermögensbetreuung oder Vermögensverwaltung vereinbart worden ist (*BGH* WM 2005, 270).

735.

Bei Warentermingeschäften muss über das Risiko des Totalverlustes aufgeklärt werden (*BGH* ZIP 1982, 819). Worauf ist noch ausdrücklich hinzuweisen?

Dass Aufschläge auf die Börsenoptionsprämie das Chancen-Risiko-Verhältnis aus dem Gleichgewicht bringen und dazu führen können, dass die verbliebene Chance, einen Gewinn zu erzielen, mit jedem Optionsgeschäft abnimmt (*BGH* ZIP 1994, 116).

736.

Bis zu welcher Höhe gilt ein Aufschlag als nicht geringfügig?

Ein Aufschlag von 11% ist nach Meinung des BGH nicht geringfügig (*BGH* ZIP 1991, 87).

737.

Die Aufklärungspflicht bei Optionsgeschäften umfasst typischerweise das Verlustrisiko, die Höhe der Vermittlungsprämie, die durch die Vermittlungsprämie eintretende Verringerung der Gewinnchance, die wirtschaftlichen Zusammenhänge des Warentermingeschäfts, den Vorrang des Anlagegeschäftes (Börsentechnik) und die Höhe der Londoner Optionsprämie. Welche weiteren Hinweise sind typischerweise zu geben?

Die Bedeutung der Londoner Optionsprämie als Indiz der Gewinnchance, die der Berufshandel der Option nach seiner Prognose des Kursverlaufs einräumt, die Relation der Optionsprämie zur Kursentwicklung der Option, evtl. anfallende Aufschläge und dass ein Aufschlag die Gewinnchance des Kunden schmälert (*OLG Düsseldorf* WM 1995, 1488).

VIII. Haftung für fehlerhafte Anlageberatung

738.

Unterlaufen dem beratenden Dienstleister bei der Beratung Fehler, haftet er dem Anleger für den diesem entstandenen Schaden. Welche Anspruchsgrundlagen kommen in Betracht?

§ 280 BGB, soweit der Anlageberatung ein Vertrag zugrunde liegt; §§ 311, 311 a BGB für vorvertragliche Verletzungen sowie deliktische Ansprüche insbesondere aus § 823 Abs. 2 BGB i. V. m. §§ 31 ff. WpHG. Ferner kann eine Haftung wegen vorsätzlicher sittenwidriger Schädigung nach § 826 BGB in Betracht kommen.

739.

Der Dienstleister haftet grundsätzlich, wenn ihn ein Verschulden trifft – im Rahmen von § 280 BGB hat er sich zu entlasten. Umgekehrt kommt auch ein Mitverschulden des Anlegers in Betracht (§ 254 BGB). Warum wird man an das

Mitverschulden des Anlegers in aller Regel erhöhte Anforderungen stellen müssen?

Weil sich der Anleger ja gerade das beratende Unternehmen als Fachmann ausgesucht und hinzugezogen hat. Im Bereich der Warentermingeschäfte hat der BGH ein Mitverschulden des Anlegers selbst dann verneint, wenn er bereits in der Vergangenheit erhebliche Verluste in demselben Produkt erlitten hat und trotzdem keine zusätzliche Informationen außer denen des Anlagevermittlers einholt (*BGH* BGHZ 124, 151).

740.

Darf der Anleger dem Ratschlag des Beraters vertrauen oder muss er beispielsweise das ihm übergebene Anlageprospekt selbst durchsehen und auswerten?

Wesen der Anlageberatung ist es, dem Berater zu vertrauen, deshalb geht man zu ihm und bezahlt ihn auch. Deshalb muss der Beratene nicht selbst nachprüfen und kontrollieren, ob die Beratung eigentlich zutreffen kann. Vielmehr kann sich der Anleger auf die Kompetenz des Beraters verlassen (*BGH* BB 2010, 2057).

741.

In welchen Fällen kann ein Mitverschulden des Anlegers in Betracht kommen?

Bei bewusster Außerachtlassung warnender Hinweise von dritter Seite (*BGH* WM 1993, 1238) oder auch der bewussten Nichtbeachtung differenzierender Hinweise des Anlageberaters (*OLG Braunschweig* ZIP 1993, 1457).

742.

Oft ist es für den Anleger schwierig zu beweisen, dass die fehlerhafte Beratung seine Anlageentscheidung kausal verursacht hat. Wie hilft die Rechtsprechung dem Anleger?

Indem sie die Vermutung des aufklärungsrichtigen Verhaltens entwickelt hat (*BGH* WM 2005, 69, 72). Nach der Lebenserfahrung ist danach davon auszugehen, dass die in einem wesentlichen Punkt unvollständige Aufklärung ursächlich für die Anlageentscheidung war.

743.

Steht fest, dass der Berater zum Schadensersatz verpflichtet ist, so stellt sich die Frage der Schadensberechnung. Welche Grundsätze gelten hier?

Grundsätzlich ist der Anleger so stellen, als hätte er die Anlage nicht getätigt. Ihm ist aber auch der durch den Nichtabschluss einer günstigeren Investition entgangene Gewinn zu ersetzen (*BGH* WM 1992, 143).

IX. Zuwendungen

744.

Ein WpdU darf im Zusammenhang mit der Erbringung von WpdL keine Zuwendungen von Dritten annehmen oder an Dritte gewähren, die nicht Kunden dieser Dienstleistung sind. Warum?

Weil dem keine Gegenleistung gegenübersteht und damit der Verdacht aufkommen könnte, dass durch Zuwendungen dieser Art das Kundeninteresse geschädigt wird.

745.

Dürfen auch an den Kunden selbst keine Zuwendungen gewährt werden?

Doch – es handelt sich ja um die Dienstleistung gegenüber dem Kunden – hier können Rabatte jeder Art eingeräumt werden, solange dies nicht wettbewerbswidrig ist.

746.

Um welche Art von Zuwendungen geht es eigentlich?

Um Provisionen, Gebühren oder sonstige Geldleistungen sowie alle geldwerten Vorteile (§ 31 d Abs. 2 WpHG).

747.

Unter welchen Voraussetzungen darf die Zuwendung an oder von einem Dritten ausnahmsweise doch gewährt werden?

Wenn sie die Qualität der für den Kunden erbrachten Dienstleistung verbessert **und** Existenz, Art und Umfang der Zuwendung in umfassender, zutreffender und verständlicher Weise deutlich offen gelegt wird (§ 31 d Abs. 1 Nr. 1 und 2 WpHG).

748.

Wann liegt keine Zuwendung vor?

Wenn das WpdU diese von einem Dritten, der dazu vom Kunden beauftragt worden ist, annimmt oder sie einem solchen Dritten gewährt (§ 31 d Abs. 1 letzter Satz WpHG).

749.

Wie muss die Offenlegung erfolgen?

In Form einer Zusammenfassung der wesentlichen Bestandteile der Vereinbarungen über Zuwendungen.

750.

Hätten Sie einige Beispiele für geldwerte Leistungen oder Vorteile?

Erbringung von Dienstleistungen, Übermittlung von Finanzanalysen, Überlassen von IT-Hardware oder Software, Durchführung von Schulungen. Geldwerter Vorteil ist auch die Reduzierung von Gebühren und anderen Kosten.

751.

Im Zusammenhang mit allgemeinen Empfehlungen gibt es eine besondere Vermutung – welche?

Es wird vermutet, dass die Zuwendung darauf angelegt ist, die Qualität der für den Kunden erbrachten Dienstleistung zu verbessern, wenn die Dienstleistung trotz der Zuwendung unvoreingenommen erbracht wird (§ 31 d Abs. 4 WpHG).

752.

Was ist unter Empfehlungen beispielsweise zu verstehen?

Marketingmitteilungen oder Finanzanalysen, die sich an eine Vielzahl von Personen richten und sich in allgemeingültiger Form auf Geschäfte mit Finanzinstrumenten beziehen, ohne eine persönliche, auf den individuellen Kunden zugeschnittene Anlageempfehlung zu enthalten.

753.

Einige Gebühren und Entgelte sind vom Zuwendungsverbot ausgeschlossen – welche?

Solche, die die Erbringung der WpDL erst ermöglichen und dafür notwendig sind. Dazu gehören insbesondere Entgelte für die Verwahrung von Finanzinstrumenten, die Abwicklung von Geschäften oder die Nutzung von Handelsplätzen, behördliche Kosten oder gesetzliche Gebühren.

754.

§ 31 d WpHG regelt einen Spezialfall der Interessenkonflikte im Sinne des § 31 Abs. 1 Nr. 2 WpHG. Hat die Norm zivilrechtliche Wirkung?

Das ist bisher nicht ganz geklärt – meines Erachtens lässt sie sich als Schutzgesetz im Sinne des § 823 BGB einordnen.

X. Kick-Backs

755.

Verdeckte Zahlungen (Kick-Backs/Retrozessionen) an Vermögensverwalter, Anlageberater oder Anlagevermittler können die Objektivität der Anlageberatung erheblich beeinträchtigen und damit die Interessen des Anlegers gefährden. Hat eine Bank mit dem Vermittler eine Provisionsbeteiligung vereinbart, so muss sie dies gegenüber dem Kunden offen legen (*BGH* ZIP 2001, 230 – Kick-Back I). Der BGH hat seine Rechtsprechung noch verschärft im Zusammenhang mit einer Schmiergeldzahlung. Wissen Sie wie?

Der BGH entschied, dass es in hohem Maße anstößig sei, dem Verhandlungsführer des Vertragspartners, dem dieser vertraut, ein Schmiergeld für den Fall zu zahlen, dass es zum Vertragsschluss kommt. Dadurch werde die Gefahr heraufbeschworen, dass der Verhandlungsführer vor allem im eigenen Provisionsinteresse handelt (*BGH* ZIP 2001, 406 – Kick-Back II).

756.

Wenn eine Bank einem Kunden Fondsanteile empfiehlt, bei denen sie verdeckte Rückvergütungen aus den Ausgabeaufschlägen und jährlichen Verwaltergebühren erhält, muss sie den Kunden über diese Rückvergütungen aufklären (*BGH* BKR 2007, 160). Setzt diese Offenlegungspflicht einen Beratungsvertrag voraus?

Jedenfalls dann wohl nicht, wenn ein Auftrag zugrunde liegt, denn dann wird die Herausgabe der Provisionen aus § 667 BGB geschuldet. Das gilt nicht, wenn die Bank die Rückvergütung offen legt und der Kunde das Geschäft trotzdem macht – er weiß in diesem Fall, dass die Bank in besonderer Weise von dem Geschäft profitiert. Legt die Bank allerdings die Innenprovision nicht offen, so muss sie diese an sie geflossene Provision nunmehr an den Kunden herausgeben.

757.

Angenommen, im Fondsprospekt wird die Innenprovision dem Inhalt und der Höhe nach korrekt ausgewiesen. Ist eine Bank dann im Rahmen des Beratungsvertrages verpflichtet, darüber hinaus über diese Kosten aufzuklären?

Nein, wenn sie den Prospekt so rechtzeitig dem Anleger übergeben hat, dass er sich mit seinem Inhalt vertraut machen konnte (*BGH* BKR 2008, 1999, Tz. 15, 16 und *BGH* WM 2009, 2306). Aufklärungspflichtige Rückvergütungen liegen nur dann vor, wenn Kick-Backs hinter dem Rücken des Kunden an die beratende Bank umsatzabhängig zurückfließen, sodass die Bank ein für den Kunden nicht erkennbares besonderes Interesse hat, gerade diese Beteiligung zu empfehlen.

Sachverzeichnis

Die Zahlen bezeichnen die Nummern der Fragen.